L-J. ANTHONY HALLEY

De l'Origine des Sumériens

Étude interdisciplinaire en sciences humaines orientales

ISBN 9798851543692

Sommaire

De l'Origine des Sumériens – L-J.ANTHONY HALLEY

Introduction

En 1877, Jean de Sarzec découvre à Tello les ruines d'une cité-état fondée par un peuple baptisé plus tard les Sumériens. Ils parlaient une langue agglutinante, type de langue consistant à ajouter des préfixes, infixes, affixes ou suffixes à un ou plusieurs autres mots invariables afin d'en former un autre. Ces mots, que nous translittérons en majuscules sont, pris séparément, monosyllabiques ou bisyllabiques, et, à notre connaissance, il n'en existe pas de trisyllabiques. Il est reconnu que la langue sumérienne est une langue ergative, caractère que l'on remarque par un indicateur de fonction marquant l'agent et qui nous intéressera spécialement par la suite.

Le sumérien est ce qu'on appelle communément un isolat, ou langue asianique. Il s'agit comme son nom l'indique d'une langue pour laquelle nous n'avons trouvé aucune langue apparentée et encore moins de famille linguistique à laquelle la rattacher. Mais, et je crois que cette précision est importante, elle n'est pas la seule ; en effet, d'autres langues anciennes et même certaines langues vivantes sont elles aussi considérées comme des isolats linguistiques. Nos lecteurs informés sauront que la hâte de conclure ne doit pas s'emparer d'eux ni de nous et que, en aucun cas, une langue isolée n'est forcément apparentée à une autre langue isolée, fussent-elles proches géographiquement parlant. Prenons ici l'exemple du hourrite, langue parlée au nord de la Mésopotamie dans une région appelée Mittani, et dont nous ne pouvons donner aucun lien de parenté avec les langues ayant existé ou existantes. En effet, le hourrite n'est ni une langue indo-européenne (famille à laquelle se rattache notre si précieux français), ni une langue sémitique (famille linguistique dont l'arabe fait partie). Nous nous devons de citer ici d'autres langues agglutinantes et/ou ergatives mortes ou vivantes afin de ratisser large et de commencer notre étude sur de bonnes bases, car on ne saurait être compétent dans la recherche sans une certaine dose d'exhaustivité, *id est* sans prendre en compte toutes les inconnues qui permettraient de résoudre une équation donnée. Les langues agglutinantes mortes ou vivantes sont au moins au nombre de vingt-et-une, sans compter le sumérien : le tamoul, l'indonésien, le tagalog, le turc, le mongol, l'estonien, le finnois, le hongrois, le coréen, le japonais, le basque, le nahuatl, le géorgien, l'abkhaze, le swahili, le somali, le zoulou, le quechua, l'aymara, le hatti, le hourrite. Nous devons ajouter à ce compte l'arménien, langue agglutinante mais aussi flexionnelle, et l'inuktitut, langue agglutinante appartenant à un groupe de langues agglutinantes dites polysynthétiques, c'est-à-dire, pour faire simple, qui synthétise dans un même mot ce qui se transcrirait par plusieurs mots dans une langue comme la nôtre. Impossible de ne pas faire le parallèle avec la langue malgache qui appartient à la grande famille des langues austronésiennes dont font aussi partie le tagalog et l'indonésien, disposant de mots épouvantablement longs qui feraient pâlir de détresse le mot anticonstitutionnellement. Nous croyons pouvoir affirmer que deux langues pourraient être apparentées si certains mots de vocabulaire basique comme « père », « mère » etc. présentent des ressemblances morphologiques, tout comme le français, l'espagnol et l'italien, toutes trois issues du latin, présentent de telles ressemblances. Ces ressemblances consistent par conséquent en certains traits caractéristiques que l'on ne peut attribuer ni au hasard, ni à une action indépendante. Plus encore, les verbes et les pronoms constituent d'autres éléments intéressants et fonctionnels aptes à nous fournir des réponses convaincantes, car constituant les parties les plus stables et caractéristiques des langues. Il nous semble bienvenu de faire un point sur les familles linguistiques, cela afin que le lecteur puisse mieux visualiser les régions du monde dont nous parlerons dans quelques instants. Outre les familles indo-européenne et sémitique déjà mentionnées, il existe au moins les familles suivantes : 1) famille altaïque (Turquie et Mongolie), 2) hamitique ou chamito-sémitique (Afrique du nord, corne de l'Afrique, péninsule arabique) et son étroite relation avec les langues 3) nilo-sahariennes (Niger, Soudan, Éthiopie, Tchad et Congo-

Kinshasa). 4) sino-tibétaine (Chine, Tibet et Birmanie principalement), 5) austro-asiatique (Vietnam et Cambodge) et 6) austronésienne (Triangle polynésien, Madagascar, Indonésie et Philippines) et leurs relations. 7) ouralienne (Finlande, Hongrie, Estonie et Russie), 8) caucasienne (Transcaucasie, Asie centrale, Turquie et Iran), 9) bantoue (à peu près tous les pays africains comprenant, et au sud, d'une ligne horizontale tracée à partir du Gabon), 10) dravidienne (sud-est de l'Inde), 11) amérindienne (Amérique du nord et du sud), 12) kordofanienne (Soudan), 13) australienne (langues aborigènes), 14) paléo-sibérienne (extrême nord-est de la Russie), 15) basque (Pays basque situé au nord-ouest de l'Espagne et au sud-ouest de la France), 16) papoue (Papouasie Nouvelle-guinée et Irian Jaya), 17) miao-yao (sud-est de la Chine et Asie du sud-est, réparties surtout sur le territoire du Laos, de la Thaïlande et du Cambodge), 18) coréenne (Corée du nord et du sud), 19) thaï-kadai (même aire de répartition que les langues miao-yao + nord de la Birmanie), 20) nigéro-congolaise (comprise sur une langue de terre allant du Sénégal en passant par le Sierra Leone et la République Centrafricaine jusqu'au nord du Congo-Kinshasa) et 21) japonique (Japon). Il existe en tout, et probablement, selon l'ouvrage « Ethnologue » (20ᵉ édition de 2017) du Summer Institute of Linguistics du Texas[1], près de quatre cents familles linguistiques, mais nous croyons pouvoir légitimement nous limiter ici à l'étude des vingt-et-une familles susmentionnées. Plus précisément, à l'étude des vingt-et-une langues citées plus haut. Il ne s'agira pas dans ce premier chapitre ainsi que dans les deux suivants, d'éliminer d'emblée des données mais bien de dégrossir, de défricher, d'explorer les innombrables possibilités qui s'offrent à nous. Ouvrons dès lors sans plus tarder le premier chapitre, destiné à l'étude des langues agglutinantes du monde.

---

1   Le recensement des langues (ulaval.ca)

CHAPITRE I

Langues agglutinantes dans le monde

Parce qu'il faut bien commencer quelque part, et que l'étude comparative de toutes les langues contenues dans toutes les familles de langues précédemment citées prendrait trop d'espace, de temps et d'énergie, nous commencerons par nous borner ici à l'étude de la vingtaine de langues agglutinantes dont nous avons mentionné l'existence, et verrons où cela nous mènera. Notre étude consistera à comparer les éventuelles concomitances entre l'état le plus ancien documenté des diverses langues agglutinantes et la langue sumérienne afin d'établir, d'abord, un premier constat avant d'étudier cette ou ces langue(s) plus en détail. Nous commençons par conséquent par étudier l'histoire des zones concernées avant de nous lancer dans toute analyse linguistique, cela pour nous épargner ainsi qu'au lecteur des digressions dispensables.

1) Le tamoul (langue dravidienne)

Langue parlée actuellement et principalement au Sri Lanka et au sud de l'Inde, le tamoul est une langue agglutinante dont les origines remontent à la civilisation Porunai qui serait apparue vers 3200 avant notre ère dans les environs de la rivière Thamirabarani appelée aussi Porunai[2] (dans le sud de la péninsule indienne). Il nous faut noter ici que selon l'article *The Formation of Human populations of South and Central Asia* rédigé par 92 chercheurs[3], le peuplement de l'Inde s'est fait du nord vers le sud, et par le croisement entre des populations d'agriculteurs du nord et les populations de chasseurs-cueilleurs d'Asie du Sud. Étant donné le le fait acquis et vérifié que les populations plus tard à l'origine de ce que l'on appelle le peuple sumérien étaient déjà présentes en Mésopotamie dès, au moins, le milieu du IVe millénaire, il semblerait alors que la civilisation Porunai ne soit point à l'origine de celle des sumériens. Nous ne devons cependant pas exclure le fait probable que les Tamouls et les Sumériens partagent une ascendance commune.

2) L'indonésien (langue austronésienne)

Dialecte du malais dont le plus ancien document connu en vieux-malais est une inscription datant de 683 découverte sur l'île de Bangka au large de Sumatra. L'écriture qu'elle note se nomme pallava, écriture composée à partir d'un alphasyllabaire originaire du sud-est de l'Inde. En vertu de nos recherches sur le sujet, il ne nous semble pas pertinent de rapprocher cette langue du sumérien ni, de ce fait, de retenir cette zone géographique comme étant le berceau potentiel des proto-sumériens. Or, cette langue, tout comme le malais, fait partie de la famille des langues austronésiennes sur lesquelles nous aurons sans doute à revenir.

---

2   Tamil Nadu's Porunai [Thamirabarani] civilisation is 3,200 years old, says M.K. Stalin - The Hindu
3   The Formation of Human Populations in South and Central Asia - PMC (nih.gov)

3) Le tagalog (langue austronésienne)

Langue aujourd'hui parlée principalement aux Philippines, la morphologie de cette langue ne présente aucune affinité avec le sumérien. De plus, le peuplement de ces îles remonte à au moins 700 000 ans, c'est-à-dire qu'il est vraisemblablement dû, comme le Proche-Orient, à l'homme de Néandertal. Le proto-philippin, langue reconstruite, montre une origine locale et son ancêtre reconstruit le proto-austronésien est supposé avoir commencé à se diversifier à Taïwan vers 4000 – 3500 avant notre ère[4].

4) Le turc (langue altaïque)

Comme le lecteur s'en doute sûrement, le turc est une langue parlée en Turquie. Mais les turcophones, entendre les peuples parlant une langue turque, sont dispersés à travers l'Asie ; le turc est aussi parlé à Chypre et dans de nombreux pays des Balkans ainsi qu'au nord de l'Irak. On compte aussi nombre de turcophones dans les anciens pays ayant appartenu à l'empire ottoman, sans compter la diaspora. Du point de vue de l'histoire, cette langue provient du vieux-turc dont la plus vieille inscription datant du VIIIe siècle de notre ère fut retrouvée en Mongolie actuelle. Le peuplement s'est fait de l'Asie de l'est à l'Asie centrale, celle-ci ayant été atteinte vers le IIe siècle avant notre ère.

5) Le mongol (langue altaïque)

Originaires de Sibérie orientale tout comme les turcs, les Mongols sont désormais dispersés dans quatre pays dont la Mongolie est le territoire souverain. Ils parlent des langues mongoles, dont la forme dominante est le khalkha, celle que l'on appelle communément « mongol ».

6) L'estonien, le finnois et le hongrois (langues ouraliennes)

Selon le célèbre chercheur finlandais Matthias Castrén, le berceau des langues finno-ougriennes, ou ouraliennes, serait une zone comprise entre la Volga et la Kama en Russie européenne. Nous retiendrons cette théorie. Les finno-ougriens et leurs langues ne sont sans doute pas à l'origine de la langue sumérienne. Peut-être, à tout le moins, descendent-ils tous deux de la même souche. Mais laissons la résolution de cette question pour un prochain chapitre.

7) Le coréen (langue coréenne)

Les experts disent que le coréen est le dernier survivant d'une famille linguistique isolée[5], tandis que d'autres le rapprochent de la très controversée famille altaïque. Nous suivrons le premier exemple sur la base de l'étude de grande envergure menée par l'institut du Texas. Cela nous amène donc à conclure que le coréen fait partie d'une famille dont il est le seul représentant, excluant ainsi les autres langues. De plus, nous ignorons comment et quand s'est formé le peuple coréen et le seul indice de l'existence de proto-coréens apparaît au IVe siècle avant notre ère. Là encore, notre intuition nous suggère de rechercher les origines des sumériens dans l'origine commune de plusieurs peuples d'Asie. Mais continuons pour l'instant à explorer les diverses hypothèses qui s'offrent à nous.

---

4   Open Research: The Austronesian languages (anu.edu.au)
5   Cho & Whitman (2019) p.13

8) Le japonais (langue japonique)

Il s'agit d'une langue isolée, bien que certains la qualifient de sinoxénique en raison de ses nombreuses similitudes avec la langue chinoise. Du point de vue linguistique, le japonais est basé sur un syllabaire constitué de kanas qui transcrivent une syllabe à deux ou trois lettres dont les sonorités et la morphologie ressemblent de manière étonnante aux syllabes du syllabaire sumérien (ka, za, ra, entre autres) mais cela peut très bien n'être dû qu'a un même processus psychologique et anatomique de formation des sons. Les deux langues sont de type SOV et ne distinguent pas de genre. Pourtant, nous ne pouvons admettre que l'origine des Sumériens serait à chercher dans les populations actuelles du Japon mais nécessairement plus tôt dans le temps, c'est-à-dire dans les origines, peut-être communes, de ces deux peuples parmi d'autres. Du point de vue génétique, les japonais sont apparentés à de nombreuses populations asiatiques et leurs origines, selon une étude paléogénétique datant de 2021, relèvent de trois zones géographiques asiatiques ; Asie centrale (Tibet), Asie du sud-est et Asie de l'est. De ces trois régions proviennent respectivement les Jomon, les Yayoi et les Hans. Nous devons également citer les Aïnous qui partagent probablement une ascendance commune avec les Jomon ou sont les descendants directs de ces derniers. Vérifions ces hypothèses. Plusieurs études, dont celles de Noriko Seguchi en 2015[6] et en 2019[7] ont montré que les Jomon proviennent d'une population paléolithique du sud de la Sibérie apparentée à celles des paléolithiques européen et moyen-oriental. Plusieurs sources, dont le magazine Sapiens dans son article « L'histoire inédite des premiers peuples du Japon »[8] (en anglais), évoquent une arrivée du peuple Jomon au Japon vers 38 000 ans avant notre ère. Certaines sources[9] mentionnent que les Jomon étaient présents au Japon depuis avant le VIIIe millénaire, mais cela n'exclut point, au contraire, leur présence sur le territoire japonais avant cette date, et même quarante mille ans avant le présent. Les Aïnous seraient quant à eux issus d'un peuple sibérien descendu il y a au moins 20 000 ans depuis les îles du nord du Japon, les îles Sakhaline, Kouriles et le Kamchatka.

Les Jomon auraient été de type européen, avec une grande taille, les yeux non bridés et une pilosité conséquente, tandis que les Yayoï, population plus récente identifiée à un métissage sino-coréen, auraient présenté les traits caractéristiques des populations asiatiques de l'est (yeux bridés, taille relativement petite, peau claire et cheveux noirs). Les Yayoï et les Jomon se seraient métissés tandis que les Aïnous auraient été pendant longtemps refoulés et contenus dans le nord, sur l'île de Hokkaido. Il nous faut ici délivrer des informations au sujet d'une autre origine des Japonais ; les indonésiens, c'est-à-dire des individus de langue malayo-polynésienne, auraient migré depuis l'île de Taïwan vers le Japon. Or, les autres sources que nous avons consultées prétendent le contraire par des faits historiques aisément vérifiables ; les japonais auraient certes conquis l'île de Taïwan mais rien n'indique une migration en sens inverse. Pire, rien n'indique qu'une race malayo-polynésienne se serait installée au Japon au cours de quelle que période que ce soit. Mais peut-être, sur ce dernier point, n'avons-nous pas consulté suffisamment de sources, ni les bonnes, alors nous nous contenterons de dire que Taïwan fut sous domination japonaise entre 1895 et 1945. Peut-être les premiers contacts furent-ils plus anciens, sans toutefois remonter au-delà de quelques centaines d'années, et peut-être les indonésiens étaient-ils déjà présents à l'époque de ces contacts. Peut-être encore les japonais ont-ils ramené du sang taïwanais au Japon, cependant cela ne suffit pas à affirmer que ce sang méridional a eu une quelconque incidence à grande échelle dans les populations

---

6   Noriko Seguchi - Variation in body and limb proportions between Early and Archaic Americans and the prehistoric Jomon of Japan - Papers - researchmap

7   Noriko Seguchi - Health inequality as seen in human skeletal remains in early modern period in Japan - Papers - researchmap

8   The Untold Story of Japan's First People – SAPIENS

9   Japon : histoire - LAROUSSE

du Japon contrairement aux autres vagues de peuplement plus anciennes. Retenons donc l'origine paléolithique des populations Jomon, les plus anciennes, car elles pourraient bien éclairer un plus grand mystère.

9) Le basque (langue basque)

La plus ancienne inscription en basque daterait du IVe siècle de notre ère, cependant certains la considèrent comme fausse. La première véritablement attestée et vérifiée date, elle, du XIe siècle. Le basque est la seule langue occidentale vivante isolante et non indo-européenne. Historiquement, les Basques sont issus de quatre peuples, ou tribus ; les Vascons[10], les Vardules, les Caristes et les Autrigons. Ces trois derniers sont des tribus pré-romaines probablement apparentées aux Celtes et aux Celtibères tandis que la première est issue d'un peuple préhistorique qui se serait réfugié au sud-ouest de la France durant la dernière glaciation, il y a 20 000 ans.

10) Le nahuatl (langue uto-aztèque)

Le nahuatl est une macro-langue appartenant à la famille uto-aztèque. Il est parlé dans de nombreux pays d'Amérique du nord et d'Amérique centrale et fut une langue véhiculaire de la Mésoamérique à partir du XIIe siècle. Avant de descendre vers le centre du Mexique et plus au sud par vagues successives, les ancêtres des nahuas occupaient le sud-ouest des États-unis et le nord du Mexique.
Il est ici important de signaler que l'ascendance des Amérindiens est constituée de plusieurs populations anciennes sans doute originaires de Sibérie centrale et non d'une seule comme il a été longtemps avancé[11].

11) Le géorgien (langue caucasienne/kartvélienne)

Le géorgien est une langue agglutinante du Caucase. Cette langue possède sept cas : le nominatif, le datif, le génitif, l'instrumental, l'adverbial, le vocatif et l'ergatif. La Géorgie est située au nord de la Turquie, et certains chercheurs ont émis l'hypothèse assez saugrenue que puisque la grammaire géorgienne ressemble à celle du sumérien, ces deux langues seraient apparentées[12]. Cette parenté serait-elle due à la position géographique de la Géorgie, qui se situe au carrefour de plusieurs grandes régions anciennes notamment l'Anatolie, la Mésopotamie, l'Europe et l'Asie ? D'un point de vue grammatical, le géorgien est apparenté aux autres langues du groupe kartvélien, dont l'ancêtre commun, le proto-kartvélien[13], remonte sans doute à la préhistoire récente (vers le IVe millénaire avant J.-C. ou avant). Cette ascendance ancienne explique sans doute les parallèles grammaticaux entre le géorgien moderne et le sumérien car ces deux langues ont été en contact via l'assyro-babylonien. Des emprunts se constatent aussi depuis les langues iraniennes anciennes et nouvelles ainsi que l'hébreu, l'arabe et l'arménien. Pour conclure cet article, le sumérien et le géorgien ne nous paraissent pas avoir une origine commune. Il sera cependant nécessaire de confirmer ou d'infirmer cette assertion, ce que nous ferons.

---

10   Le vascon, première langue d'Europe | Pour la Science
11   Qui étaient les premiers Américains ? | Pour la Science
12   Géorgie (inrp.fr)
13   Encyclopédie britannique [https: //www.britannica. com / topic / Caucasian-languages Britannica, 15e édition (1986): Macropedia, "Languages of the World", "Caucasian languages"

12) L'abkhaze (langue caucasienne/abkhazo-adygienne)

La région de l'Abkhazie se situe au nord-ouest de la Géorgie. Il s'agit d'une république autonome de Géorgie dont les origines remontent probablement sans doute à 4000 ans avant notre ère, c'est en tout cas ce que suggère les premières traces d'établissement humaines découvertes dans le Caucase occidental, et même si cette présence, comme le suggère le fossile de l'homme de Dmanissi, est certainement beaucoup plus ancienne - environ 2 millions d'années -. Quoiqu'il en soit, les ancêtres des Abkhazes autochtones sont, selon les savants occidentaux, le peuple que l'on désigne sous le doux nom d'Hénioques. Ils parlaient une langue abkhazo-adygienne et vivaient au sein du royaume de Colchide, lequel possédait des structures étatiques remarquables dès le IIe millénaire avant notre ère. Les premières mentions de ce peuple remontent au VIIIe siècle avant notre ère, dans des inscriptions cunéiformes trouvées en Urartu. Du point de vue de la langue, nous n'avons que peu d'informations si ce n'est que cette langue comporte trois dialectes et deux cas, le nominatif et l'adverbial. Outre son caractère agglutinant, il ne nous semble pas pertinent de rapprocher cette langue du sumérien, encore moins d'avancer une origine commune plus récente que 70 000 ans, au plus bas.

13) Le swahili (langue bantoue)

Langue véhiculaire de nombreux pays d'Afrique, et langue officielle de pays est-africains comme le Kenya, la Tanzanie, l'Ouganda, le Rwanda, le Burundi, le Soudan du sud et depuis 2021, la RDC, la langue swahili appartenant à la famille linguistique bantoue somalie est née sur la côte orientale de l'Afrique, du sud de la Somalie au nord du Mozambique, et est le fruit d'une symbiose entre plusieurs populations d'origines diverses. La tradition littéraire écrite en swahili remonte à plusieurs siècles (à l'origine en caractères arabes, depuis la fin du XIXe siècle en caractères latins)[14]. Dans son article sur le swahili[15], Jean-Claude PENRAD, maître de conférences à l'École Pratique des Hautes Études, nous dit : « l'histoire et l'archéologie révèlent l'ancienneté des échanges entre la péninsule arabique, le golfe arabo-persique et la côte orientale de l'Afrique. » Mais à quelle époque remontent ces échanges ? Nous le verrons plus loin.

14) Le somali (langue couchitique)

La langue somalienne fait partie de la branche couchitique est de la famille afro-asiatique. Ses plus proches parents sont l'Afar et l'Oromo. Le somali est la langue officielle en Somalie et au Somaliland. Il est aussi parlé à Djibouti et au Kenya notamment. La langue contient de nombreux mots arabes et de vieux mots Qahtani, communs aux langues couchitiques et sémitiques. Au milieu du IIIe millénaire avant notre ère, les Égyptiens explorèrent la mer Rouge et entrèrent en contact avec un pays qu'ils nommèrent Pount identifié à la Somalie ou l'Éthiopie. Au milieu du IIIe millénaire avant J.-C., les Égyptiens ont exploré la mer Rouge et ont découvert des côtes où abondaient encens et aromates, qu'ils nommèrent le pays de Pount. La localisation exacte de ce territoire fait débat : se trouve-t-il au nord de l'actuelle Érythrée, ou au-delà du détroit de Bab-el-Mandeb ? Correspond-il à un endroit précis ou est-ce un lieu mythique ? Quoi qu'il en soit, les bâtisseurs de la nation somalienne contemporaine se sont emparés de ce toponyme ancien pour revendiquer une historicité concurrente de celle de l'Éthiopie. La première vague de migration constituée des ancêtres des Somali a eu lieu au début de l'ère chrétienne[16]. En ce qui concerne les populations antérieures aux Somali, les sources témoignent de relations intenses, sur les côtes, avec la péninsule arabique, avant

---

14 Swahili | Inalco
15 SWAHILI - Encyclopædia Universalis
16 SOMALIE - Encyclopædia Universalis

13

l'introduction de l'islam. Au sud du pays somalien, il est attesté que les côtes de l'océan indien et l'arrière-pays entre les deux fleuves étaient habités par des peuples de langue bantoue connus sous le nom de Zanj. Depuis l'Antiquité, les Zanj étaient esclaves en Orient, en Mésopotamie notamment, jusqu'à ce qu'ils se soulèvent à la fin du IXe siècle de notre ère[17]. Nous avons donc ici l'attestation d'un couloir migratoire entre la Corne de l'Afrique et la Mésopotamie mais gardez-vous de croire que cela prouve une ascendance purement noire des sumériens ou de tout autre peuple antique de Mésopotamie car il nous manque plusieurs points cruciaux afin de compléter le « Big picture » grâce auquel nous pourrons émettre une conclusion sinon probante, du moins vraisemblable. Poursuivons dès lors notre étude avec la langue zouloue.

15) Le zoulou (langue bantoue)

Langue bantoue d'Afrique du sud proche du Xhosa, le zoulou est une langue agglutinante caractérisée par l'absence d'articles définis ou indéfinis. Le sexe n'est pas marqué. Les bantous sont un ensemble de peuples qui se sont installés du Nigeria à l'Afrique du sud pendant 3000 à 4000 ans. Mais l'apparition du clan zoulou est très récente (XVIIIe siècle de notre ère)[18].

Du fait du sens de migration des populations humaines, et de quelques facteurs que nous détaillerons plus loin, il ne nous paraît pas pertinent d'étudier les quatre langues restantes, à savoir le quechua, l'aymara, le hatti et le hourrite. Passons dès lors au chapitre deux qui nous permettra d'explorer toutes les hypothèses concernant l'origine ethnique des sumériens plus en détail.

---

17 *Ibid*
18 Le zoulou (a4traduction.com)

CHAPITRE II

Étude anthropologique comparative

Remontons dans le temps. Vers – 700 000 ans avant J.-C., une espèce humaine sort d'Afrique et migre vers l'Eurasie. Elle occupe un territoire allant de l'Espagne à la Mongolie et est la première présente sur les lieux lorsque *homo sapiens* sort à son tour d'Afrique vers 70 000 avant J.-C. Les deux espèces se rencontrent au Moyen-Orient et se reproduisent entre elles ; les analyses ADN montrent qu'un humain moderne (*sapiens sapiens*) n'a que 0,13 % de différence avec un Néandertalien. Les données montrent enfin que les hommes européens, asiatiques et océaniens sont ceux qui disposent du patrimoine génétique le plus proche de celui de Néandertal, tandis que la majorité des populations africaines, pas toutes, présentent des différences génomiques majeures avec dette dernière espèce d'hominidé. Pourtant, d'autres populations africaines présentent des similarités génétiques notables avec l'homme de Néandertal. Cela est dû au fait que certains *sapiens* métissés auraient fait le chemin inverse.

Autre chose : le crâne de Néandertal est morphologiquement différent de celui de *sapiens* ; en effet il présente une forme allongée comme celle d'un ballon de rugby, appelée dolichocéphalie, celle-ci étant caractéristique de certains peuples africains notamment. À noter que certains *sapiens* du Paléolithique supérieur et certains du Pléistocène supérieur étaient eux aussi dolichocéphales. La particularité anatomique qui permet dès lors de reconnaître Néandertal du premier coup d'œil est son menton et son front fuyant. Par leur situation géographique, les Sumériens occupaient un carrefour de rencontre entre l'Asie, l'Afrique et l'Europe. Une autre information doit être ici mentionnée : il s'agit de l'homme de Denisova dont le premier, et le seul fossile à notre connaissance, fut retrouvé dans l'Altaï, massif montagneux de l'Asie centrale situé au sud de la Sibérie. Cet homme, selon les paléoanthropologues, n'est ni un Néandertal, ni un *sapiens* mais plutôt un lointain cousin de Néandertal et aurait diffusé une partie de son génome parmi les populations de l'Asie du sud-est et une plus grande partie dans celles, aborigènes, d'Océanie et d'Australie - jusqu'à 6 % disent certains chercheurs - via les croisements avec *sapiens* et Néandertal.

Citons maintenant l'exemple de l'homme de Florès et celui de *luzonensis*, tous les deux respectivement découverts en Indonésie et aux Philippines. L'homme de Florès tient son nom de l'île de Florès sur laquelle il fut découvert. Ce fossile daterait de 50 000 ans, soit 10 000 ans plus vieux que l'homme de Denisova. La particularité de l'homme de Florès tient en sa petite taille, guère supérieure à 1,10 m, qui pourrait être explicable par la théorie dite du nanisme insulaire ; il pourrait, selon la théorie la plus crédible, être issu d'un *homo erectus* rapetissé au cours des millénaires.

Bien qu'ils n'aient pu tirer un quelconque ADN de cet homme de Florès en raison de la dégradation rapide de cette molécule dans les régions tropicales, les chercheurs considèrent cet homme comme faisant partie d'une espèce à part entière[19]. Mais vous vous demandez sûrement pour quelle obscure raison je vous raconte tout ça. La voici : nous cherchons à déterminer par où et depuis quand les Sumériens, ou plutôt les proto-sumériens, ont pu migrer ou être présents en basse Mésopotamie et quelles familles de langues sont les plus susceptibles d'avoir donné naissance à la langue sumérienne, voire quelles zones géographico-linguistiques sont les plus à même de nous intéresser dans cette

---

19 Evelyne Heyer 2020

quête. Nous avons expliqué que, malgré leurs caractéristiques propres développées au cours de millénaires de variation et de brassage génétiques, de sélection naturelle et de reproductions croisées, toutes les espèces humaines sont sorties d'Afrique, y compris celles qui nous intéressent le plus ici à savoir *homo sapiens*, l'homme de Néandertal et l'homme de Denisova. Désormais, avant la poursuite de cet exposé, une mise à plat des diverses théories émises sur les origines des sumériens s'impose.

CHAPITRE III

Archives

Avant ce stade de notre étude, il était concevable d'écarter les théories les moins vraisemblables, cela afin de dégrossir un travail qui s'annonçait colossal, d'y voir plus clair, donc de simplifier, et de (ré)orienter notre opinion vers des données plus crédibles et convaincantes, et sans le vouloir de montrer à quel point la recherche peut s'avérer complexe et déroutante. C'est ce que nous avons fait dans le premier chapitre. Et après avoir, bien que superficiellement mais de manière suffisante pour l'instant, examiné les migrations humaines et l'histoire des peuplements, il serait bon de pratiquer un nouveau brainstorming afin d'approfondir dès à présent cette recherche qui n'ira qu'en se complexifiant. Si ces deux premiers chapitres peuvent être à bon droit considérés comme légers et introductifs, nous entrons, avec ce nouveau chapitre, dans le pré-vif du sujet. Voici ci-après un certain nombre de théories qui nous plongerons une fois pour toutes, et dont nous ne sortirons qu'une fois le point final posé, dans les méandres labyrinthiques de l'anthropologie.

En 1924, Victor Christian émet, dans son *Untersuchungen zur Paläoethnnologie des Orients*, l'hypothèse que les Sumériens se composaient au moins de trois types ethniques :

1) type méditerranéen auquel correspondaient des éléments proto-hamitiques de la langue sumérienne,

2) type arménoïde auquel correspondaient certaines concordances linguistiques entre le sumérien et les parlers caucasiens,

3) type pré-malais, caractérisé au point de vue anthropologique par les os malaires saillants et la position oblique des yeux, et, au point de vue ethnographique, par l'usage du tablier en feuilles et par des institutions matriarcales.

À ces trois éléments ethniques correspondent exactement trois types de religions que l'auteur croit distinguer dans les croyances des Akkadiens. Le premier type, nommé émanisme, serait propre à la race méditerranéenne ; la religion astrale des Babyloniens serait le produit de la race arménoïde ; enfin, la couche pré-malaise était caractérisée par des croyances chamaniques et des institutions sociales très rapprochées de celles de la Sibérie. Ces concordances qui mènent jusqu'en Chine sont expliquées par l'entremise de la race pré-malaise qui occupait jadis un domaine très vaste. La linguistique quant à elle fournit des données qui permettent de rapprocher le sumérien des langues océaniennes, surtout du groupe austronésien. Ces éléments linguistiques se laissent découvrir même dans certains idiomes d'Afrique du nord qui auraient été influencés par les peuples de race pré-malaise, venus de l'Inde où ils auraient formé jadis le substrat ethnique le plus ancien, en Mésopotamie. Des similitudes de l'astrologie indienne, chinoise et babylonienne peuvent être dues aux influences exercées déjà aux temps historiques.[20]

---

20 Persée

Explorons ces hypothèses en commençant par les hypothétiques éléments proto-hamitiques de la langue sumérienne : l'analyse craniométrique d'égyptiens pré-dynastiques de la période Nagada a montré qu'ils étaient étroitement apparentés à d'autres populations afro-asiatiques de la Corne de l'Afrique et du Maghreb. L'analyse des fossiles d'égyptiens de Haute-Égypte de la période pré-dynastique montre qu'ils sont plus proches des actuels somaliens qu'aux échantillons d'égyptiens de Basse-Égypte des dernières dynasties. D'après ces mêmes études, les populations actuelles de la Corne de l'Afrique sont plus étroitement apparentées sur le plan cranio-facial à un échantillon incluant des éléments d'Asie du Sud, du Moyen-Orient et du nord-ouest de l'Europe qu'elles ne le sont de n'importe quel autre groupe d'Afrique subsaharienne hors Corne de l'Afrique. Selon une étude de Hodgson et al. publiée en 2014[21] portant sur l'ADN autosomal de nombreuses populations actuelles d'Afrique, du Moyen-Orient et d'Europe, les langues afro-asiatiques ont probablement été diffusées à travers l'Afrique et le Proche-Orient par une population ancestrale porteuse d'une composante génétique théorique nouvellement identifiée, que les chercheurs ont nommé « Ethio-Somali ». Ce composant « Ethio-Somali » se retrouve aujourd'hui principalement parmi les populations de langues couchitiques et éthio-sémitiques de la Corne de l'Afrique. Il est proche du composant génétique non-africain que l'on retrouve chez les Maghrébins, et que l'on pense avoir divergé de toutes les autres ascendances africaines il y a au moins 23 000 ans. Sur cette base, les chercheurs suggèrent que les populations « Maghrebi » et « Ethio-Somali » proviennent d'une migration préhistorique commune sans doute originaire du Proche-Orient, durant la période pré-agricole, en Afrique du nord-est via la péninsule du Sinaï. Cette population s'est alors divisée en deux branches, avec un groupe qui s'est dirigé vers l'ouest, vers le Maghreb et l'autre vers le sud dans la Corne de l'Afrique. Nous ne voyons aucune raison d'en douter. Nous devons cependant mettre en garde contre la pensée que ces populations hamitiques (terme du reste d'origine biblique et non linguistique) sont à l'origine des plus grandes avancées et contrasterait avec l'arriération des peuples indigènes déjà présents sur place[22].

Depuis le début des années 2010, les techniques d'extraction de l'ADN ancien (plusieurs milliers voire dizaines de milliers d'années) permettent de mieux comprendre l'histoire des peuplements humains. Une étude publiée en 2015 par Gallego Llorente et al.[23] a étudié le premier génome séquencé d'un squelette de chasseur-cueilleur ancien d'Afrique subsaharienne, provenant de la grotte de Mota en Éthiopie et datant de 2500 avant J.-C. La comparaison de l'ADN autosomal des populations actuelles d'Afrique et d'Eurasie avec ce génome ancien a conduit dans un premier temps à conclure que tous les Africains subsahariens modernes seraient légèrement mélangés avec une population d'origine eurasienne, qui était étroitement apparentée à la population actuelle de la Sardaigne et aux anciens agriculteurs du Néolithique européen, eux-mêmes issus d'une ancienne population néolithique du Proche-Orient.

En Afrique subsaharienne, cette part d'ascendance eurasienne est beaucoup plus importante chez les populations d'Afrique de l'Est parlant actuellement des langues afro-asiatiques. Par la suite, en février 2016, les auteurs ont publié un erratum concernant leur étude. À la suite d'une erreur bio-informatique, l'influx de gènes eurasiens en Afrique a été un peu surestimé. Il y a bien eu une importante migration en Afrique de l'Est en provenance d'Eurasie, mais elle s'étend peu dans le reste de l'Afrique subsaharienne. Une étude de Lazaridis et al. publiée en juin 2016[24], fondée sur les premiers prélèvements d'ADN ancien du Proche-Orient, a montré que la population à l'origine de ces gènes eurasiens d'Afrique de l'Est étaient des agriculteurs néolithiques issus du sud du Levant. Cette ancienne population était assez apparentée à celle qui a donné les Européens du Néolithique et

---

21 Early Back-to-Africa Migration into the Horn of Africa | PLOS Genetics
22 La théorie hamitique : Elément fondateur de l'imaginaire racial du génocide. | Altérité & Violence (hypotheses.org)
23 Ancient Ethiopian genome reveals extensive Eurasian admixture in Eastern Africa | Science
24 Genomic insights into the origin of farming in the ancient Near East | Nature

les Sardes actuels, originaires d'Anatolie quant à eux, mais différenciée. Par ailleurs les échantillons anciens du Levant pré-néolithique (Natoufien), puis du Néolithique, sont porteurs de l'haplogroupe E1b1b, alors que leur ADN autosomal est encore entièrement eurasien occidental et sans aucune ascendance africaine détectable, ce qui suggère que l'expansion principale de l'haplogroupe E1b1b pourrait être originaire d'Eurasie et non d'Afrique, mais d'autres études seront nécessaires pour le déterminer. Une étude de paléogénétique portant assez globalement sur les populations africaines subsahariennes, publiée par Skoglund et al. en septembre 2017[25], montre que plusieurs populations actuelles d'Afrique de l'Est non afro-asiatiques ont aussi de petites parts d'ADN d'origine eurasienne, à des degrés divers, probablement issues des Levantins du Néolithique par l'intermédiaire des pasteurs afro-asiatiques, et diffusées dans ces populations par des successions complexes de mélanges et de migrations au cours des âges. Les peuples pasteurs Masaï en particulier en ont une part significative (bien que nettement minoritaire dans leur génome).

Dans son ouvrage « Hyderabad Cairns »[26] en 1916, E.H.Hunt propose une description des tombeaux entourés de cercles en pierre qu'on a trouvés au Deccan et qui rappellent les « cairns » de Mésopotamie, d'Égypte, d'Espagne, d'Écosse et d'Irlande. En 1924, Gilbert Slater dans « The Dravidian Element in Hindu Culture » explique que les Dravidiens actuels représentent un mélange des aborigènes indiens avec une race méditerranéenne venue du Nord-Ouest et qui avait passé en Mésopotamie à l'époque où les Sumériens ne connaissaient pas encore l'agriculture. La civilisation de cette race méditerranéenne était apparentée à la civilisation égyptienne ; il s'y trouvait une caste bien organisée de prêtres magiciens. Cette institution fut à la base du système des castes indiennes qui résultèrent de la différence des races et des fonctions. Les Aryens qui envahirent l'Inde étaient plus barbares et plus belliqueux que les Dravidiens. Néanmoins, tout en les conquérant, ils subirent leur influence culturelle, p.ex : la constitution d'un gouvernement organisé ; l'art de filer et de tisser ; les éléments de religion : les dieux Shiva, Vishnu, Brahma, Sarasvati. Mais la langue dravidienne a été supplantée par le védique qui était plus facile à apprendre et c'est ce qui a donné l'apparence de la diffusion de la civilisation aryenne dans l'Inde. La même année (1924) A.H Sayce dans son « Professor Sayce on the remarkable discoveries in India » signale que les sceaux de Harappa et de Mohenjo-daro décrits par Sir J.Marshall sont identiques aux « tablettes de comptabilité » proto-élamites trouvées par De Morgan à Suse. Ce rapprochement prouve que les relations entre l'Élam et l'Inde du Nord dataient déjà du IIIe millénaire avant J.-C., et ouvre des perspectives nouvelles sur l'origine et l'âge de la civilisation indienne. C.J. Gadd et Sidney Smith dans « New links between Indian and Babylonian civilisation » en 1924 signalent l'extrême ressemblance entre des sceaux de la vallée de l'Indus avec les cachets mésopotamiens. Le type du taureau qui y est représenté est similaire au type sumérien. La mangeoire qui est placée devant l'animal est aussi un motif familier à l'art babylonien de toutes les époques. Quant à l'écriture, neuf caractères de Harappa et Mohenjo-daro sont presque identiques aux idéogrammes sumériens du IIIe millénaire avant J.-C. et sept caractères sont partiellement comparables.

Parmi les autres objets trouvés dans la vallée de l'Indus, le cylindre en hématite, les objets en coquille, les statuettes et surtout le type des bâtiments en brique avec le drainage sont également caractéristiques de la culture sumérienne du IIIe millénaire avant J.-C. On ne saurait expliquer tous ces faits que par l'existence d'étroites relations entre l'Inde du Nord et la Mésopotamie qui s'expliqueraient elles-mêmes par une ascendance commune, bien qu'hypothétique, des peuples de ces régions.[27]

Sir John Marshall expose dans son « Influence of race on early indian art » en 1924 que l'art indien n'a pas été créé par les Aryens. En effet, c'est au Penjab, dans les contrées habitées par les purs Aryens védiques, qu'on trouve le moins de restes artistiques. Au contraire, à mesure qu'on avance

---

25 Reconstructing Prehistoric African Population Structure - PubMed (nih.gov)
26 Hyderabad se trouve au nord-est de l'Inde.
27 Gadd & Smith 1924

vers le sud, le nombre des monuments s'accroît et l'art s'épanouit surtout dans l'Inde méridionale, dans les contrées très peu aryanisées. Ceci prouve que les Dravidiens ont contribué au développement des beaux-arts dans l'Inde beaucoup plus que les Aryens. Ce n'est qu'à partir du IIIe siècle avant J.-C., sous l'influence dravidienne, que les Indo-Aryens ont commencé à produire les admirables monuments de l'art indien[28]. Ernest Mackay dit dans « Sumerian Connexions with Ancient India » en 1925 que les sceaux trouvés à Kiš et à Suse provenant de l'ancienne époque sumérienne correspondent exactement aux cachets « indo-sumériens » de Harappa ; la ressemblance est surtout frappante pour les images du taureau et du poisson. D'où provenaient ces objets ? Trois hypothèses sont possibles : de l'Inde, de Sumer ou d'un troisième pays qui les fournissait aux deux premiers. Or, on a trouvé à Kiš des perles en lapis-lazuli, d'autres en cornaline ornées de figures géométriques peintes en blanc sur rouge et datant à peu près de 3000 avant J.-C. Les perles en lapis-lazuli sont plus grossièrement faites ; elles peuvent provenir de l'Iran où cette pierre était assez répandue. Quant aux perles en cornaline, on en a trouvé de pareilles dans les fouilles de toutes les contrées de l'Inde et en bien plus grand nombre qu'en Mésopotamie. Cela semble indiquer que les objets « indo-sumériens » étaient fabriqués dans l'Inde.[29]

Sylvain Lévi mentionne dans sa « Communication à la Société Asiatique » le 13 novembre 1925 les fouilles de M.S.L à Mohenjo-daro et Harappa et rappelle deux faits qui attestent l'existence d'une civilisation ancienne dans la vallée de l'Indus : 1) Aristobule rapporte qu'il a trouvé dans cette région « une contrée abandonnée avec plus de mille villes devenues désertes » ; 2) la tradition bouddhique a conservé le souvenir de six villes très anciennes. L'une, Roruka, se trouvait chez les Sauvira, d'aucuns chercheraient à rapprocher Suvira (Subira dont le nom actuel est Sumra) de Sumer, mais il faut accumuler d'abord les faits avant d'énoncer des hypothèses[30]. Marc Collins dans « On the Octaval Systeme of Reckoning in India » expose que l'on observe dans l'Inde ancienne une prédilection pour les nombres 8, 16, 64, etc. Ces chiffres sont à la base des anciens systèmes monétaires. 64 (8 x 8) est employé comme un « nombre rond », de même que 100 (10 x 10), p. ex. les 64 *kalā*. Le mot *kalā*, qui désigne aussi la seizième partie du corps humain, est d'origine dravidienne et apparenté aux mots *kāl, kālam* signifiant « temps ». Tous ces mots sont en rapport avec la lune : *kālan* désigne une planète invisible ; ce terme peut aussi s'appliquer à la nouvelle lune et de là proviendraient les significations : « sombre, noir, dieu de la mort », qu'on retrouve dans le sanskrit *kāla*. D'autre part, *kalā* désigne la seizième partie du disque lunaire. Les divisions lunaires dravidiennes sont en rapport avec la notion du nœud (drav. *Kan*, cf. les emprunts sanskrits : *kanda*, *khanda* et probablement *kantha*). La même racine se retrouve dans le tamoul *kāni* « une soixante-quatrième partie » et dans les emprunts indo-aryens : skt. *gana* et *gan*- « calculer », bengali, hindi *ganda* « une tétrade », la mesure bengalie *kāni* (et sa sanskritisation présumée *kākinī*), hindi *ānā* , etc. Tous ces faits semblent témoigner de l'existence, chez les Dravidiens qui occupaient jadis le nord de l'Inde, du système octaval qui ne céda que relativement tard à la numération décimale, apportée par les Aryens.

Cette supposition est fortifiée par l'analyse des numéraux dravidiens qui ne sont originaux que jusqu'à 8, les noms de 9 et de 10 étant empruntés au sanskrit. Noter que le mot sanskrit *vimśa* « un vingtième » est employé dans les langues dravidiennes avec la signification d' « un seizième ». On observe le procédé contraire dans les noms de la vingtaine en bengali *kōṛī* et en hindi *kuṛi* qui dérivent du dravidien *kuṛi* signifiant « limite, fin » et désignant auparavant une seizaine. Skt. *Koṭi* « point final, un très grand nombre » serait de même origine. Dans la conclusion, l'auteur signale le rôle important que le nombre 8 et ses multiples ont joué à l'époque d'Aśoka. Les traces du système

---

28 Marshall 1924
29 Mackay 1925
30 Persée & Lévi 1925

octaval s'observent en Chine et en Mésopotamie. Le déterminatif numéral sumérien *kan* ou *gan*, ne serait-il pas identique aux racines dravidiennes et sanskrites : *kan* – *gan* « calculer » ?[31]

Sir John Marshall dans « Annual Report of the ASI, 1923/1924 » suppose que les Sumériens sont venus en Mésopotamie depuis la vallée de l'Indus qui serait, par conséquent, le berceau de la civilisation de toute l'Asie occidentale. Mais cela reste encore à prouver de manière certaine. Le même auteur publie en 1926 « Unveiling the prehistoric Civilisation in India. Discoveries in Sind, the Puniab and Balutchistan-cities older than Abraham », dans lequel il expose que pendant le temps écoulé depuis la première publication sur les fouilles de Harappa et de Mohenjo-daro on a établi que les traces de cette culture, dite indo-sumérienne, se retrouvent dans une aire très vaste renfermant le Sind, une partie du Penjab, le Baloutchistan et probablement le Rajputana. Les fouilles ont révélé une civilisation qui surpasse, à certains égards, la culture moyenne de la Mésopotamie et de l'Égypte. On est surtout frappé par l'arrangement confortable des maisons qui sont presque toutes pourvues d'un drainage compliqué. Le nombre des sceaux exhumés a considérablement augmenté ; certains cachets représentent l'arbre *pippala* . La trouvaille la plus intéressante est une tablette en faïence bleue, représentant une divinité assise sur un trône, les pieds croisés, et adorée des deux côtés par deux personnages derrière lesquels on aperçoit des serpents. Cette tablette peut être de grande valeur pour l'étude des croyances de la population « indo-sumérienne ». On a découvert, en outre, un vase contenant diverses tablettes en argent dont l'une était couverte d'inscriptions cunéiformes babyloniennes. On possède déjà beaucoup de données qui permettent de placer les couches supérieures de Mohenjo-daro au IIIe millénaire avant J.-C. L'image d'un homme trouvé sur ce site montre un type complètement différent de celui des habitants actuels de l'Inde. La culture « indo-sumérienne » était sans aucun doute anaryenne, conclut-il.

Victor Christian dans « Die beziehungen der altmesopotamischen Kunst zum Osten » en 1926, signale des correspondances entre l'art mésopotamien, celui de l'Inde et de l'extrême-Orient. Les analogies les plus importantes avec l'art sumérien ont été constatées au cours des fouilles de la vallée de l'Indus ; ce sont surtout les sceaux qui ressemblent en tous détails à ceux de la Mésopotamie. La céramique de Mohenjo-Daro et Harappa semble être plus récente que celle de Suse et correspond plutôt à la céramique syro-palestinienne du IIe millénaire avant J.-C. Quant aux perles en cornaline trouvées à Kiš, elles peuvent être aussi bien d'origine indienne qu'iranienne. On trouve de nombreuses analogies avec l'art de Mohenjo-daro dans les trouvailles de la vallée de Zhob en Baloutchistan. Tous ces rapports ne témoignent pas d'une influence directe de la Mésopotamie sur l'Inde, d'autant plus que la couche la plus supérieure de Mohenjo-daro est à dater d'environ 1000 avant J.-C. On devrait plutôt supposer que les deux civilisations ont été influencées par une même ancienne culture, mais que la civilisation de l'Indus a conservé plus longtemps certains éléments archaïques. De nombreux faits indiquent qu'à l'époque du cuivre, la civilisation était assez homogène dans toute l'Asie, de la Méditerranée jusqu'à la Chine. Certaines migrations ethniques ont introduit dans l'Asie antérieure une nouvelle culture, caractérisée par l'incrustation en bois et en pierre, qui s'est conservée encore en Indonésie sous une forme archaïque. Ces migrations ont dû commencer à l'époque néolithique ; elles expliquent les analogies dans l'art de la Mésopotamie, de l'Inde et de la Chine.

Bien que les relations commerciales entre la vallée de l'Indus et la Mésopotamie aient dû exister déjà au IIIe millénaire, les influences mésopotamiennes directes ne se sont exercées sur l'art indien que relativement tard[32]. J. Scheftelowitz analyse dans son « Indische Kultureinflüsse » en 1926 les influences mutuelles entre l'Inde et ses anciens voisins et dresse une liste de mots indiens empruntés au sumérien (*nāga* « étain » = sumérien *nāggu*) et à l'assyrien (p.ex. : *āra* « métal » = assyr. *Eru* ; *godhuma* « blé » = iranien *gantuma* < ancien sémitique *ḥanṭim* , etc.). On trouve déjà de pareils

---

31 Collins 1925 - 1926
32 Christian 1926

emprunts dans le Rgveda : *manā* « un certain poids » = babyl. *Manû* ; *khāri* « mesure de capacité » = babyl. *Kāru* ; *niska* « bijou » = babyl. *Nišku*[33], etc. Des influences babyloniennes s'observent aussi dans certaines idées de l'époque védique. p. ex ; dans la notion des sept régions du ciel ou dans la croyance que « si un nourrisson a deux dents poussées à la fois, c'est un mauvais présage ». Paul Rivet expose dans son « Le rôle des Océaniens dans l'histoire du peuplement du monde et de la civilisation » en 1926 que le rôle des peuples océaniens paraît avoir été beaucoup plus important dans l'histoire de l'humanité et du peuplement de la terre qu'on ne le croyait jusqu'ici. Les traces de migrations de ces peuples s'observent non seulement en Asie méridionale et en Océanie, mais en Amérique, en Afrique et même en Europe. L'auteur distingue les migrations suivantes : la plus ancienne, qui remonte probablement au Pléistocène, est celle des Australiens ; viennent ensuite celle des Mélanésiens, celle des Polynésiens et enfin celle des Indonésiens. Le point de départ de ces migrations serait l'Asie méridionale. Le territoire occupé par les Océaniens était très vaste : ainsi l'emploi du boomerang est attesté chez les Sumériens[34], en Arabie ancienne, en Égypte et même dans le monde européen protohistorique d'après lui. L'influence océanienne sur les Indo-aryens se retrouve dans divers domaines.

Les travaux anthropologiques semblent indiquer que le même type ethnique dolichocéphale se trouve dans l'Inde, dans les couches les plus anciennes de Kiš, dans l'Est Méditerranéen et dans l'Europe occidentale à l'époque préhistorique[35]. De toutes les tentatives faites pour établir une unité linguistique sur ce vaste domaine, la plus vraisemblable est celle qui reconnaît des affinités entre le groupe océanien et le sumérien[36]. Eduard Stücken, dans « Polynesisches Sprachgut in Amerika und Sumer » paru en 1927, note, en rédigeant un dictionnaire comparé des langues océaniennes et américaines, de nombreuses concordances lexicales entre ces langues et le sumérien et même l'égyptien. M.S propose l'explication suivante de ce fait : des peuples appartenant au groupe océanien (qui est à son tour apparenté à la famille linguistique américaine) se seraient établis, par suite de longues migrations, dans la vallée du Nil et en Mésopotamie et, en se mêlant aux populations aborigènes, auraient formé deux groupes indépendants : Égyptiens et Sumériens. D'autre part, en rappelant les travaux de Bopp et de Tregear qui cherchaient à démontrer la parenté de l'océanien et l'indo-européen, et de D. Macdonald qui voulait prouver la même chose pour l'océanien et les langues sémitiques, l'auteur suggère que l'on devrait chercher l'origine de l'indo-européen et du sémitique ancien dans le monde océanien. Hypothèse qui paraît hardie, mais on ne saurait expliquer autrement les nombreuses et surprenantes correspondances qu'on trouve dans toutes ces familles linguistiques[37].

Fr.W. von Bissing dans « Ein vor etwa 15 Jahren erworbenes « Harappa Siegel » » en 1927 est d'avis que les sceaux de Harappa et de Mohenjo-daro sont beaucoup plus voisins, comme forme et comme écriture, des cachets élamites que des cachets sumériens. Il en ressort que la civilisation de la vallée de l'Indus paraît apparentée à la culture proto-élamite, mais n'aurait rien de commun avec Sumer. L'existence de sceaux semblables à Kiš peut être expliquée par l'exportation de produits élamites en Mésopotamie[38]. Walter Wüst dans « Über die neuesten Ausgrabungen im nordwestlichen Indien » (1927) donne des informations détaillées sur les découvertes de Harappa et Mohenjo-daro. L'auteur insiste sur leur extrême importance pour l'archéologie, l'anthropologie, la paléographie et

---

33 La traduction de ce terme est ici erratique ou au mieux retranscrite de façon trop sommaire. On trouve dans le CAD (p.272) *nisku* (A et B), *nišku* et *nisqu* qui traduisent respectivement le nom d'une classe de personnes ; ou un choix, lequel indique le plus souvent une valeur (qualité), ce que l'on traduit en français par « premier choix ». Or ce dernier terme ne s'applique pas à un artefact précis (bijou ou autre) mais incarne plutôt un qualificatif.

34 L'auteur a dans ce cas précis certainement confondu un instrument de musique, en l'occurrence un claquoir, avec cet outil de chasse.

35 cf. Duxley Buxton, Ethnic relations in India and the Near East, Nature, vol CXVII, 1926, p. 639

36 Rivet 1926

37 Stücken 1927

38 Von Bissing 1927

l'histoire des religions dans l'Inde (pour ce dernier point la tablette en faïence bleue représentant une divinité assise sur un trône, les pieds croisés, et vénérée par deux *nāga,* présente un intérêt spécial). À quelle famille ethnique appartient la culture de Harappa et Mohenjo-daro ? Il y a quatre hypothèses parmi lesquelles on ne peut choisir dans l'état actuel des connaissances : famille indo-aryenne (supposition la moins probable) ; famille dravidienne (ce qui serait confirmé par l'existence, au Baloutchistan, des Brahui, apparentés aux Dravidiens) ; famille sumérienne ou enfin un peuple autochtone[39].

En 1928, Jean Przyluski fait paraître « *Le Concile de Rājagṛha. Introduction à l'histoire des Canons et des Sectes bouddhiques* » dans lequel il expose que dans l'ancienne église bouddhique, le *bhikṣu* Gavāmpati était considéré comme un moine participant de la nature des bœufs. Ce même *bhikṣu* est devenu, sous le nom de *Gavompadé* , l'un des saints les plus populaires en Birmanie où il a été associé à une divinité sivaïte que l'on représente d'habitude sous la forme d'un taureau. Dans l'Inde proprement dite, on peut trouver les traces de l'identification de Gavāmpati et de Paśupati = Rudra-Śiva. Les analogies entre ces deux personnages mythiques sont assez étroites. Ils habitent, tous les deux, la montagne. Certains traits de la légende de Gavāmpati portent les traces d'un mythe qui mettait aux prises les eaux et le vent desséchant, ce qui, de nouveau, rapproche ce saint de Rudra-Śiva, dieu des tempêtes. Le mythe de l'antagonisme entre le vent sec et la pluie ne se conçoit que dans l'Asie des moussons avec ses saisons de pluie et de sécheresse bien marquées. Il semble donc qu'on devrait chercher l'origine de ce mythe dans le monde anaryen[40]. On trouve, en effet, ses traces dans le domaine austro-asiatique (dans la Péninsule Malaise) et en Chine (lutte entre l'empereur Yu et Fang-Fong). Dans toutes ces légendes, les dieux du vent ou de la sécheresse ont certains traits communs avec le bœuf. L'hypothèse de l'origine austro-asiatique des figures mythiques analogues au taureau-Rudra et au taureau Gavāmpati est fortifiée par le caractère anaryen du mot *marut* et par la comparaison du rituel : sur le domaine austro-asiatique, on immole un taureau pour faire cesser la sécheresse, et les rites se retrouvent avec les mêmes détails en Chine (sacrifice au Keng-fou) et dans l'Inde (*śūlagava*).[41]

F. Otto Schräder signale dans « *Ein syntaktisches Problem des indischen Sprach-familien* » (1928) que dans les trois grandes familles linguistiques de l'Inde : indo-aryenne, dravidienne et muṇḍa et les parlers indo-aryens modernes on emploie, dans un certain cas, une syntaxe spéciale ; il s'agit d'une expression où le déterminant est placé après le mot déterminé ; et ce n'est que le dernier mot qui reçoit la terminaison du cas auquel se trouve le mot déterminé. Comme une telle expression ne se rencontre pas en sanskrit ni dans les prakrits, elle ne peut être originaire de l'indo-aryen. Cette syntaxe paraît bien étrange dans le domaine des langues dravidiennes. Ce n'est que dans les parlers muṇḍa que cette construction semblerait justifiée, car dans la famille des langues austro-asiatiques la postposition du génitif est très fréquente. Ce serait donc un des cas d'influence syntaxique exercée par les langues muṇḍa sur le dravidien et sur l'indo-aryen moderne[42]. Sir John Marshall apporte de nouvelles précisions sur la civilisation de la vallée de l'Indus dans son article « A new chapter in Archeology : the prehistoric civilisation of the Indus ». Il expose ainsi qu'il n'est pas exact d'appeler cette civilisation « indo-sumérienne », puisque les analogies avec la culture de la Mésopotamie ne proviennent pas d'une origine commune, mais d'étroites relations culturelles entre les deux pays. On a trouvé à Mohenjo-daro des morceaux d'étoffe *sindu* , ce qui prouve la justesse de l'hypothèse qui faisait dériver le nom grec et babylonien de cette étoffe du nom de l'Indus. D'ailleurs, la civilisation de Mohenjo-daro et de Harappa dont l'aire d'extension comprenait le Baloutchistan, le Waristan, le Sind, le Penjab et certaines contrées à l'est du Cutch et de Kathiawar[43] et qui a fleuri entre 3300 et

---

39 Wüst 1927
40 Terme linguistique désignant tout ce qui n'est pas aryen.
41 Przyluski 1928
42 F.Otto Schräder 1928
43 On ne sait pas si elle ne s'étendait pas au Rajputana et à la vallée du Gange.

2700 avant J.-C., paraît avoir également eu des relations avec d'autres pays que la Mésopotamie. Presque tous les squelettes exhumés à Mohenjo-daro appartiennent à la race dolichocéphale de l'Asie méridionale. L'art de l'Indus présente des traits originaux ; il surpasse l'art mésopotamien dans le modelé des animaux et ne lui est inférieur que dans les représentations humaines. La construction des maisons privées rappelle celle des bâtiments trouvés récemment à Ur (p.ex. l'emploi de bitume), mais elle présente un état plus développé (surtout le remarquable drainage). Quant à la religion, l'auteur signale les analogies suivantes :

1) (avec la Mésopotamie) figures gravées sur les sceaux rappelant les représentations du dieu babylonien Eabani ; statuettes représentant la Déesse-Mère,

2) (avec l'Égypte pré-dynastique) quatre étendards portant un totem (représentés sur un cachet) qui ressemble singulièrement aux étendards des nomes égyptiens, des images totémiques d'animaux polymorphes (en partie mouton, en partie bœuf et en partie éléphant).

Malgré les analogies mentionnées ci-dessus, on ne doit pas considérer la vallée de l'Indus comme le berceau des civilisations égyptienne et mésopotamienne, puisque la civilisation primitive s'est probablement développée presque simultanément sur l'immense territoire asiatique, de l'Adriatique au Japon[44]. Les résultats de George A. Barton, dans son « On the so-called Sumero-Indian Seals » (1928), qui a étudié les analogies de 124 caractères « indo-sumériens » avec des signes sumériens, élamites, hittites, égyptiens, crétois, cypriotes et chinois semblent confirmer cette théorie. Il résulte de cette comparaison que seuls 35 caractères « indo-sumériens » présentent certaines ressemblances avec l'écriture sumérienne. Tous les autres en diffèrent tellement que, malgré quelque affinité avec les hiéroglyphes hittites, on doit considérer l'écriture « indo-sumérienne » comme indépendante et originale. Un seul cachet de Mohenjo-daro semble porter une inscription sumérienne qui serait à lire : *lil-lil-a-en* ou *gè-gè-a-en*, ce qui pourrait être un nom propre. Mais le caractère du sceau étant purement indien, cette inscription pourrait témoigner tout au plus de relations entre l'Inde et la Mésopotamie.[45]

Dans « Is Indo-Aryan Invasion a Myth ? » (1928), Jainath Pati reprend la théorie de M.Iyengar selon laquelle aucun fait ne témoigne d'une invasion des peuples aryens dans l'Inde. Le caractère indo-européen de la langue védique peut être expliqué sans invasion aryenne ; au contraire, le cérébralisme indique que l'indo-aryen a été parlé par une population aborigène, anaryenne. Les découvertes archéologiques de l 'époque de la vallée de l'Indus confirment la thèse de l'auteur ; si l'on admet que cette civilisation fut détruite par les envahisseurs aryens, on ne saurait expliquer la survivance de nombreux éléments caractéristiques de cette culture dans la tradition védique ; ces survivances démontrent par ailleurs que l'ancienne civilisation a été partiellement conservée par les aborigènes aryanisés. L'auteur note ces mêmes survivances dans les analogies de la religion indienne et sumérienne (mythes cosmogoniques, légende du déluge, rites magiques, etc.) et dans quelques mots indo-aryens présumés d'origine sumérienne tels que *guṇa* – sum. *gun* , *gaṇa* – sum. *gan, ap* – sum. *apsu, ari* – sum. *ari* etc.[46] La plupart de ces mots ont été signalés par M.G..Brown[47].

Dans « Ein Beitrag zur Chronologie des Neolithikums in Südostasien » (1928), Robert Heine Geldern expose que la hache à tenon est particulièrement caractéristique de l'époque néolithique en Indochine, en Assam, en Orissa, au Chota Nagpur, à Formose et au Japon. L'aire où l'on trouve cette hache recouvre assez nettement le domaine occupé jadis par les populations austro-asiatiques, ce qui permet de considérer cet outil comme un produit typique de leur civilisation. Au Dekhan et dans le

---

44 Marshall 1928
45 Barton 1928
46 Pati 1928
47 JAOS, 45, p.366

nord de l'Inde, on trouve, dans les couches néolithiques, des haches cylindriques pointues qui sont complètement inconnues à l'Indochine et dans le domaine austro-asiatique. Ce sont probablement des produits de la civilisation néolithique dravidienne. Plusieurs considérations amènent à conclure que cette civilisation est bien plus ancienne que la culture des haches à tenon et que l'arrivée des Dravidiens était bien antérieure à l'invasion austro-asiatique. L'analyse anthropologique confirme ces conclusions ; E. Eickstedt[48] distingue chez les Muṇḍa les couches anthropologiques suivantes ; 1) la plus ancienne, composée des éléments mélanides et weddoïdes, 2) la couche dravidienne (indides méditerranéens), et 3) la couche mongolide. Seule cette dernière couche représente l'élément austro-asiatique. Les civilisations préhistoriques de l'Inde se succéderaient donc dans l'ordre suivant :
1) les populations primitives – époque paléolithique,
2) les Dravidiens – IV ou IIIᵉ millénaire avant J.-C. - culture des haches cylindriques,
3) les austro-asiates – établis dans l'Inde pas plus tard qu'au VIIIᵉ siècle avant J.-C. - culture des haches à tenon,
4) les Aryens – culture du cuivre et du fer.

Un an plus tard, en 1929, le même auteur (Geldern) signale dans « Orissa und die Mundavolker im Periplus des Erthräischen Meeres » l'exactitude des données du « Periplous de la Mer Erythrée », relatives à l'Orissa et aux peuples barbares qui l'habitaient. La comparaison du texte du Periplous et de Ptolémée avec la tradition indienne permet d'établir que ces peuples, nommés en skt. *Kirāta* et *Bhāarga* et qui correspondent aux Muṇḍa contemporains, occupaient au Iᵉʳ siècle de notre ère un territoire qui s'étendait jusqu'à l'Himalaya ; au point de vue ethnique, ces populations se rapprochaient beaucoup plus que maintenant des Mongols, ce qui expliquerait le fait que la tradition indienne attribuait parfois le nom de *Kirāta* aux populations tibéto-birmanes. Les peuples fabuleux du « Periplous » correspondaient sans doute aux *Ekagudia* et *Ghormuha* des légendes santalies[49].

Paul Rivet publie en 1929 un mémoire intitulé « Sumérien et océanien » dans lequel il signale de nombreuses concordances lexicales entre les langues océaniennes, spécifiquement le Munda, et le sumérien. On peut expliquer ces concordances soit par une origine commune, soit par des emprunts réciproques. Ceci serait à retenir surtout pour les analogies entre le sumérien et les langues austro-asiatiques de l'Inde, car les relations commerciales entre les vallées de l'Euphrate et de l'Indus dataient du IIIᵉ millénaire avant J.-C. L'auteur est convaincu que le domaine des langues suméro-océaniennes s'étendait autrefois du Japon à la Tasmanie, de la Méditerranée à l'Amérique et que cette famille formait le plus ancien substrat linguistique de ces contrées. Le vocabulaire comparatif suméro-océanien qui termine le mémoire est accompagné de nombreuses notes signalant des emprunts faits aux langues « suméro-océaniennes » par le sémitique et l'indo-aryen. Selon Suniti Kumar Chatterji, dans « The foundation of civilisation in India », les Muṇḍa, après les Negrito sauvages, formaient le plus ancien substrat ethnique de l'Inde antérieurement aux invasions successives des Dravidiens et des Aryens, cela suit les trouvailles de Eickstedt sur le sujet[50]. L'auteur de « The dravidian Civilisation in Palestine », Vaidyanatha Ayyar, prétend identifier, au moyen de données archéologiques, les Sumériens avec les Dravidiens et les Indo-aryens avec les Hittites. Il compare les vestiges de la civilisation pré-sémitique de Palestine avec la culture dravidienne et les trouve très proches et produits par la même race suméro-dravidienne.

Le même auteur rappelle[51] que les Sumériens n'étaient pas des aborigènes de la Mésopotamie méridionale, mais que leur habitat antérieur n'est pas encore fixé. L'auteur cherche à démontrer qu'il faut chercher ce dernier dans la vallée de l'Indus où la civilisation sumérienne s'est selon lui développée. Il prétend ensuite démontrer, en comparant les données archéologiques et anthropologiques et en analysant la morphologie et le vocabulaire sumérien et dravidien, l'identité

---

48 « Der Zentral-Dekkan und die Rassengliederung Indiens »
49 Geldern 1929
50 Chatterji 1929
51 « The Sumero-dravidian and the Hittite-Aryan origins » (1929)

de ces deux peuples. Il suppose que la civilisation des Hittites s'est développée également dans la vallée de l'Indus, en concomitance à celle des Suméro-Dravidiens.

En 1930, L.V. Ramaswami Aiyar dresse, dans « World-Parallels between Dravidian and other Language-Families. » une liste de mots dravidiens dont on peut trouver successivement les correspondances dans les langues austro-asiatiques, ouralo-altaïques, australiennes, sumériennes, et même buruśaski. Ces ressemblances, uniquement lexicales, sont toutefois à prendre avec des pincettes, car elles ne reflètent pas forcément une origine commune mais plus sûrement un ou des contacts. F. J. Richards présente dans « Bowls from Ur and the Nilgiris » (1931) que la coupe en bronze exhumée par Breeks à Nilgiri (en Inde), ressemble d'une manière frappante à la coupe en or trouvée par Woolley à Ur. Les coupes peuvent provenir d'époques très différentes, mais la ressemblance de tous les détails est tellement nette, qu'on ne saurait l'expliquer que par l'hypothèse que les deux objets remontent à la même civilisation ancienne, conclut-il. La même année, S.Langdon expose dans « A new factor in the problem of sumerian origins » que la découverte des sceaux « indo-sumériens » à Kiš et à Suse crée des difficultés dans la compréhension de la culture mésopotamienne. Certaines couches culturelles de Mésopotamie, de même que la civilisation préhistorique de l'Indus, sont caractérisées par l'emploi de l'écriture pictographique et des briques rectangulaires. Cette culture est soudain remplacée, en Mésopotamie, par une autre civilisation employant des briques plano-convexes et l'écriture pictographique dite « sumérienne », qui se transformera plus tard en cunéiforme. Bien qu'il soit difficile de déterminer le rapport qui existe entre ces cultures, l'auteur propose l'hypothèse suivante : les populations très évoluées qui habitaient la vallée de l'Indus et qui employaient les briques rectangulaires et l'écriture dite « indo-sumérienne », étaient des Sumériens ; ils parvinrent plus tard en Mésopotamie où ils trouvèrent une civilisation inférieure, mais qui possédait sa propre écriture (celle qu'on appelle maintenant écriture pictographique sumérienne). Les « Indo-sumériens » introduisirent leur civilisation et l'emploi des briques rectangulaires, mais cela ne dura pas longtemps. Une nouvelle invasion, ou le retour des influences indigènes, fit naître la culture caractérisée par l'emploi des briques plano-convexes et l'écriture pictographique qui devient cunéiforme.[52]

En 1932, J. Gonda propose une revue des travaux sur les langues de l'Indochine et de l'Indonésie, sur leur classification et sur la recherche des éléments austro-asiatiques dans les langues et la culture indo-aryenne dans « *Austrich en Arisch. Het belang van de kennis der Austrische talen, voornamelijk voor de Indische Philologie* ». On y trouve les comptes-rendus des travaux de Mr.Przyluski et de M.Sylvain Lévi. L'auteur signale certains emprunts anaryens dans l'indo-aryen, notamment : skt. *Agaru* , nom de l'aloès qui serait emprunté aux parlers de l'Indochine. Dans ces langues, la forme primitive du mot a été probablement **garu* . Suivent quelques exemples de mots austro-asiatiques qui sont entrés jusque dans les langues européennes par l'intermédiaire de l'indien et de l'arabe, par exemple le nom du citron « limon » (skt. *Nimbū-ka*) et le nom du camphre (skt. *karpura* ; la comparaison avec les formes austro-asiatiques : khmer, *kāpōr*, čam. *kapū*, mon. *khapuiw* , montre que *ka(r/m)* n'est qu'un préfixe et explique sa forme variable. Le même auteur signale dans « Etymologica » les étymologies austro-asiatiques de quatre mots indo-aryens ; « clou de girofle », « ail, poireau », « poivre » et « tige ». Ces mots n'ont pas d'origine indo-européenne mais sont très fréquents dans le domaine austro-asiatique. La comparaison des diverses formes permet d'y constater le jeu caractéristique des préfixes, ce qui ne laisse aucun doute sur l'origine austro-asiatique de ces mots. Les noms analogues en indo-aryen et en dravidien seraient empruntés.

Wilhelm von Hevesy reprend la critique du rapprochement des langues muṇḍa avec le groupe mon-khmer dans « *Finnisch-Ugrisches aus Indien. Es gibt keine austrische Sprachfamilie – das vorarische Indien teilweise finnisch-ugrisch* » (1932). Il montre que la principale différence entre ces familles linguistiques consiste en ce que, dans les parlers muṇḍa, les suffixes constituent un des éléments

---

52 Langdon 1931

essentiels de la morphologie, tandis qu'ils n'existent pratiquement pas en mon-khmer. D'autre part, ces suffixes muṇḍa trahissent une étroite ressemblance avec les suffixes finno-ougriens. L'auteur signale encore d'autres analogies entre le muṇḍa et le finno-ougrien, par exemple : l'harmonie vocalique, l'anaptyxe et l'existence, en muṇḍa, des « checked consonants » que l'auteur rapproche du « Stufenwechsel » finno-ougrien, la différenciation du genre animé et inanimé, les analogies de formation verbale, le rôle des particules emphatiques, etc. Enfin, une très longue liste de concordances lexicales. Pour expliquer ces affinités, l'auteur propose l'hypothèse suivante : les peuples muṇḍa n'appartiennent pas à la famille austro-asiatique, mais ils constituent un groupe ethnique qui s'est détaché de la communauté finno-ougrienne dans une haute antiquité. L'auteur est enclin à identifier ce groupe primitif aux Savara, dont le nom indique, dans la tradition finno-ougrienne aussi bien que dans l'Inde, un ancien et puissant peuple. Les éléments finno-ougriens dans les langues dravidiennes sont dus, selon l'auteur, à la profonde influence que les Muṇḍa ont exercée dans l'Inde. Un groupe muṇḍa aurait émigré de l'Inde par le Caucase et aurait donné naissance au peuple hongrois, ce qui expliquerait la présence de mots indiens en hongrois.

Nous sommes toujours en 1932 lorsque Edwin H. Tuttle publie « Dravidian and nubian » dans lequel il compare les langues dravidiennes avec l'ancien nubien. L'auteur signale, en effet, de nombreuses correspondances phonétiques, morphologiques et lexicales. Si le dravidien est apparenté au nubien et au sumérien, par équivalence, cela signifierait que le sumérien est apparenté au nubien. Cette information sera étudiée dans un prochain chapitre de notre étude. La même année, dans « *Sumero-Dravidian Affinities* », A. S. Thyagaraju établit la liste des concordances entre le vocabulaire dravidien et les mots sumériens données par Waddel dans « Sumer-Aryan Dictionary ». Jean Przyluski montre dans « La diaspora tyrrhénienne et sa limite orientale » que l'élément « –sena » qui termine les noms de personnes dans l'Inde, donne un sens absurde si on l'interprète par l'indo-aryen. Il semble être plutôt un suffixe anaryen marquant la descendance. Un suffixe semblable se retrouve dans l'onomastique étrusque où il paraît résulter de la fusion de deux suffixes asianiques : *ša* et *ina* . L'analogie entre l'Inde et les peuples méditerranéens ne paraît pas fortuite. Le nom étrusque *Porsena* et le nom indien *Prasena* se superposent aisément. La forme ancienne du nom des Étrusques : *Tur(a)sena* correspond assez exactement à l'ethnique *Śūrasena* . Il semble que les deux noms sont formés de la même racine *śūra/tura* signifiant « seigneur, héros » et qui est probablement identique à l'ancien nom du taureau *tur/sur* qui est entré avec un t dans les langues européennes et avec un s dans une partie des langues sémitiques (hébreu : *sor*). Les analogies entre l'Inde et l'Étrurie peuvent s'expliquer par l'expansion des peuples asianiques à l'Est et à l'Ouest. Leur migration vers l'Italie est généralement admise.

H F. Friederichs et Heinrich W. Müller publient en 1933 leur « *Die Rassenelemente im Indus-Tal während des 4 und 3 vorchristlichen Jahrtausend une ihre Verbreitung* » dans lequel ils étudient les squelettes et les crânes exhumés à Mohenjo-daro, étude complétée par l'analyse des sculptures provenant du même site. Les habitants de la vallée de l'Indus présentaient au IVe et IIIe millénaires avant J.-C. une population mixte au point de vue anthropologique et composée d'éléments weddoïdes, hamitiques et mongolides. À Harappa on a découvert encore un quatrième élément : arménoïde. Le type weddoïde représente l'élément le plus ancien ; on le retrouve selon eux en Sumer, au Baloutchistan et parmi les Dravidiens, ce qui confirme les hypothèses de Hall et de Hüsing. L'élément hamitique de Mohenjo-daro correspond au type « indide » de l'Inde, aux Arabes et aux Iraniens actuels, ainsi qu'à la population pré-dynastique de l'Égypte. Le type mongolique (pré-malais de Christian) serait venu de l'Est. L'élément arménoïde de Harappa représenterait les restes des migrations du Nord. Ainsi les éléments ethniques de la vallée de l'Indus sont à peu près les mêmes qu'en Mésopotamie, mais il est impossible d'établir, à l'heure actuelle, si la proportion entre les divers groupes était la même. En tout cas, leur présence dans la vallée de l'Indus prouve qu'il faut rapporter la date de leur invasion au-delà du IVe millénaire avant J.-C.[53]

En 1934, Stefan Przeworski explique dans « Zagadnienia etniczne Luristanuw » que les reliefs sur les vases en bronze trouvés au Luristan datant du VIIIe siècle avant J.-C. représentent le type de la race weddoïde qui habitait vers 3000 avant J.-C. la partie Sud de l'Iran. J. De Morgan a établi qu'il y a au Luristan des traces de cet élément weddoïde, qui a joué un certain rôle dans le développement de la civilisation locale apparentée à celle d'Élam. Il signale la possibilité d'une connexion entre les weddoïdes de l'Iran et les populations pré-aryennes de l'Inde (M.Przyluski a signalé des traces linguistiques de ces populations dans l'Iran).

André Parrot dit dans son prodigieux ouvrage « Archéologie mésopotamienne » que Herzfeld associé à Sarre de 1912 à 1914 ont mené des fouilles à Samarra. Ce site était situé sous le niveau arabe, dans une couche protohistorique sinon préhistorique, où ils ont trouvé une céramique du plus grand intérêt rappelant par certains traits la céramique peinte de Tell Halaf, dont elle est certainement contemporaine. La poterie souvent recueillie dans des sépultures dont elle constituait un élément du mobilier funéraire, est faite à la main. La peinture mate, monochrome, associée parfois à un pointillé en creux, anime un décor d'une très grande variété. Outre les combinaisons géométriques connues (zigzag, ondulations, chevrons, triangles, losanges, quadrillages, etc.), on voit représentés, non seulement le monde végétal, animal (oiseaux au sol ou en plein vol, scorpions, poissons, bucranes) mais aussi les humains, traités dans un style très naturaliste. Samarra avait donc fourni, dès avant 1914, le témoignage d'une des plus anciennes cultures mésopotamiennes, celles du IVe millénaire. Dans le même livre, l'auteur décrit l'archéologie d'une ville nommée Abu-Shahrain ou Abu-Shuhur aujourd'hui en plein désert, sur la rive droite de l'Euphrate, à quinze kilomètres au sud-ouest d'Ur. Le site a sensiblement la forme d'un rectangle orienté quant aux angles. Il est dominé au nord-ouest par une ziggurat dont la masse en briques crues était maintenue par un coffrage en briques cuites. Un escalier en pierre permettait d'accéder au sommet. La fouille fut menée par puits de cordages, judicieusement creusés dans des secteurs très variés. L'archéologue résume les résultats obtenus dans les quatre propositions suivantes :

1) Pas d'occupation sérieuse du site après les temps sumériens (2000 avant J.-C.).
2) Les Sumériens de la dernière période utilisèrent la cité comme emplacement de sépultures.
3) Avant les Sumériens, la ville avait été occupée par une race préhistorique, identique à celle connue par Suse et Mussian, caractérisée par de la céramique peinte, un outillage en terre et en pierre, et vivant dans des maisons en briques crues ou sous des huttes.
4) Eridu était non au bord de la mer (ceci contre l'indication d'un texte de Dungi) mais sur une lagune de l'Euphrate, soumise à la marée.

Les travaux de Campbell Thompson dont les conclusions se trouveront ou contestées ou nuancées (surtout les deux intermédiaires) avaient brusquement attiré l'attention sur une civilisation qui semblait nouvelle pour la Mésopotamie.

André Parrot continue ainsi : en 1931, quand Mackay publiait les trouvailles de Langdon et alors que les grandes fouilles stratigraphiques n'étaient ni achevées, ni connues, il se ralliait à l'opinion de Woolley qui plaçait Jemdet Nasr avant Kiš A. Tout cela s'est trouvé confirmé en tous points. De la protohistoire mésopotamienne, deux époques étaient dès lors connues : Obeïd et Jemdet Nasr. Manquait encore le chaînon intermédiaire, celui que l'on devait rencontrer sur le chantier d'Uruk. Quant aux dates 4000-3500 avant J.-C., indiquées d'abord par Langdon, elles ont été considérablement rabaissées aujourd'hui. Certains les descendent jusqu'en 3100 avant J.-C., ce qui

---

53 Friederichs & Müller 1933

peut répondre à la fin de l'époque qui dut s'ouvrir, à son avis, vers 3300 avant J.-C. Quels étaient les gens de cette phase lointaine, des Sumériens ou des Sémites ? Pour Mackay, ni l'un ni l'autre, mais une population dont il ne précise pas la race, conquise par les Sumériens qui lui apportèrent l'art de l'écriture. Les Sémites ne seraient arrivés en Babylonie qu'après.

Les anthropologues sont encore plus prudents dans leur jugement, et disent simplement qu'au temps du cimetière Y, les deux races eurafricaine et arménoïde sont à Kiš mélangées. Par contre, le type méditerranéen manque totalement. La période de Fara II est, selon lui, celle des anciens Sumériens. Il demeure acquis qu'à Uruk nous avons possédé pour la première fois toute la séquence des périodes de la protohistoire mésopotamienne, du premier habitat sur le sol encore humide des marais du Golfe Persique, à l'époque historique en pleine civilisation sumérienne. Et, cela ne fait pas de doute, grâce à l'observation méticuleuse de plusieurs civilisations ou de plusieurs étapes d'une même civilisation, superposées et décelées par la précision de l'investigation stratigraphique.

Le monument essentiel d'Eanna est la ziggurat dont la longue histoire s'avère extrêmement complexe. D'après l'étude qu'en a donné Leuzen, voici quelles en furent les étapes principales. La plus ancienne construction apparaît à l'époque de Jemdet Nasr. La couche V, plus ancienne que la période d'Uruk IV, semble indiquer l'arrivée d'une population étrangère, car un temple, dit temple V, est construit sur des fondations de pierre, technique tout à fait insolite en Mésopotamie. Ce soubassement, dans la suite des travaux, constitua un repère fixe, car la fouille stratigraphique atteignit le sol stérile à 19 m 60 sous l'assise inférieure de pierres. On ne s'étonnera pas outre mesure d'apprendre que 13 autres niveaux furent alors définis, de VI à XVIII, dont les principaux se distinguent ainsi :

- Couche VI : le matériau employé est une brique plate, rectangulaire. Déjà l'on connaît la décoration murale en mosaïque de cônes.

- Couche XI : apparition de l'outillage en cuivre.

Des couches XIV à IV, la céramique dominante (engobe rouge ou gris) forme un groupe si homogène et si abondamment représenté qu'on est amené à considérer qu'elle caractérise une époque nouvelle de la protohistoire mésopotamienne, celle appelée dès lors d'Uruk. Elle précède directement celle de Jemdet Nasr et suit immédiatement celle d'Obeïd. À Uruk, il est établi qu'à la fin de l'époque d'Obeïd les mésopotamiens savaient construire en briques crues, mais ils préféraient certainement suivre la tradition antérieure des habitations en roseaux plaquées de boue et dressées sur un sol couvert de roseaux, de feuillages et d'herbe, pour l'isoler le mieux possible des marais tout proches. La perfection atteinte au temps d'Arpatchiya 6 fut arrêtée brutalement et il est très vraisemblable que les gens d'Obeïd, montés du sud, sont les grands responsables du déclin qui s'affirma aussitôt après. Qui étaient les gens d'Arpatchiya ? Il est difficile de le savoir, car naturellement à cette époque lointaine dont le début se situe à la fin du Ve millénaire, on ne connaît ni l'écriture, ni les cylindres. À Chagar Bazar, on retrouve la trace des rapports commerciaux avec la région de l'Indus et la marque très nette de la civilisation des plateaux iraniens. Ces influences continuent à se manifester à travers toutes les étapes historiques. Les tablettes révélaient une population très mélangée, adonnée aux travaux de l'agriculture, mais en même temps habile à la fabrication des armes[54].

Dans son ouvrage « Les mathématiciens de Babylone » paru en 2002, Roger Caratini expose que le début du Natoufien correspond à l'arrivée de nomades qui arrivent « on ne sait d'où », se fixent en Mésopotamie et sortent progressivement de la préhistoire, la révolution néolithique se diffuse lentement. La venue des pré-sumériens se fit probablement à la même date.[55]

Adolphe Bloch dans son article « De la race qui précéda les sémites en Chaldée et en Susiane » indique que M.Maspero admet l'existence des Sumériens sans assurer qu'ils précédèrent les Sémites

---

54 Parrot 1946
55 Caratini 2002

aux embouchures de l'Euphrate. Quoi qu'il en soit, dit-il, cette question sumérienne, jusqu'à présent, a peu intéressé les anthropologistes, parce qu'elle est restée localisée dans le domaine de la linguistique, et qu'elle se basait principalement sur le déchiffrement des documents cunéiformes et sur l'étude comparative des dialectes. Nous croyons cependant, poursuit-il, qu'elle doit nous préoccuper, car les assyriologues suméristes disent positivement que les Akkadiens (ou plus précisément les Sumériens) étaient d'une autre race que les Sémites[56].

Mais de quelle race s'agit-il ? Voici à ce sujet l'opinion de M.Oppert, l'éminent philologue et assyriologue français :

« *À une époque que l'on peut évaluer à plusieurs milliers d'années avant les pyramides d'Égypte, dit-il, un peuple descendait des hauteurs de l'Asie centrale pour s'acheminer lentement vers la Mésopotamie. Nous ignorons le nom véritable de ces émigrants asiatiques, nous savons seulement que pendant bien des siècles ils nous apparaissent sous le nom de Sumer. Cette nation des inventeurs de l'écriture, dite cunéiforme, appartient sûrement à l'une des branches les plus antiques de la race assyrienne, dans laquelle se classent également toutes les peuplades du nord de l'Asie et de l'Europe. On désigne cette grande division de l'humanité sous le nom de tartaro-finnoise, d'ouralo-altaïque ou touranienne. Il est probable que ce peuple, dont le souvenir a disparu jusqu'au nom, apporta son système graphique en Mésopotamie ; on peut le supposer, parce que dans l'écriture, les hiéroglyphes désignant les animaux et les plantes du midi font entièrement défaut. Nous n'avons pas un seul document écrit en hiéroglyphes sumériens, mais nous avons encore des tablettes faites pour l'instruction des Assyriens, et qui retracent quelques anciennes figures avec l'interprétation en signes cunéiformes connus des peuples modernes.* »

Avant d'étudier l'hypothèse de M.Oppert qui semble fort vraisemblable en l'état actuel de notre avancement, explorons les diverses théories ethniques formulées par les auteurs antérieurs afin de déterminer si nous pouvons concilier au moins deux d'entre elles et sinon préciser, infirmer ou confirmer, mais de manière plus détaillée ou plus nuancée, la théorie de M.Oppert, l'objectif principal de cette étude étant de fournir une histoire (« enquête ») la plus précise possible de la colonisation des sumériens en Basse-Mésopotamie ainsi que l'identité la plus anciennement identifiable de leur ethnie.

---

56 Bloch 1902

CHAPITRE IV

Les « têtes noires »

Nous arrivons avec ce quatrième chapitre à l'une des phases les plus cruciales de notre étude. Il s'agira ici d'exposer les arguments et d'en tenter un commentaire rigoureux. Plusieurs auteurs soutiennent l'origine asiatique des Sumériens tandis que d'autres penchent en faveur de l'origine noire de ce peuple, d'autres encore avancent une origine méridionale. Adolphe Bloch, dans son « De la race qui précéda les Sémites en Chaldée et en Susiane », argumente en faveur d'une identification des Sumériens à une race noire, c'est-à-dire noire de peau, mais pas nécessairement africaine. Voyons ce qu'il nous dit :

D'après Hommel, cité par Bloch, et d'après la plupart des philologues, cette langue fait partie de la classe des langues agglutinantes, et de là vient aussi qu'on a voulu la rapprocher des idiomes ouralo-altaïques et la retrouver chez des peuples de ce nom. M.Hommel, en particulier, trouve une grande analogie avec la langue turco-tartare. Certains auteurs se sont tournés du côté de l'Égypte pour y trouver l'origine du sumérien, par la raison que l'écriture cunéiforme provient d'une écriture en hiéroglyphes ; d'autres du côté de la Chine pour la même raison ; d'autres enfin du côté de l'Afrique et même vers l'Amérique. Pouvons-nous, au point de vue anthropologique, admettre l'origine de cette race antique qui occupa la Chaldée avant les Sémites [sur la base des caractères linguistiques] ? Nous ne le croyons pas, pas plus qu'on en peut admettre que les Ibères étaient des Touraniens, sous prétexte qu'ils parlaient le basque, c'est-à-dire une langue agglutinante. Il y a bien eu une race antérieure aux Sémites, non seulement en Chaldée, mais encore en Susiane, comme nous allons le démontrer, mais cette race ne pouvait être d'origine touranienne, car elle était trop anciennement établie dans le pays pour pouvoir admettre que les Finnois, ou d'autres peuples du nord comme les Turcs, aient déjà pu quitter leur séjour primitif à une époque si reculée.[57]

« Si haut que nous fassent remonter les documents cunéiformes, dit Lenormant, ils ne mentionnent nulle part une domination touranienne. Rien non plus, dans le récit de Bérose, ne rappelle le souvenir d'une occupation touranienne. Quand Justin, au IIe siècle de notre ère, parle vaguement d'une domination des Scythes ou Touraniens sur l'Asie antérieure, il ne précise point spécialement de quelle contrée il s'agit, et il est peu vraisemblable que la Chaldée ait été comprise dans leur empire. »

Cette race qui précéda les Sémites, poursuit Bloch, était une race noire, ainsi qu'il résulte de l'étude anthropologique qu'il a faite sur ce sujet, en dehors de la philologie proprement dite. Il ne suffit pas de faire une étude comparative des deux langues, sumérienne et sémitique, car de moindre valeur que les caractères anthropologiques, il faut aussi tenir compte des renseignements d'ordre anthropologique que peuvent contenir les documents cunéiformes, comme l'ont fait déjà en partie Sir H.Rawlinson (1869) et G. Smith (1876) qui sont arrivés ainsi à reconnaître en Chaldée deux races différentes par la couleur de peau. Tel n'est cependant pas l'avis des autres assyriologues ; aussi devons-nous indiquer ici les termes employés à ce sujet par les Babyloniens, ainsi que la traduction qui est la même pour tous les assyriologues, l'interprétation seule étant différente avec les auteurs : les têtes noires des textes cunéiformes.

---

57 Bloch 1902

On remarque d'abord que dans leurs textes cunéiformes les Babyloniens et les Assyriens insistent très souvent sur une race particulière appelée *nisi zalmat ga-ggadu* , c'est-à-dire *peuple aux têtes noires*. Mais qu'est-ce que l'on entendait par têtes noires ? Lenormant et la plupart des auteurs assyriologues cherchent à expliquer le sens de ces expressions en disant qu'elles s'appliquaient à *l'humanité* en général, sans spécifier une race particulière. Mais voici un extrait des cunéiformes où il est encore question des têtes noires, non pas à propos d'un roi, mais à propos d'un dieu, et qui nous prouvera qu'il ne s'agissait nullement d'humanité en général, continue Bloch.

« L'ensemble des hommes à la tête noire. Tous les êtres vivants désignés par un nom, qui existent à la surface de la terre. Les quatre régions dans leur totalité. Les archanges des régions du ciel et de la terre, tous tant qu'ils sont (te glorifient) toi. » dans l'Hymne au dieu Marduk.

Ce texte ne peut certainement pas s'expliquer dans le sens d' *humanité en général,* commente Bloch, puisque, outre les têtes noires, l'on y mentionne encore d'autres êtres vivants. Hommel croit que *tête noire* se rapporte à la chevelure des Sémites qui la portaient longue, tandis que les Sumériens la rasaient complètement[58]. D'autres pensent que cela signifie simplement « chevelure noire ». Mais tous les Sémites et tous les peuples non sémites qui habitaient cette partie de l'Asie qui nous occupe devaient avoir les cheveux noirs ou approchant, et ce n'est donc pas la couleur de la chevelure qui pouvait les distinguer les uns des autres. L'interprétation la plus rationnelle, selon nous (c'est encore Bloch qui parle), est celle qui consiste à admettre que ce peuple représente une race spéciale ayant la peau noire, ou au moins très foncée, contrairement à celle des Sémites, qui était blanche basanée. D'autre part, Rawlinson et Smith ont observé que sur certaines tablettes cunéiformes la race noire était intitulée *Adamu* , tandis que la race blanche s'appelait *Sarku* . Mais ce ne sont pas là les seuls renseignements concernant l'anthropologie que contiennent les textes cunéiformes, car on y parle aussi d'individus clairs ; le terme usité pour ce dernier mot est *namrutim* , et il s'emploie à propos d'esclaves que l'on achetait au pays de Gouti et pour lesquels on rédigeait un contrat indiquant le prix d'achat de ces esclaves clairs. Il est probable que ces esclaves, qui provenaient d'une région montagneuse, avaient la peau plus blanche que les Sémites et peut-être avaient-ils aussi les cheveux moins noirs, sans doute châtains.

Voici notre opinion : le terme « l'ensemble des hommes à la tête noire » désigne dans l'Hymne de Marduk les hommes quelle que soit leur race puisque la suite introduite par « tous les êtres vivants » nous semble se rapporter aux animaux d'une autre espèce qu'humaine. Le qualificatif de « têtes noires » pourrait alors être compris comme désignant exclusivement les Hommes concernés par le culte de Marduk, c'est-à-dire Babyloniens sémites et sumériens (qui avaient vraisemblablement tous la chevelure noire). La preuve en est que le terme employé est « êtres vivants » et nullement « hommes » comme dans la première phrase. Le terme *Adamu* pourrait bien être une appellation autre que raciale convenant à ceux qui étaient là les premiers. En voici une preuve ; dans son ouvrage intitulé « Et Dieu créa les femmes » (2004) , Laure Mistral explique qu'avant d'être le nom propre du premier homme, le mot hébreu *adam* désigne l'être humain en général, quel que soit son sexe. De fait, le terme « adama » en hébreu signifie « terre », terme que l'on pourrait comprendre par celui d'« autochtone ». Le Chicago Assyrian Dictionary précise cette définition : l'akkadogramme *adamu* trouvé en hittite signifie « sang ». En vieil akkadien, ce terme désigne un vêtement de couleur rouge. Ce terme peut encore se référer à une personne importante, noble peut-être par une sorte de métonymie (couleur du vêtement, donc signe distinctif, qui détermine le rang social de la personne qui le porte). En ce qui concerne le terme *sarku* , le même dictionnaire, que nous croyons plus fiable, nous renvoie, une fois arrivé à l'article « sarku », ou « sarqu », à l'article

---

58 Pour une nuance significative de cette affirmation, voir Contenau « Une statuette sumérienne archaïque du Musée du Louvre » dans « Monuments et mémoires de la fondation Eugène Piot » 1940.

« zarku », où nous apprenons que ce terme désigne une profession sans toutefois mentionner sa nature ou son nom. Citons également le terme « zarīqu » qui se réfère à un fonctionnaire à la cour assyrienne. Cette distinction entre Adamu et Sarku ne pourrait donc être en réalité qu'une distinction hiérarchique sociale, les Adamu étant les personnes de noble appartenance (et pour la plupart autochtones) ou exerçant des métiers nobles tandis que les Sarku pourraient être des artisans et/ou des personnes de moindre condition sociale.

Voici ci-après la suite de l'exposé de M.Bloch sur la question du type ethnique des Sumériens :

Les types des monuments assyriens et babyloniens fournissent d'autres renseignements sur les personnages. Ceux qui figurent sur les fresques des palais assyriens étaient peints de couleurs éclatantes : la barbe, les cheveux et le visage étaient coloriés. Il y avait aussi en Chaldée des sculptures en briques émaillées ; ainsi on peut voir au British Museum un monument de ce genre sur lequel on remarque trois Babyloniens, dont l'un est blanc, l'autre noir et le troisième jaune. L'on ne peut rien en conclure au point de vue de la coloration réelle du tégument, parce que ces personnages étaient tous de la même race. D'autre part, le seul type véritablement reconnaissable sur les bas-reliefs est le type sémitique. On n'a pas encore découvert de véritables monuments datant de la période pré-sémitique, car l'on ne peut y faire rentrer les deux têtes de statues en porphyre, cependant très anciennes, qui ont été trouvées par M. de Sarzec à Tello, et qui sont conservées au Louvre. M.Hommel croit que ce sont des têtes de Sumériens, mais il leur manque le nez à tous les deux, et sans cet organe, il n'est guère facile de se prononcer. Néanmoins, il reste encore, sur l'une d'elles, la racine du nez, et l'on peut remarquer qu'elle est saillante et étroite ; ce n'est donc pas une tête de Touranien mongoloïde, affirme M. Bloch. Les Assyriens, comme les Égyptiens, représentent fréquemment leurs prisonniers de guerre sur les stèles triomphales, mais les captifs portent presque tous le faciès sémitique des vainqueurs.

Sur certains bas-reliefs de Sargon II et d'Aššurbanipal l'on remarque des Elamites qu'on croit être une race semblable à celle de nos Suméro-akkadiens, et que certains auteurs regardent comme étant des Négritos. Mais ces Elamites n'ont pas le type négrito ; ils ont d'ailleurs une barbe très fournie et une longue chevelure bouclée, et ceux que l'on considère comme tels ont plutôt le type grossier de la race sémitique. L'on peut constater, en effet, d'après les sculptures, qu'il existait chez les Babyloniens deux variétés parentes, un type fin et un type grossier. Dans le type grossier, le nez, tout en étant busqué, comme chez tous les Sémites, est plus gros du bout et moins saillant ; les lèvres sont épaisses et l'ensemble de la face paraît moins distingué que dans le type fin, mais les cheveux et la barbe, tout en paraissant plus courts, sont aussi abondants et bouclés que dans le type fin, ce qui ne serait pas le cas des Negritos. M.Bloch poursuit son exposé en disant que d'autres peuples de l'Antiquité ont également fait mention d'une race étrangère qui aurait précédé les Sémites en Mésopotamie. Ainsi le chapitre X de la genèse hébraïque, qui contient la généalogie des peuples de l'époque et que nous signalons exclusivement à titre de document historique et ethnographique, nous apprend que Nimrud était fils de Kousch et par conséquent petit-fils de Cham. Les termes légendaires employés par le rédacteur de la Genèse pour nous faire connaître cette tradition, démontrent bien que la fondation de Babylone était fort ancienne du temps des Hébreux et qu'elle se perdait déjà dans la nuit des temps ; mais en considérant que Sem, Cham et Japhet sont des noms de peuples, nous pouvons conclure des indications, fournies par ce chapitre X, que les fondateurs de Babylone n'étaient pas des Sémites mais des Kouschites, poursuit M.Bloch. Notons aussi que Nimrud s'est avancé du sud au nord et non du nord au sud, puisqu'il a d'abord fondé Babylone, puis Ninive. Cham est un nom qui a pour racine, en hébreu, un mot qui signifie *brûlé, noir* , ce qui indique déjà que les descendants de ce Cham devaient être de couleur plus ou moins foncée. Maintenant nous devons chercher à savoir ce que l'on entendait par Kouschite dans l'Antiquité. Ni le livre de la Genèse, ni aucune autre partie du Pentateuque ne nous renseignent à ce sujet, mais le prophète Jérémie, qui vivait au VIIe siècle avant l'ère chrétienne, nous apprend, tout à fait par hasard, ce que pouvait être la coloration de la peau chez les Kouschites. Dans son livre des Prophéties (Ch. XIII, 23) se trouve une phrase dont voici la traduction :

« Un Kouschite changerait-il sa peau, et un léopard ses taches ? »

 Ce verset n'a aucun rapport avec le transformisme, comme on pourrait le croire au premier abord, commente M.Bloch, car Jérémie pensait à bien autre chose, mais c'est le dieu d'Israël qui se montre irrité de l'impiété des Hébreux, et qui lui fait entendre que ces derniers seraient tout aussi incapables de revenir au culte de Jéhovah que le Kouschite de changer sa peau et le léopard sa moucheture. De ce rapprochement, entre la peau du Kouschite et les taches de la peau du léopard, l'on peut admettre que les Kouschites étaient bien des noirs et non des blancs comme l'admettent encore certains auteurs, analyse M.Bloch. Du reste, la traduction grecque de la Bible par la Septante (IVe siècle de l'ère chrétienne) assimile toujours les Kouschites aux Éthiopiens. En conséquence les fondateurs de Babylone, qui étaient des Kouschites, appartenaient à une race noire ; et ainsi se trouve expliqué le sens des expressions, *têtes noires* , si souvent mentionnées sur les textes cunéiformes. Voici encore au sujet de ces Kouschites d'autres renseignements utiles à connaître au point de vue anthropologique. Moïse avait épousé une Kouschite (Nomb. XII, 4) et cela lui avait attiré, de la part de son frère Aaron et de sa sœur, de vifs reproches dont on n'indique pas la raison, mais qui peuvent se comprendre par ce fait que les Kouschites étaient considérés non seulement comme des étrangers, mais encore comme des individus qui différaient des Hébreux par la couleur de la peau, et en admettant qu'il s'agisse de Sephorah la Madianite (Exod. II, 16, 21) cela prouverait aussi que le pays de Madian, situé dans l'Arabie Pétrée, sur les bords de la mer Rouge, était occupé à l'époque par des Kouschites.[59]

Commentaire de ce passage : Sans vouloir discuter de l'autorité de M.Bloch, dont nous aurons à citer d'autres travaux plus loin, il a ici tort de donner une expression aussi tranchée que « noire » pour désigner la peau des Kouschites. La réalité est bien plus complexe et nous nous appuierons sur le travail au sujet de Cham et Noé de M.Braude dans son article « Cham et Noé. Race, esclavage et exégèse entre islam, judaïsme et christianisme » dans « Annales » paru en 2002, p.93 à 115, afin d'étayer notre thèse : dans le Dictionnaire de Dom Calmet, il est dit dans l'article « Cham », fondé sur les seules sources juives et chrétiennes, que Canaan avait été maudit, peut-être parce qu'il avait été le premier à voir la nudité de Noé. Le « noircissement racial » est absent, et l'esclavage n'est évoqué que sur le mode mineur. Mais une difficulté persiste : n'aurait-il pas fallu aussi condamner Cham, le méchant de l'Écriture, à l'esclavage ? C'est dans une autre source orientale que Dom Calmet devait ensuite trouver une réponse à cette question. En effet, dans le supplément de 1728, l'article s'appuie sur l'autorité de Tabari pour prétendre qu'outre Canaan, Cham et tous ses descendants sont, par la malédiction, condamnés de naissance à l'esclavage mais aussi à avoir la peau noire :

« Cham. L'auteur du Tharik-Thabari enseigne que Noé ayant donné sa malédiction à Cham et à Chanaan (sic), l'effet de cette malédiction fut que non seulement leur postérité fut asservie à ses frères, et née pour ainsi dire dans l'esclavage, mais aussi que tout à coup la couleur de leur chair devint noire ; car ils tiennent que tous les noirs viennent de Cham et de Chanaan. Noé voyant ce changement si prompt, en fut attendri et pria Dieu qu'il lui plût d'inspirer aux Maîtres de Chanaan un amour de tendresse et de compassion pour lui : et cette prière de Noé dans la servitude des descendants de Cham, nous y remarquons aussi l'effet de sa prière, en ce que cette sorte d'esclaves noirs est chérie et recherchée en tous lieux. »

---

59 Bloch 1902

On ne saurait surestimer l'importance de cet article révisé pour une histoire du racisme, commente M.Braude. [...] C'est la malédiction de Cham qui, diffusée en Europe par Jean-Pierre Chrétien dans « Les deux visages de Cham, points de vue français du XIXe siècle sur les races africaines d'après l'exemple de l'Afrique orientale » p171-199, servit le plus souvent à justifier l'esclavage racial. Compte tenu de l'importance de Tabari (revu par Dom Calmet) dans la transmission de ce qui devint un trope raciste, son traitement de la malédiction ouvre une très riche perspective à qui souhaite s'engager dans une comparaison entre traditions juive, chrétienne et musulmane. Insister ainsi sur l'importance de l'article de Dom Calmet paru en 1728 revient à contester la thèse, aussi traditionnelle que peu démontrée, selon laquelle la tradition religieuse abrahamique avait, depuis longtemps et sans conteste possible, fait de Cham un esclave noir. Cette thèse repose elle-même sur une affirmation non défendable qui voudrait que, dans le monde ancien – classique ou islamique, avant même le commerce moderne d'esclaves à travers l'Atlantique, la majorité des esclaves ait été noire. En dépit des efforts sérieux et répétés pour dissiper cet anachronisme fort répandu, des chercheurs par ailleurs éminents ont compromis la valeur de leurs travaux en fondant leurs raisonnements sur cette prémisse. Et tout comme l'identité des esclaves pouvait varier dans le monde antique et médiéval, de même l'identité de Cham. Il est l'archétype de l'Autre, analyse M.Braude. Et quelle que fût la phobie du moment, elle est incarnée par Cham : au cours de sa longue histoire, il est tour à tour Égyptien, hérétique, pécheur, sodomite, juif, musulman, noir, Asiatique et Africain. Dans l'iconographie juive, chrétienne et islamique, Cham ne devint noir que fort tardivement : en 1843 pour la première fois d'après Josiah Priest dans son ouvrage paru la même année, thèse confirmée par Ladislas Bugnicr en 1976. Selon les variantes, toutes orientales, Cham est tantôt innocent de toute faute, tantôt complice de son frère Japhet face à la nudité de Noé. Mais dans l'un et l'autre cas, l'esclavage ne constitue nullement le destin des Chamites.

Ainsi donc, contrairement à ce qu'indique la Bibliothèque orientale de Dom Calmet, la plupart des versions de Tabari connues des musulmans ne fournissent nullement de justification à l'esclavage racial. Non qu'une affirmation de ce genre fût absente de l'islam, mais le crédit qu'on lui accordait était loin d'être unanime. [...] M.Braude poursuit en expliquant que la signification de l'original biblique est elle-même ambiguë et sujette à interprétation. De là la nécessité de recourir aux Grandes Bibles. À l'origine, les auteurs de la Genèse entendaient probablement attaquer par des généalogies et jeux de mots les ennemis d'Israël, en particulier les grands empires - Égypte et Mésopotamie -, qui incarnaient la menace extérieure, et les Canaanites, sur le front intérieur. La généalogie de Cham (voir Genèse 10, 6-8) associaient les trois puissances hostiles : les deux fils de Cham – Miçrayim (Égypte) et Canaan – et son petit-fils Nemrod, fondateur de l'empire mésopotamien. Et c'est Canaan, en tant que rival d'Israël pour la possession de la terre, qui essuie le gros de l'attaque. Le nom hébreu de « Cham » pourrait relever d'un jeu de mots sur des termes, étroitement apparentés en égyptien, qui signifiaient « majesté » et « esclavage », comme s'il s'agissait de démontrer que la menaçante majesté d'aujourd'hui peut finir demain en esclave humilié, observe M.Braude. En outre, la Bible, comme l'art et la littérature du Proche-Orient ancien, et en contraste frappant avec l'imaginaire grec, ne fait pas de la couleur un marqueur d'identité. C'est là une différence culturelle considérable, complètement négligée mais essentielle à la compréhension de ce passage et de l'évolution de ses interprétations ultérieures. [...] Si le texte de la Genèse pouvait paraître ambigu quant à l'identité exacte du condamné à l'esclavage et la nature de cet asservissement (allégorique, politique, moral, social), l'autre allégation de Tabari, Cham père des noirs, est quant à elle, totalement absente de Genèse 9, ainsi que, semble-t-il à M.Braude, de l'ensemble de la culture-proche orientale avant l'époque hellénistique.

Avant Tabari, quatre auteurs musulmans ont abordé l'« affaire Cham et Noé » par ordre plus ou moins chronologique : Ibn Hisham, Ibn Sa'd, Ibn Qutayba et Ya'qûbi. Le plus ancien, Ibn Hisham, lie la désobéissance de Cham sur l'arche – le fils enfreint l'interdit de toute relation sexuelle – à la naissance, qui en résulte, d'un fils noir, nommé Kush. Le terme désignant ce rejeton, *ghûlam* , est remarquablement ambigu : il peut en effet signifier « jeune homme » ou « garçon » mais aussi « esclave » ou « serviteur ». Et c'est non une malédiction, mais une prière de Noé qui entraîne la peau noire de ce rejeton. Dans le récit d'Ibn Sa'd, celui-ci ne mentionne ni colère de Noé contre Cham (prière ou malédiction) ni esclavage ni explication de la couleur de peau. Alors que diverses autorités musulmanes font de Cham le père des Éthiopiens et d'autres populations à peau sombre, le Cham d'Ibn Sa'd engendre des peuples qui ne répondent pas à cette description. Les deux chamites qui retiennent son attention sont en effet le maître de Babylone, Nemrod, et Canaan, qu'Israël fait déchoir de sa domination sur la Palestine (Cham).

Cette généalogie diffère de celle de la Bible puisque Kush est ici le fils, et non le frère de Canaan. Ibn Qutayba dans son passage ne mentionne quant à lui aucune couleur de peau. Ces ré-élaborations musulmanes de l'histoire de Cham et de Noé au IXe siècle, culminant avec l'Histoire de Tabari au Xe, obéissent à une structure complexe. Globalement, les aspects les plus difficiles de la question – malédiction versus prière, esclavage, châtiment par la couleur de peau – sont attribués à des sources moins dignes de foi ; c'est à la Torah que remonte la malédiction de l'esclavage ; c'est au contestable Wahb que remonte le châtiment de la noirceur de l'épiderme. La Bible elle-même, au sens strict, ne dit mot de la couleur de peau des fils et petits-fils de Noé. Le Livre de Jérémie, l'une des sections les plus récentes du noyau central des Écritures, fait bien une allusion oblique à la peau caractéristique de Kush, l'un des rejetons de Cham, mais, même dans cette unique occurrence (13, 23), la question de la couleur n'est pas explicite. Elle reste absente de la littérature dite apocryphe et pseudo-épigraphique composée entre 300 avant J.-C. et 100 après J.-C. environ, qui développe les récits de la Genèse ; absente aussi des rouleaux de la Mer Morte, des textes de Flavius Josèphe et de Philon d'Alexandrie. C'est à une date plus tardive, dans les débuts de la littérature rabbinique, que l'on voit surgir la question. Les autorités rabbiniques, qui s'épanouissent entre la fin du IIIe et le début du IIe siècle, sont créditées des premières tentatives pour lier le comportement de Cham à sa couleur de peau. Que ces écrits figurent dans le Talmud ou dans le Midrash, ils relèvent de la Haggadah, autrement dit de la spéculation et de la recherche sur le sens de l'Écriture, qui témoigne d'une imagination débridée et multiplie allusions et fausses pistes, condamne M.Braude.

Quant au jeu de mots opéré entre *Ham.... Mefuham* , de multiples indices font préférer la signification allégorique (« se consumer de honte ») à la couleur de peau. Le premier de ces indices est une illustration presque contemporaine, qui figure dans une bible grecque datant au plus tard du VIe siècle et d'origine syrienne, la Genèse de Vienne. On a décelé dans les illustrations de ce manuscrit de nettes influences rabbiniques. De fait, c'est au passage *supra* de la Genèse Rabbah que l'on fait remonter la source de cette image de Cham, accompagné de son complice Canaan. Mais, sur cette image, fait remarquer M.Braude, ni Cham ni Canaan ne sont noirs, quoique tous deux apparaissent « consumés de honte ». Second indice : une source juive plus tardive, peut-être irakienne ou yéménite, remontant au IXe siècle environ, corrobore l'absence de peau noire chez Cham et sa postérité : il s'agit du Pirke de Rabhenou ha-Kadoch, qui explique un vers du traité du Sanhédrin dans le Talmud de Babylone : *laqah be-'oro* (« châtié dans sa peau »). Si l'on avait universellement vu dans « *mefuham* » une référence à la peau noire de Cham, alors « châtié dans sa peau » eût été compris de manière similaire. Or, cela ne va pas de soi, puisque c'est une autre glose qui figure ici, à savoir « Kush sortit de lui [Cham] » (*yatsah mi-menou Kuch*). Cette interprétation était à ce point admise dans une partie du monde islamique qu'au XVIe siècle, un scribe juif yéménite alla jusqu'à inscrire dans le texte du Sanhédrin la glose suivante : « *laqah be-oro ve yatsah mi-menou Kuch she mechouneh be-oro* », c'est-à-dire « il fut châtié dans sa peau et Kush, qui de peau est différent, sortit de lui ».

Cette idée d'une peau de couleur différente apparaissait aussi dans Rabhenou ha-Kadoch. Si l'une et l'autre sources avaient considéré tous les Chamites comme noirs, il eût été difficile de faire de l'épiderme le signe distinctif de Kush. En d'autres termes, pour autant du moins que l'on ait vu dans ces expressions une référence à la couleur de peau, elles ne peuvent s'appliquer qu'à un seul des quatre fils de Cham. Ainsi que le montrent les sources juives et musulmanes, l'identité de Kush joue un rôle essentiel dans l'attribution d'une couleur particulière aux Chamites. Le nom « Kush » est attesté dans les textes égyptiens et persans anciens, où il renvoie aux peuples de la vallée méridionale du Nil, région qui, grossièrement, correspond aujourd'hui au sud de l'Égypte et au nord du Soudan. L'identification moderne à l'Éthiopie remonte peut-être à la traduction grecque de la Bible, ou à Flavius Josèphe deux siècles plus tard, bien que, dans le monde hellénistique et l'Europe médiévale, le concept d'Éthiopie ait été généralement beaucoup plus large, puisqu'on la faisait s'étendre parfois d'est en ouest sur toute la largeur de l'Afrique, voire jusqu'en Arabie et en Inde (Flavius Josèphe et Hérodote). Sur ce patronyme comme sur les autres termes qui désignaient, dans le Proche-Orient ancien, les peuples à peau noire habitant les régions sahariennes et sub-sahariennes, on soulignera qu'à l'inverse de leurs équivalents grecs et latins, il n'associent nullement l'identité à la couleur de peau. Selon la mythologie classique, « Éthiopien » désignait celui dont la peau est brûlée par le soleil, conformément à l'ancienne théorie grecque des climats, pour qui les régions centrales du globe, autour de l'équateur, étaient trop chaudes pour permettre la vie humaine : quiconque s'en approchait risquait de griller ou du moins de devenir noir. Telle est l'étiologie la plus courante des différences de couleur de peau.

Après ce long exposé destiné à démonter la théorie selon laquelle Cham était prétendument noir, intéressons-nous maintenant au personnage de Nimrud/Nimrud, fondateur s'il en est de la plupart des villes mésopotamiennes. Nous croyons, et nous allons le prouver dans quelques secondes, que Nimrud est l'incarnation par excellence du héros, c'est-à-dire une idée voire un concept. Il était certes un personnage biblique mais ce livre sacré, bien que riche en informations historiques, fait toutefois fausse route en attribuant à un seul homme la fondation de villes aussi majestueuses et imposantes que Ninive ou Babylone. Certes, nous pourrions émettre l'hypothèse qu'il n'a fait qu'établir des villages voire des campements qui se seraient par la suite, par la force et le travail de leurs habitants, transformés en organes urbains complexes. Mais le problème n'est pas là. Il est dans la prétendue existence même de Nimrud. Car ce dernier n'est que le personnage d'un livre qui appuie des récits parfois fictifs sur un fond historique vérifiable. Nous pouvons étendre la remise en question de l'existence de Nimrud à celle de ses ancêtres et jusqu'à Noé. Car le récit biblique du Déluge, ce récit étant par ailleurs attesté dans nombre de traditions mythologiques, est une simple transformation et adaptation d'un récit plus ancien inscrit sur les tablettes cunéiformes. Il n'est ici fait nulle mention de descendants à l'origine des groupes ethniques (anciennement « races ») humains. Cet aspect est typiquement familier à la Bible qui par une idéologie assez particulière, fournit une explication simplifiée et tout aussi redoutable et erronée à l'origine de ces groupes ethniques. Nous croyons, comme nous l'avons montré dans le chapitre II, et les naturalistes suivront sans doute notre opinion, que les « races » humaines sont les résultats de suites d'équations complexes à plusieurs variables environnementales, génétiques et évolutives. Mais laissons là cette argumentation afin de nous concentrer sur le personnage de Nimrud. Tout d'abord, ce nom n'apparaît pas, sous quelle que forme que ce soit, dans la Liste Royale sumérienne là où il devrait apparaître, c'est-à-dire dans la partie consacrée aux rois immédiatement post-diluviens. Ni même avant ou plus loin. Pour un personnage décrit comme le fondateur de Babylone, d'Uruk et d'Akkad (Genèse 10, 8-12), cette absence est assez curieuse, cela même si d'autres noms de rois dont l'existence est attestée n'apparaissent pas sur ce document. D'autre part, il est assez certain que le fondateur d'Akkad n'est pas un personnage nommé Nimrud mais un autre dont la réalité historique est quant à elle bien attestée ; Sargon Ier. Ensuite, que la grande ville d'Uruk fut occupée depuis les débuts de la période d'Obeïd jusqu'au IIIe siècle de notre ère, c'est-à-dire pendant plus de 5000 ans. Uruk n'a par conséquent pas attendu Nimrud après le Déluge, dont la survenue fut sans doute au cours du IIIe millénaire. Pire, le fondateur d'Uruk et par la même occasion l'inventeur conventionnel de l'écriture est considéré comme étant le roi Enmerkar, qui ne peut être lié à Nimrud, et que l'on ne peut assimiler à ce dernier.

Si le dernier roi mentionné avant le Déluge dans la Liste royale sumérienne est Ubar-Tutu de Shuruppak, son fils Ziusudra est quant à lui le prototype du Noé biblique. La récit génésiaque continue en disant de Nimrud qu'il fut le fondateur des villes d'Assur et de Ninive. Or, les sites d'Assur et de Ninive, respectivement occupés depuis au moins le IIIe millénaire pour le premier et le VIIe millénaire pour le second ne sont nullement liés à un personnage nommé Nimrud mais à des agglomérations de peuplement, notamment à Ititi (roi ayant régné vers le XXIIIe siècle) pour l'un et aux Hattis pour l'autre. Si Ziusudra et Noé sont une seule et même personne portant deux noms d'origines différentes, il reste néanmoins à expliquer pourquoi les noms de ses enfants qui seraient partis repeupler Sumer après le Déluge ne sont pas mentionnés dans le récit cunéiforme comme étant à l'origine des groupes ethniques humains (c'est-à-dire que le récit biblique aurait là encore pris des libertés que le récit cunéiforme ne met pas en scène)[60]. Nimrud est d'après Uehlinger (1999), le prototype de l'orgueil et de la rébellion contre Dieu. Son nom serait à rapprocher de la racine hébraïque *marad* traduisant le verbe « se rebeller » dont il pourrait être la forme 1ère personne du pluriel. Parmi les versions les plus largement acceptées, Nimrud pourrait être une création littéraire pour mieux mettre en scène la construction de la Tour de Babel (selon la suggestion de Lipinski en 1966) qui, du reste, est assimilée dans l'historiographie à la ziggurat du dieu Marduk à Babylone, bien que sa forme architecturale dans certaines représentations artistiques fasse davantage penser à celle du minaret de Samarra. Nimrud est, sur la foi de certaines identifications, inspiré d'un personnage mésopotamien voire une divinité comme Marduk ou encore Ninurta. Arrêtons-nous là dans ce propos sur lequel il nous semble en avoir dit assez pour prouver que nous ne pouvons, dans ce cas en particulier, accorder du crédit au récit biblique, et poursuivons dès lors notre étude. Le raisonnement principal à en tirer est que nous ne pouvons certifier que Cham était noir, pas plus que nous ne pouvons le dire de Kush, et que Nimrud ainsi que les autres descendants de Noé et leurs accomplissements sont une invention littéraire qui, bien qu'éblouissante, est peu digne de foi.

Revenons à la question de la supposée origine noire des sumériens. Parmi les peuples que nous avons cités précédemment, en figure un qui pourrait nous révéler la réponse à cette question ; les Éthiopiens. Si, comme nous l'avons vu, ce terme se réfère non pas à une identité mais à une complexion, les peuples - nécessairement antiques - pouvant se regrouper sous ce vocable sont par conséquent nombreux. Commençons par ceux que Bloch, citant Hérodote, décrit comme étant des Éthiopiens d'Asie :

Précisément Hérodote nous apprend que la chevelure des Éthiopiens d'Asie était lisse au lieu d'être crépue comme celle des Éthiopiens d'Afrique. Homère paraissait également connaître des Éthiopiens d'Asie puisqu'il divisait les Éthiopiens en deux parts dont l'une, disait-il, habitait le levant du soleil (peut-être aussi voulait-il parler des noirs de la Colchide également signalés par d'autres auteurs de l'antiquité, observe M.Bloch). Le fameux héros de la mythologie grecque, Memnon, qui vint à Troie au secours de Priam, avec une armée d'Éthiopiens, ne provenait pas de l'Éthiopie africaine, mais de l'Éthiopie chaldéenne ou susiane. En effet, Diodore de Sicile raconte que c'est sous le règne d'un certain Teutamus, roi des Assyriens, qu'eut lieu, sous le commandement de Memnon, l'envoi d'une armée éthiopienne au secours de Priam. Hérodote appelle Suse la ville de Memnon, et Strabon rapporte que Tithon père de Memnon fut le fondateur de cette ville. Les plus anciens Grecs employaient quelquefois une autre expression pour dénommer les Éthiopiens ; c'était celle de Képhènes ou Céphènes, descendants de Képhée, et c'est pour cette raison sans doute que Hellanicus,

---

60 Ziusudra et sa femme n'ont par ailleurs aucun enfant dans le récit sumérien du Déluge (« Lorsque les dieux faisaient l'homme » Bottéro & Kramer 1989)

au Ve siècle avant J.-C., signale des Céphènes sur le cours inférieur du Tigre et de l'Euphrate. Mais plus tard, les Grecs donnèrent le nom de Chaldéens à ces mêmes indigènes du Golfe Persique. Il est aussi un autre nom que les Grecs employaient pour désigner certains peuples de l'Élam, c'est celui de Cissiens ou de Cosséens. Or, d'après Lenormant, ce nom ne serait autre que celui de Kousch à peine déformé par l'euphonie grecque, et il paraîtrait aussi, selon cet auteur, que c'est ce même peuple qu'on trouve signalé dans les textes cunéiformes sous le nom de Kasshi. Ainsi donc c'est non seulement par les Babyloniens et les Assyriens mais encore par les Hébreux et les Grecs, que nous savons qu'il existait une race noire ou de couleur foncée, en Chaldée et en Susiane, et ce qui donne d'autant plus de valeur au sens des susdites têtes noires, c'est que nous apprenons en même temps qu'il ne s'agissait pas de race jaune touranienne ni de race blanche aryenne.

Quant aux mystérieux Suméro-Akkadiens, ce ne sont pas eux qui représentaient cette race noire, car certains rois de Babylone s'intitulaient roi de Sumer et d'Akkad en même temps que vainqueur des têtes noires. Ils faisaient donc une distinction entre les uns et les autres. Notons aussi que la Susiane s'appelle aujourd'hui Khouzistan, et l'on peut ainsi constater, dit Vivien de Saint-Martin, que ce nom modernisé conserve l'ineffaçable empreinte de celui des Kouschites. Mais l'ancienne extension de cette race ne se bornait pas à la Chaldée et à la Susiane, car dans la région limitrophe à l'Est de la Susiane, c'est-à-dire en Perse, existait également une race brune qui faisait partie de l'ethnographie des livres sacrés iraniens où elle figure dans les récits mythologiques sous le nom de Païrika. Elle habitait principalement la partie méridionale de la Perse, près du littoral. Puis à l'Est de la Perse, en Carmanie et en Gédrosie se rencontraient d'autres noirs, les Éthiopiens ichtyophages de la mer Érythrée, décrits par les auteurs grecs, et dont les descendants, appelés Brahuis, qui occupent actuellement encore le Baloutchistan, ont conservé des caractères nigritiques incontestables. On voit que cette race noire occupait anciennement toute la région maritime qui s'étend depuis le Nord du Golfe Persique jusque vers l'Indus.

D'ailleurs, même aux premières époques historiques, la couleur de la peau n'était pas uniformément semblable chez tous les Sémites. Ainsi les Phéniciens étaient rouges non pas de cheveux mais de peau, comme l'attestent le nom grec de *Phoinix*[61], et le nom de *Kefta* (rouge) par lequel les Égyptiens appelaient les Phéniciens. C'est pour cette raison aussi que les Canaanéens, dans le chapitre X de la Genèse, sont considérés comme descendants de Cham. D'autre part, certains auteurs grecs, comme Appien et Strabon, donnaient le nom de Leuco-Syriens aux Syriens de la Cappadoce, par opposition à d'autres Syriens situés au sud de ce pays, qui avaient la peau brûlée, suivant l'expression de Strabon. Mais peut-on, abstraction faite des documents historiques et des traditions, démontrer la présence d'une race de couleur, dans des pays comme la Chaldée et la Susiane où il n'y a plus actuellement de traces bien manifestes de sang éthiopien ? Les bas-reliefs et les statues, comme nous l'avons vu, ne peuvent pas nous renseigner utilement sur ce sujet, parce que les types que l'on considère comme nigritiques, ou comme touraniens, n'en ont nullement l'aspect, et en ce qui concerne la fameuse frise polychrome des archers, découverte à Suse par M.Dieulafoy, l'on ne peut pas assurer que les archers à la face et aux mains noires représentent la race noire ancienne de l'Élam, car en dehors de la couleur, ces soldats ont un type absolument semblable aux soldats de la même frise, qui sont blancs. Ici, comme pour les peintures anciennes, on alternait les couleurs, sans doute pour mieux faire ressortir les personnages.

Commentaire : Il ne nous semble pas ici pouvoir réfuter les allégations émises par M.Bloch citant plusieurs auteurs anciens. Nous nous garderons cependant de nous précipiter à admettre l'origine noire des sumériens sur la seule base de paroles rapportées surtout en sachant que les auteurs cités n'étaient point contemporains des plus anciens sumériens. D'autre part, l'auteur signale que ni les bas-reliefs, ni les statues d'époque ne peuvent apporter de renseignements utiles sur le type soit noir

---

61 Selon certains auteurs, ce nom se rapporterait non pas à la couleur de peau mais à celui de l'ancêtre des Phéniciens.

soit touranien des sumériens. Nous ignorons sur quelles bases autres que la fameuse frise des archers l'auteur conclut ainsi ce passage. Nous avons néanmoins en notre possession certaines données plus riches, statues et tablettes notamment, que nous étudierons plus loin dans cet exposé et sur lesquels, avec d'autres paramètres, nous conclurons notre étude et tenterons d'apporter une réponse claire sur la véritable origine des sumériens. Mais pour l'instant, voyons ce que dit M.Bloch au sujet des squelettes.

Quant aux squelettes dont l'étude nous serait si utile pour cette question, ils sont souvent difficiles à recueillir vu leur ancienneté. Ainsi la plus grande partie de ceux que Layard et Sarzec ont recueilli dans les anciennes sépultures de la Chaldée, tombaient en poussière au moment des fouilles. M.Layard a cependant trouvé dans le palais de Sardanapale un crâne intact qui est maintenant conservé au British Museum, et qui est sommairement décrit (avec deux dessins de face et de profil) dans l'ouvrage de Nott et Gliddon. L'indice céphalique est d'environ 0,70 en se servant des mesures du diamètre longitudinal et du diamètre transversal indiqués par ces auteurs. M. Khanikoff ayant également mesuré ce crâne trouve d'autres mesures qui donnent l'indice de 0.75[62]. Quoi qu'il en soit, ce crâne n'a rien de nigritique et encore moins de touranien, et Nott et Gliddon leur trouvent une grande ressemblance avec certains crânes égyptiens.

Quelques autres crânes babyloniens ont été découverts, en 1881, par le Dr Huber qui fut chargé d'une mission scientifique en Arabie et qui de là vint séjourner quelque temps aux ruines de Babylone. Ces crânes, au nombre de cinq, se trouvent maintenant au Muséum d'histoire naturelle et ont été décrits par le professeur Hamy. Ils sont en moyenne dolichocéphales, et franchement leptorrhiniens, deux caractères qui n'appartiennent pas à la race touranienne (ils sont sémitiques ou asiatiques). M.Houssay qui faisait partie de la mission Dieulafoy à Suse (1884 – 1885) a décrit, de son côté, cinq crânes anciens trouvés dans des nécropoles susiennes de l'époque parthe, et il en conclut que ces crânes ont des caractères négritos ; mais les seuls éléments sur lesquels il s'appuie sont les suivants :

1) aspect pentagonal du crâne vu par la face postérieure ;
2) dépression de la fosse temporale qui remonte jusqu'à la ligne médiane et donne à la tête un aspect bilobé.

M. Houssay croit donc d'après cela que la Susiane a été occupée par une population noire, parente des noirs de l'Inde, que les peuples blancs ont contrainte de se réfugier dans les districts montagneux et peu accessibles. Ces Noirs, ajoute-t-il, étaient des Négritos, car ils étaient de petite taille et de faible capacité crânienne ; on en retrouve des traces chez les habitants actuels de la contrée. Quant aux caractères physiques des Susiens actuels, cet auteur les résume de la manière suivante : mésaticéphalie (78,35) – circonférence de la tête plus petite que chez les autres Persans – front très étroit et très bas - Nez court, gros et charnu, plus court et plus large que chez tous les autres peuples de la Perse - Lèvres particulièrement grosses (La coloration de la peau n'est pas signalée).

Les Susiens du VIII-IXe siècle et ceux du Xe siècle, décrits par l'Arabe Abû-Zeïd et le Persan Istachri, répondent mieux à l'idée que l'on peut se faire d'une race foncée plus ou moins modifiée avec le temps. Les habitants du Khouzistan, dit Abû-Zeïd ont, en général, le teint cuivré, le corps maigre, la barbe rare, les cheveux touffus ; l'embonpoint est chose inouïe chez eux. Ils offrent, en un mot, le type des habitants des pays chauds. D'après Istachri, les indigènes du pays sont jaunes, décharnés, leur barbe est peu fournie, et le système pileux est moins développé que chez les autres peuples. Parlant des habitants de la contrée voisine (le Fars), Istachri ajoute que dans les régions chaudes ils sont maigres et ont la peau brune, et le système pileux très peu développé, tandis que dans les

---

62 Indice céphalique correspondant à un individu dolichocéphale.

régions froides ils sont très blancs, ont une grande taille, et le système pileux beaucoup plus abondant. L'examen des crânes phéniciens peut aussi avoir quelque intérêt pour la question qui nous occupe, car le premier peuplement de la Phénicie a pu se faire en même temps que celui de la Chaldée. Jusqu'en 1891, l'anthropologie des Phéniciens se bornait à la description des squelettes trouvés dans les sépultures de leurs colonies, en Afrique, en Sardaigne, etc., mais à cette époque furent découvertes les nécropoles de Sidon, dans lesquelles on recueillit un squelette entier et 5 crânes qui ont été étudiés par M.Chantre. L'un de ces crânes présente un léger prognathisme maxillaire qui se remarque également, à un plus haut degré, sur deux crânes phéniciens trouvés en Tunisie, et décrits par M. Collignon. Un deuxième crâne de Sidon n'offre pas de prognathisme, mais la face manque sur les quatre autres crânes, de sorte qu'il a été impossible de savoir si ce caractère est plus fréquent chez les Phéniciens. Les autres mesures crâniennes se rapprochent plus ou moins de celles que l'on peut rencontrer sur les têtes dites sémitiques.

<u>Commentaire</u> : quelques propos de M.Bloch sont ici particulièrement incorrects voire biaisés ; l'auteur mentionne tout d'abord un crâne intact retrouvé dans le palais de Sardanapale (l'Assurbanipal des grecs) qui auraient un indice céphalique franchement dolichocéphale, au point où cet indice relèverait davantage de la pathologie. Mais si on laisse cet aspect de côté, l'auteur ne mentionne ni les caractères craniofaciaux qui pourraient nous éclairer sur la supposée race à laquelle appartenait ce crâne, d'autant que si ce crâne a bien été retrouvé dans le palais d'un roi assyrien, il est permis de douter de son authenticité en tant que crâne d'un individu sumérien. De plus, malgré nos recherches, nous n'avons pu trouver une image du crâne dont parle ici M.Bloch. Non pas que cet échec nous conduise à penser qu'il ment mais qu'il nous interdit de vérifier ces assertions par l'étude de ce crâne et par conséquent rien en dire de plus. Autre chose : les cinq crânes babyloniens découverts et succinctement décrits par M.Huber étiquettés « franchement leptorrhiniens » par M.Bloch et analysés par lui comme n'étant ni d'appartenance noire, ni d'appartenance touranienne en raison de ce seul caractère nous semble un argument assez hardi, car si le nez leptorrhinien est majoritairement présent chez les populations européennes et sémitiques, il n'est pas tout-à-fait absent chez les populations non indo-européennes comme les touraniens et autres asiatiques, comme nous le verrons plus loin dans un chapitre dédié. Nous pouvons ajouter que l'origine attribuée aux crânes Susiens décrits par M.Houssay grâce à une observation assez poussée soutenue ensuite par deux autres auteurs, Abû-Zeïd et Istachri, une origine négrito pourrait bien être digne de foi en l'état actuel de nos recherches. Les caractères anthropologiques assez précis donnés par ces auteurs semblent en effet correspondre à ceux de populations asiatiques ; la pilosité, la petite taille et les caractères craniofaciaux. Mais cela ne suffit point et nous nous proposons de poursuivre notre étude par le partage d'informations par M.Bloch au sujet des monuments susiens découverts par M.de Morgan.

Remarques iconographiques sur les monuments découverts à Suse par M. de Morgan. - Que nous apprend au point de vue anthropologique la remarquable collection de monuments figurés, de statuettes et de textes cunéiformes, trouvés par M. de Morgan en Susiane (deuxième campagne, 1897 à 1902), et qui est exposée au grand Palais ? Nous voulons parler du type des personnages que l'on remarque sur les bas-reliefs et sur les diverses petites statuettes, car en fait de squelettes nous n'y avons vu qu'un seul crâne situé dans une vitrine où sont exposés des objets du XIIe ou Ve siècle avant J.-C. Notre impression personnelle est que la plupart des types, que l'on voit représentés sur les bas-reliefs, ont des caractères sémitiques semblables à ceux des Assyriens et des Babyloniens, et de là vient sans doute que Élam dans le chapitre X de la Genèse est compté comme fils de Sem. Mais il n'est pas inutile de faire remarquer que parmi ces personnages se trouvent des rois babyloniens, tels que Narâm-Sîn dont la stèle triomphale fut apportée de Chaldée en Susiane, et Hammurabi. Mr Bloch demanda donc à M. de Morgan de vouloir bien lui faire voir un souverain véritablement élamite, et il lui montra un fragment de calcaire bitumineux sur lequel se trouve un roi de cette nation. Or, ce prince, commente M.Bloch, a le type sémitique (?) pareil à celui des soldats élamites dont nous avons déjà parlé, et qui figurent comme prisonniers sur certains bas-reliefs assyriens, c'est-à-dire que le nez est arqué et un peu gros du bout, mais cependant bien dessiné, que la barbe, bien fournie, est frisée, que la chevelure est longue et bouclée ; c'est le type grossier sémitique. Rien d'étonnant d'ailleurs que les deux types babyloniens et élamites se ressemblent – sauf cependant quelques variantes – puisque les deux pays se touchaient. Sur les têtes des statuettes votives, qui représentent des divinités, le type sémitique est moins prononcé, car le nez n'est pas toujours busqué, mais il reste toujours bien saillant, et aucune de ces têtes n'a un aspect mongolique ou nigritique. Il y a aussi quelques statuettes d'hommes barbus, sur lesquelles le type sémitique est au contraire bien marqué.

Comment se fait-il cependant que la race noire qui existait encore au temps de Cyrus ne soit pas portée sur les stèles triomphales ? M. de Morgan croit la reconnaître sur la stèle de Narâm-Sîn, roi d'Agadé, où figurent des vainqueurs et des vaincus, et il en a donné une description détaillée, avec des dessins à l'appui, dans le premier volume des *mémoires* de la délégation en Perse (1900). M. de Morgan pense que les gens d'Agadé ont le type négrito mais Adolphe Bloch a à plusieurs reprises différentes bien examiné ces personnages, et il ne peut pas se convaincre de leur analogie avec les Négritos. Quelques-unes de ces têtes ont le nez court, mais il n'est pas aplati comme chez les Négritos. D'autres ont le même nez et une longue barbe en pointe, qui n'est pas un caractère négrito. D'un autre côté il y a quelque ressemblance entre les vainqueurs et les vaincus. Il existe aussi à l'Exposition de M. de Morgan deux femmes élamites qui figurent sur un fragment de calcaire bitumineux ; elles ont une chevelure longue, bouclée ou frisée, et le faciès plus ou moins sémitique. Mais l'on peut aussi voir dans une autre partie de l'Exposition une stèle rupestre sur laquelle est représenté un personnage sans barbe, et dont le nez est droit et très saillant, mais très peu élevé en hauteur. Ce n'est pas un type de Sémite, mais ce n'est pas non plus un Touranien ni un Nigritien, selon Bloch. Il appartient sans doute, comme d'autres personnages, plus ou moins semblables des autres monuments, à une variété locale produite par l'influence des milieux, car il est clair que les habitants de la montagne ne ressemblaient pas à ceux de la plaine ou à ceux des contrées marécageuses, ni les habitants des villes à ceux des campagnes, etc.

Les documents cunéiformes trouvés à Suse parlent-ils des têtes noires comme ceux de Babylone ? Le savant P. Scheil, professeur à l'École des Hautes-Études, qui avait accompagné la mission de De Morgan en qualité d'assyriologue, et qui a déchiffré et traduit les textes élamites-sémitiques et élamites-anzanites, a bien voulu renseigner M. Bloch à ce sujet ; il lui a ainsi montré à l'Exposition un monument en diorite, sur lequel le roi Hammurabi célèbre le triomphe de ses armes et sa victoire sur les *têtes noires*. Mais ce monument, comme celui de Narâm-Sîn, provenait également de Babylone d'où il avait été transporté à Suse.

M.Bloch poursuit son exposé de la manière suivante :

À quelle *variété* de la race noire et à quelle contrée pouvait appartenir le peuple qui le premier vint s'établir en Chaldée et en Susiane, car l'on sait bien qu'il n'y a pas qu'une seule race noire ? Il ne faut pas songer aux Négritos, comme nous l'avons déjà plusieurs fois prouvé, et encore moins aux véritables Noirs, mais à une race plus ou moins semblable à celle des Dravidiens, par exemple, répond-il. Ce n'est cependant pas de l'Orient que sont sortis les noirs de la Susiane et de la Chaldée. Ce n'est pas non plus du Nord ou du Nord-Est, car la civilisation préhistorique n'est pas arrivée de ces parages, ayant pris naissance en Chaldée. En effet, les Assyriens dont le pays était situé au Nord de la Chaldée, n'ont rien inventé par eux-mêmes, car leur langue et leur écriture, leur religion, leur science et leur art leur sont venus de la Chaldée. La civilisation a donc remonté le cours du Tigre et de l'Euphrate. Enfin, ce n'est pas non plus à l'Ouest que l'on peut trouver le lieu d'origine des Proto-

Sémites. Reste donc le Sud, et en effet, c'est du Sud, c'est-à-dire de l'Arabie, particulièrement de la région méridionale (Minaea), dont les premiers habitants étaient des Kouschites, que semble être issu le peuple primitif qui, de proche en proche, s'étendit vers le Nord pour occuper la Chaldée et la Susiane, et même la Phénicie. G. Rawlinson pensait du reste que la langue suméro-akkadienne, tout en étant touranienne dans beaucoup de points de sa structure grammaticale, était essentiellement kouschite ou éthiopienne dans son vocabulaire, et que parmi les langues modernes, dont elle se rapprochait le plus, se trouvaient le maha du Sud et le galla d'Abyssinie. Lenormant dit également que les dialectes arabiques, de la grande famille des langues sémitiques, ont peut-être plus d'affinités linguistiques qu'on ne le suppose généralement avec la langue sumérienne de la Chaldée.

L'anthropologie vient confirmer ces prévisions, mais nous n'avons pas à démontrer ici que l'Arabie était primitivement habitée par des noirs, commente M.Bloch. Il nous suffira de dire, pour le moment, que ces noirs étaient les Adites qui sont considérés comme les premiers habitants de l'Arabie ; que les Hébreux, en parlant de ces pays, employaient souvent le nom de Kousch, et enfin que les Grecs appelaient Éthiopiens les indigènes du Sud de l'Arabie, auxquels ils donnaient aussi le nom d'Homérites. Aujourd'hui encore, d'après M. de Maltzan qui en a fait une description particulière à la Société d'Anthropologie de Berlin, ces Arabes noirs, dénommés Himyarites occupent toujours la même contrée à côté d'autres Arabes véritablement sémitiques. En somme, il existait anciennement, en Chaldée et en Susiane, ce que l'on voit encore en Arabie, c'est-à-dire deux races différentes, une race noire, ni Noir ni négrito, et une race blanche-basanée, dite sémitique, celle-là ayant précédé l'autre.

Quelques points soulevés par M.Bloch dans ce passage sont discutables mais nous nous contenterons de poursuivre avec quelques remarques sur l'origine des éthiopiens dans la littérature antique[63] car dans l'abondante littérature que les auteurs antiques ont consacrée aux Éthiopiens, la question de leur origine n'est pas la seule traitée. Elle mérite qu'on l'étudie parce qu'elle offre un bon exemple du cheminement erratique de la volonté de savoir et de l'instabilité des conclusions auxquelles elle parvient lorsqu'elle porte sur un objet lointain et donc propice à la confusion de l'imaginaire et du réel, de la vérité et de la légende. Tôt inscrite dans une polarité entre l'Occident et l'Orient, elle a suivi les variations de l'équilibre entre ces deux pôles. Dans ces variations, l'histoire a joué son rôle, et aussi le mouvement des idées relatives à la naissance de la civilisation et de la sagesse. Parler de l'origine des Éthiopiens, c'est donc aussi évoquer l'évolution des représentations antiques du monde et de sa destinée. Dans un fragment du *Prométhée délivré* , Eschyle décrit « avec son éclat d'airain au bord de l'Océan le lac nourricier de tous les Éthiopiens où le Soleil qui voit tout toujours fait reposer de sa fatigue le corps immortel de ses chevaux dans les eaux chaudes et douces qui s'y déversent ». Les Éthiopiens habitent donc à l'ouest du monde, du côté où le soleil se couche. Aucun lecteur d'Hérodote ne peut en douter. L'historien parle, en effet, bien plus longuement des Éthiopiens occidentaux que de leurs homonymes d'Orient. Ces derniers vivent au Baloutchistan, entre l'Iran et le Pakistan actuels. Ils portent le même nom que les Éthiopiens d'Afrique parce qu'ils ont, comme eux, la peau noire. Mais il ne parlent pas la même langue et ont les cheveux raides alors que les Africains ont les cheveux crépus. Si Hérodote reproduit la polarité énoncée par Homère, il y introduit un déséquilibre flagrant en faveur des Éthiopiens d'Afrique. Ce sont, pour lui, les vrais Éthiopiens. Il n'explique pas leur origine. Diodore de Sicile le fera quatre siècles plus tard. En consacrant les trois premiers livres de sa *Bibliothèque historique* aux antiquités barbares, il est conduit à décrire les Éthiopiens et à dire d'où ils viennent en s'appuyant sur les travaux de ses prédécesseurs : « les historiens rapportent que les Éthiopiens furent les premiers de tous les hommes et ils affirment que les preuves en sont évidentes. En effet, que les Éthiopiens ne soient pas venus de

---

63 Billaut 2001

43

l'extérieur et que, originaires du pays, ils méritent leur nom d'autochtones, cela est presque universellement admis [...] ».

Les Éthiopiens, peuple originel de la terre, ont été à l'origine d'éléments essentiels de la civilisation. Diodore leur attribue l'invention du culte des dieux. De là vient qu'ils sont renommés pour leur piété que les dieux récompensent en protégeant leur territoire. Diodore perpétue ici une tradition ancienne : Homère parle dans l'Iliade des Éthiopiens parfaits. Ils sont si renommés pour leur piété et leur vertu qu'Hésiode les considère comme fils de Poséidon et que Lycophron parle d'un « Zeus éthiopien ». Diodore assigne une cause historique à leur réputation : leur rôle fondateur en matière cultuelle. Ce rôle, lié à leur apparition originelle sur la terre, explique la protection divine dont ils bénéficient. Diodore ajoute que les Égyptiens qui, selon les Éthiopiens, étaient des colons venus de chez eux, leur ont emprunté nombre de leurs usages. Les Éthiopiens se trouvent donc à la fois à l'origine de la présence humaine sur la terre, des cultes rendus aux dieux ainsi que de la population et de la civilisation égyptiennes. Un opuscule apocryphe de Lucien, le *De Astrologia*, va dans le même sens : il leur attribue toutes les vertus et l'invention de l'astrologie. Ces hommes « parfaits » méritent l'attention. Diodore décrit leur civilisation et leur apparence physique. Comme de nombreux auteurs, il relève leur peau noire, leur nez camus et leurs cheveux crépus. Il n'indique pas sur le moment l'origine de ces traits, mais en donne plus tard l'explication en formulant un principe général. Constatant les différences climatiques considérables qui existent entre les pays qu'il décrit et la région où il vit, il conclut :

« Comme la différence de climat est grande malgré la médiocrité des distances, il n'y a rien d'étonnant à ce que le régime et les modes de vie, et même les corps humains, soient très différents de ceux de chez nous ».

Ce principe a son origine dans la théorie médicale. On le trouve énoncé à plusieurs reprises dans la *Collection hippocratique*. Rendant compte du physique des habitants d'un pays par sa nature et par son climat, il permet d'expliquer les traits caractéristiques des Éthiopiens. Aussi beaucoup y ont-ils eu recours pour parler d'eux. Polybe écrit que l'Asie et l'Afrique se rejoignent vers l'Éthiopie. Cette tradition était propice à une assimilation de l'Inde et de l'Éthiopie. L'on en trouve des échos chez les poètes. Au VIe siècle avant J.-C., Mimnerme évoque le voyage du Soleil d'Ouest en Est : endormi sur un lit construit par Héphaïstos, il est transporté sur le lieu de son lever « depuis le pays des Hespérides jusqu'à la terre des Éthiopiens ». L'Éthiopie se trouve donc ici à l'Est, à la place de l'Inde. C'est aussi le cas dans les vers des *Suppliantes* où Eschyle évoque des « Indiennes nomades, qui chevauchent des chameaux sur des selles à dossier à travers les régions qui avoisinent l'Éthiopie », à moins qu'il ne faille comprendre que le poète emploie le mot « Indiennes » pour le mot « Éthiopiennes ». Car cette substitution est aussi attestée. Pour Virgile, le Nil est « un fleuve qui descend de chez les Indiens hâlés ». Martial relève parmi les nombreux amants de Célia « même des Indiens noirs venus des eaux de la Mer Rouge. Ovide écrit que Persée a emporté Andromède de chez les noirs « indiens ».

Si ces populations sont interchangeables, c'est qu'elles constituent le même peuple, observe M. Billaut. D'où vient-il ? Une riche tradition le fait naître à l'Ouest, et une autre à l'Est. Selon Strabon, Suse fut fondée par Tithon, père de Memnon dont nous avons parlé plus tôt, le héros éthiopien tué par Achille devant Troie. Pour Pausanias, Memnon quitta Suse et le fleuve Choaspès pour porter secours à Priam. Diodore rapporte que certains en faisaient un Assyrien, fils du roi Teutamos et qui construisit un palais à Suse avant de partir pour Troie. Il ajoute que les Éthiopiens frontaliers de l'Égypte contestent cette version des faits. C'est qu'ils avaient la leur qui faisait de Memnon, fils d'Aurore et de Tithon, un roi africain. Elle prévalut dès l'époque classique, mais celle qui lui attribuait une origine asiatique ne disparut pas. Elle ne faisait pas venir d'Orient tous les Éthiopiens. Ce pas fut franchi au IIIe siècle par Philostrate. Le chef des Gymnosophistes, Iarchas, évoque ainsi le passé de l'Inde :

« Il fut un temps où les Éthiopiens habitaient dans ce pays, car c'était une race indienne ; l'Éthiopie n'existait pas encore, mais les frontières de l'Égypte dépassaient Méroé et les Cataractes, incluant, d'une part, les sources du Nil et, de l'autre, s'étendant jusqu'à ses embouchures. Donc, en ce temps-là, les Éthiopiens habitaient ici, et ils étaient les sujets du roi Gangès, et leur terre suffisait pour les nourrir et les dieux les protégeaient ; mais lorsqu'ils eurent tué leur roi dont je te parle, les autres indiens les considérèrent comme impurs, et la terre ne leur permit pas de demeurer sur elle ; elle gâtait les semences qu'ils lui confiaient avant qu'elles ne devinssent des fruits, elle faisait périr avant terme les enfants des femmes et ne donnait aux troupeaux qu'une pauvre nourriture, et partout où ils essayaient de fonder une ville, la terre s'effondrait et l'engloutissait. Bien plus, le fantôme de Gangès les poursuivit sur leur route, jetant le trouble dans leur multitude, et ne les quitta point qu'ils n'eussent offert à la terre en sacrifice expiatoire les meurtriers et ceux qui avaient versé le sang de leurs mains ».

Philostrate reprend la tradition qui unissait l'Inde et l'Éthiopie sur un même territoire. Il y ajoute le drame qui a mis fin à cette union, le meurtre d'un roi qui a contraint à l'exil la race éthiopienne. Les Éthiopiens ont donc eu deux origines selon cette tradition, celle qui les a fait naître en Inde et celle qui les en a chassés. À cette seconde origine, ils doivent une condition dégradée. Car les conséquences perdurent. Iarchas précise que le fantôme du roi Gangès cessa de poursuivre les Éthiopiens lorsqu'ils eurent sacrifié ses meurtriers. Mais ils continuent en fait à payer les conséquences de leur crime, car ce passé lointain est toujours présent. Iarchas fait l'éloge du roi assassiné et relève en conclusion qu'il est sa réincarnation. Cette révélation authentifie son récit et abolit le temps. Il n'a pas oublié le passé qui se poursuit en sa personne et dont les effets se font toujours sentir. Ils concernent les Éthiopiens. Apollonios leur rend plus tard visite. Il rencontre chez eux d'autres Gymnosophistes. Ils le reçoivent mal parce qu'ils ont cru aux calomnies répandues sur son compte. Preuve de la pauvreté de leur science, ils s'adonnent à la polémique, à la chicane, et c'est Apollonios qui leur fait la leçon. Seul échappe à sa réprobation leur jeune disciple Nilos. Le père de ce jeune homme était naguère allé en Inde et lui avait dit « que les Indiens étaient les plus sages des hommes et que les Éthiopiens étaient des colons venus de l'Inde, qui pratiquaient une sagesse héritée de leurs pères et gardaient les yeux fixés sur leur première partie ».

Aussi s'attacha-t-il aux Gymnosophistes de son pays, mais il trouva leur sagesse inférieure à celle des Indiens qu'ils dénigraient au lieu de les imiter. L'expérience d'Apollonios vient confirmer la sienne. Les Gymnosophistes éthiopiens s'avèrent de piètres héritiers de leurs homologues indiens, ils en sont comme la copie dégradée, et le rappel de l'origine indienne des Éthiopiens, en venant confirmer par une autre source les révélations d'Iarchas, souligne leur indignité. Philostrate n'en précise pas la cause, mais fait en sorte que le lecteur se rappelle le meurtre du roi Gangès. L'Éthiopie qu'il dépeint n'est pas le foyer de piété, de vertu et de civilisation évoqué par la tradition classique, mais une terre peuplée de colons contraints à l'exil par un crime et où même les plus sages ne font pas bonne figure. Le royaume de la sagesse et du Bien se trouve en Inde. Philostrate reprend la polarité homérique en y introduisant un déséquilibre inverse à celui qui prévalait avant lui. En exaltant la supériorité spirituelle et morale de l'Inde qu'il oppose à la décadence de l'Éthiopie, il reflète l'évolution des esprits qui, en son temps, se tournent vers l'Orient pour y trouver la vérité. Certains considèrent même alors que la philosophie n'est pas née en Grèce, mais en Inde, et Plotin suit l'expédition de Gordien contre la Perse dans l'espoir de rencontrer les Gymnosophistes et de s'initier à leur sagesse. Ainsi commence un nouveau chapitre dans l'histoire de l'origine des Éthiopiens. Rares, cependant, sont ceux qui l'écrivent avec Philostrate. L'on trouve seulement dans le *Chronicon* d'Eusèbe de Césarée cette assertion issue de la *Chronique* de Sextus Julius Africanus : « Les Éthiopiens quittèrent le fleuve Indus et s'établirent en Égypte. »

Gardons-nous pourtant de minimiser cette nouvelle généalogie des Éthiopiens qui correspond à une nouvelle carte de la sagesse. Elle donne à l'Asie la suprématie sur l'Afrique. Mais celle-ci aura sa revanche. Après l'avoir cru asiatique au XIIe et au XIIIe siècle, c'est en Éthiopie que l'on situera, à partir du XIVe siècle, le fabuleux royaume chrétien du prêtre Jean. Par ses implications géographiques, climatologiques, physiologiques, historiques et philosophiques, la question de l'origine des Éthiopiens dépasse le cadre de la curiosité folklorique et relève de l'histoire des mentalités. Inscrite dans un cadre défini par Homère, elle montre aussi l'inlassable curiosité des Anciens pour la présence de l'humanité aux extrémités du monde, aux frontières de l'inconnu. Les Éthiopiens y faisaient figure d'avant-garde. Aussi ont-ils suscité beaucoup d'hypothèses et de récits dont le relief, l'ingéniosité et la poésie justifient peut-être qu'un historien de la littérature ait cru pouvoir les aborder.

Dans son article « Les Noirs d'Asie et la race Noir en général », Louis Lapicque pose la question « qu'est-ce qu'un Noir ? » à laquelle il répond en disant « Noir, c'est le mot latin Niger ; cela veut dire *noir.* ». Son argumentation continue ainsi : l'appellation est donc tirée d'un premier caractère, en effet très frappant : la couleur de la peau. Mais en histoire naturelle, il ne faut pas attribuer un trop grand crédit à la coloration. Il y a en effet des hommes qui sont noirs, et qui, de prime abord, se distinguent des Noirs ; par exemple les habitants du Sud de l'Inde, que nous aurons tout à l'heure à examiner. Dans l'impression intuitive que nous essayons de préciser en ce moment, il entre assurément autre chose que la nuance foncée de la peau. Un dessin schématique ou une photographie avec des valeurs totalement faussées, peut évoquer un Noir par la conformation du visage et l'aspect de la chevelure. Pour répondre à la notion élémentaire du Noir, il faut donc, outre la couleur, certains traits et une chevelure particulière. Cette chevelure caractéristique est crépue ; quand elle est très crépue, on la compare à la laine du mouton. Les cheveux, recourbés en petites spires extrêmement serrées, s'accrochent entre voisins pour former des touffes, ou bien s'emmêlent tous uniformément en une espèce de feutrage. Une telle toison diffère nettement de la chevelure des Européens, même frisés. Parmi les traits du visage, le plus différent par rapport aux nôtres est la forme du nez, qui est large et plat. En second lieu, la bouche est saillante, avec des lèvres épaisses, dont la muqueuse se rejoint plus ou moins largement de la supérieure à l'inférieure, empâtant le dessin des commissures.

Tout le bas du visage, d'ailleurs, est *prognathe* ; le terme d'origine savante est passé dans la langue ordinaire pour traduire une observation banale, moins fondamentale pourtant que celle du nez camus. Un Noir, toujours selon M. Lapicque, est donc un homme qui a la peau noire, les cheveux crépus et le nez camard.

Où trouve-t-on des Noirs ? demande le même auteur. Pour l'Antiquité, où le type que nous venons d'esquisser était nettement perçu et exprimé, le Noir était l'Africain, répond-il. La découverte d'un monde plus grand, il y a cinq siècles, a révélé dans des contrées éloignées de l'Afrique de nouveaux Noirs que les voyageurs ont immédiatement reconnus comme tels. Jetons un coup d'œil sur l'Océan Indien. C'est un vaste demi-cercle, que l'Équateur traverse à peu près à mi-hauteur ; largement ouvert au Sud, irrégulièrement dentelé, il est borné au Nord par les rives méridionales de l'Asie ; à l'Ouest, c'est l'Afrique ; à l'Est, les archipels océaniens. L'Afrique et l'Océanie sont les deux domaines Noirs classiques, se faisant pendant à droite et à gauche du tableau : l'Afrique, dont les habitants ont révélé le Noir à notre antiquité : l'Océanie, dont une division porte ce nom caractéristique, Mélanésie, îles des Noirs. Une mer large de deux mille lieues sépare ces deux domaines, mais sa rive nord dessine de l'un à l'autre comme une arche de pont. Sur cette rive, parmi des races absolument différentes, nous trouvons des gens qui ressemblent à des Noirs, poursuit-il : les Hindous, d'abord, population nombreuse à caractères ambigus ; Hérodote les appelait des Éthiopiens à cheveux lisses, tandis qu'Heckel y voit des Méditerranéens à peau noire ; et puis de petites tribus éparses, aux îles Andaman (golfe du Bengale), dans la péninsule de Malacca. Ce sont des sauvages noirs, crépus, camus, et comme ils sont de petite taille on les a appelés Negritos, petits Noirs, du nom donné par les espagnols aux échantillons trouvés dans les Philippines.

Ailleurs dans le monde, il n'y a point de Noirs, il n'y a point de noirs. Ceux d'Amérique ne peuvent être pris en considération ; nous savons comment nos ancêtres les ont arrachés à leur sol natal ; ils rentrent donc, pour l'histoire naturelle, dans les Noirs africains, commente M.Lapicque. Si nous considérons les origines géographiques, nous ne trouvons par tout le globe terrestre, d'hommes à peau noire qu'autour de l'Océan Indien. Ainsi les Noirs du sud de l'Asie, jalonnant une communication interrompue des Noirs d'Afrique aux Noirs d'Océanie, apparaissent non seulement comme une curiosité en eux-mêmes, mais comme un document primordial pour la connaissance de toute une partie de l'humanité. Existe-t-il une race Noir avec des modalités diverses, ou bien des races Noirs n'ayant entre elles qu'une ressemblance superficielle ? Les Noirs d'Asie sont la clef du problème. Il faut voir, en les confrontant aux Noirs d'Orient et d'Occident, s'ils peuvent se ramener avec ceux-ci à un type commun, établissant du même coup l'unité d'habitat, c'est-à-dire toutes les conditions d'une race, ou si l'on veut, d'une espèce, déterminée.

Pour établir que les noirs de l'Asie méridionale et orientale et les noirs africains proviennent d'une seule et même espèce noire, nous devons nous intéresser à la génétique. Le site ExpertADN explique que la théorie la plus répandue est qu'un seul gène serait responsable des cheveux frisés ou raides. L'allèle des cheveux frisés étant dominant, si un père a les cheveux frisés, cela veut dire qu'il détient au moins un allèle « cheveux frisés » et qu'au moins la moitié de ses spermatozoïdes porteront cet allèle. L'autre allèle « cheveux raides » est récessif et ne s'exprimera par conséquent qu'en l'absence de l'allèle « cheveux frisés ». Une mère portant l'allèle cheveux frisés et un père portant l'allèle cheveux raides enfanteront un enfant avec les cheveux moins frisés que ceux de sa mère. Ce n'est là pourtant qu'une explication très simpliste car la réalité visible, en l'absence de traitements capillaires provoquant un lissage des cheveux, peut varier, l'expression des gènes et les mutations pouvant faire naître de ces deux parents susmentionnés des enfants aux cheveux très frisés, aux cheveux plus ou moins ondulés, plus ou moins frisés, bouclés. Les chercheurs ont ainsi découvert un gène déterminant l'ondulation du cheveux, noté O dans l'article :

« O » détermine l'ondulation du cheveu et « o » n'entraîne aucune ondulation.

« S » détermine l'enroulement spiralé (cheveux frisés ou bouclés) et « s » n'entraîne aucune spirale.

Les deux gènes S et O sont indépendants, c'est-à-dire situés sur des chromosomes différents (le caractère majuscule des lettres est important en génétique et traduit l'expression et la dominance d'un allèle).

Si le génotype est SSOo, SsOO ou sSoO, le phénotype (la partie visible à l'œil nu) sera un individu aux cheveux frisés et ondulés. Si le génotype est ssOO ou ssOo, l'individu aura des cheveux ondulés. Portant SSOO il aura des cheveux crépus, Ssoo ou Ssoo des cheveux frisés, ssoo des cheveux raides.

De par l'observation des statues sumériennes, on peut déterminer que les sumériens avaient des cheveux ondulés. Ils portent donc selon toute vraisemblance les génotypes ssOO ou ssOo, le gène O quand il est dominant entraînant, on le rappelle, des cheveux ondulés, vagués. Ces interprétations sont subjectives et soumises à l'appréciation de chacun, mais il est pour autant erroné pour tous d'affirmer que les sumériens portaient des cheveux crépus (SSOO). Les allèles dominants S et O ont donc subi une mutation qui conférait soit un avantage évolutif (de protection) soit un avantage sexuel, ce dernier ayant été choisi par les partenaires sexuels au cours des millénaires et ensuite transmis aux générations suivantes. On peut donc dès lors émettre l'hypothèse que les sumériens n'étaient pas, par leur apparence, des noirs africains purs, et nous nous devons d'insister sur le « purs ».

M.Lapicque poursuit son exposé avec la rubrique : *Noirs africains ; races mixtes en bordure.* - Toute la partie médiane de l'Afrique est le pays Noir par excellence, l'origine du prototype de la notion. Il n'y a donc qu'à en regarder quelques spécimens. Mais deux dépendances de cette région vont nous offrir l'occasion de remarques générales qu'il est utile de présenter tout de suite. Madagascar, à bien des points de vue, est distincte de l'Afrique dont elle est voisine : sa flore et sa faune lui donnent un caractère particulier ; mais son anthropologie, encore insuffisamment étudiée, la rattache surtout à l'Afrique. La généralité des Malgaches présentent un aspect négroïde très marqué. D'autre part, on le sait, des éléments ethniques tout différents lui sont venus de la Malaisie, bien loin, de l'autre côté de l'Océan Indien. C'est que l'homme est un animal terriblement voyageur ; les mers ne l'arrêtent pas, même quand il est resté aux stades rudimentaires de l'instrumentation nautique. Un bras de mer étroit, mais ancien, peut séparer deux faunes terrestres ; l'homme sort de sa patrie quelles que soient les barrières qui l'entourent. Il franchit les montagnes comme les mers ; il peut changer de climat, car, ses conditions de vie, il les modifie dans une large mesure ; il emporte avec lui une partie de son milieu, s'en recrée un autre ; il s'assure ainsi une marge énorme d'adaptabilité.

Il y a des races qui aiment le changement, et dont les colonies aventureuses, successivement essaimées durant des milliers d'années, peuvent avoir parcouru toute l'étendue des terres, bien avant que les Espagnols et les Anglais n'aient fait pareille dissémination sous les yeux de l'Histoire. D'autres races, il est vrai, semblent attachées à la terre nourricière et s'étendent à peine de proche en proche quand les conditions leur sont favorables ; mais les migrateurs les traversent, les bousculent, les refoulent ou les emmènent en captivité. De sorte que les cartes ethnologiques, au lieu de présenter, comme elles font, des teintes plates en larges espaces, devraient, pour rendre compte des origines, constituer une mosaïque à petit point, avec de vastes jonchées pour certaines couleurs. Mais une telle mosaïque ne correspondrait pas à l'anthropologie physique. Il s'établit toujours des relations sexuelles entre les populations qui viennent en contact. Aucune haine nationale, aucune interdiction religieuse, aucune distinction de caste n'empêche ce mélange. Et comme il n'y a qu'une espèce humaine, ou s'il y a plusieurs espèces, que les croisements de ces espèces sont indéfiniment féconds, il se crée des races mixtes. On peut même dire qu'il n'existe à peu près pas de race pure.

Il n'y a presque jamais non plus de limite tranchée entre deux races. Par-dessus les frontières politiques, sociales, linguistiques, les mélanges font des dégradations insensibles ; seuls, les hasards de l'histoire découpent, dans cette série continue, des groupements artificiels, transitoires, qui s'appellent eux-mêmes des peuples, et se croient des races. Ni l'affirmation patriotique, ni la philologie, ni l'ethnographie ne doivent être pris pour le signe d'une race. Tous les bâtards veulent être nobles ; les mulâtres s'appellent créoles ; et les Français du Nord, descendants authentiques de Gaulois et de Germains, opposent aux Anglais et aux Allemands, leurs frères par le sang, la solidarité des races latines. Après une guerre de conquête, comme au cours d'une infiltration pacifique, vainqueurs et vaincus, autochtones et immigrants, s'unissent et se fondent. Cette fusion est un nouveau conflit dans lequel la puissance sociale et la puissance *zoologique* de chaque race interviennent presque indépendamment l'une de l'autre. Deux appellations nationales, deux langues, deux civilisations se confrontant, celle qui correspond au degré inférieur d'organisation dépend du nombre et de la capacité prolifique des générateurs, comme aussi de certains caractères physiques qui marquent chez les métis la ressemblance prédominante d'un des types, toutes choses qui n'ont pas de rapport avec la supériorité sociale. De sorte que le nom qui subsistera s'appliquera généralement à un type anthropologique différent de celui qu'il désignait à l'origine, parfois à un type très voisin de celui des peuples qui est, en apparence anéanti. Pour les Malgaches, on ne pouvait s'y tromper. Les plus noirs des Sakalaves ou des Betsimisarakes, encore mieux les Baras ont beau parler uniformément une langue malayenne, on ne peut les confondre avec les Hovas qui se distinguent nettement par leur type physique et leur situation tant géographique que sociale. On voit tout de suite qu'il y a là deux éléments essentiellement distincts. Mais c'est que les Hovas sont venus à une époque relativement récente et pourtant déjà la plupart d'entre eux sont fortement négritisés, même parmi les plus nobles. Ce que nous voyons maintenant, c'est la fusion en train de se faire, et on peut se représenter ce qu'elle donnerait dans peu de siècles, livrée à elle-même : une population négro-mongolique, à caractère africain prédominant, avec une langue et certaines coutumes malaises.

Les anthropologistes me paraissent avoir tenu un compte insuffisant du phénomène capital mis en relief, pourtant, déjà par les poètes grecs : Aphrodite se plaisant à mêler la race des dieux et celle des bergers. Ils cherchent à définir un certain nombre de types humains, et paraissent considérer ces types comme autonomes ; on ne voit dans leurs classifications les races mixtes que comme des cas particuliers peu importants. M. Lapicque pense, au contraire, que c'est le cas le plus général.

L'Afrique nous en présente un exemple qui lui paraît aussi net que méconnu, et qui offre un intérêt spécial pour notre sujet. À l'angle oriental de ce continent, le groupe ethnique formé des Abyssins ou Éthiopiens, des Danakil et des Somali, est généralement considéré comme constituant une race distincte. Sous le nom équivoque de Hamites, on les distingue formellement des Noirs leurs voisins du sud et de l'ouest. Ils sont pourtant noirs, ils ont les cheveux si frisés qu'on pourrait les dire crépus, mais ils ont des visages moins camus. Ces visages en réalité, si on considère une série suffisante d'individus, parcourent toute la gamme qui va du vrai Noir au pur Sémite dont la patrie est toute voisine à l'est ; la plupart des Éthiopiens se tiennent vers le milieu de cette gamme, à mi-distance du Noir et du Sémite. C'est là un exemple de ces transitions qui s'observent à peu près constamment lorsqu'on examine les hommes suivant leur répartition topographique. Entre deux types tels que le Noir et l'Arabe, si nettement tranchés à l'état pur, s'intercale géographiquement une population à caractères mixtes. Comment y aurait-il lieu d'admettre une race distincte pour ces intermédiaires ? Il faut supposer ou bien évolution d'un type extrême à l'autre extrême en passant par ceux-là, ou bien un mélange des deux types extrêmes qui sont venus en contact à une époque ancienne, sachant que M. Lapicque signale qu'il ne dit pas que ces types extrêmes sont les seuls éléments du mélange. Pour le cas des Éthiopiens, c'est cette deuxième hypothèse qui s'impose, puisque nous avons la preuve de l'influence sémitique sur l'Abyssinie[64].

Les Noirs proprement dits d'Afrique, poursuit-il, qui se présentent en masse compacte, peuvent sans doute être subdivisés en variétés diverses, mais tous ont du moins une ordonnance générale identique dans les traits de leurs visages ; tous répondent, avec des nuances, au schéma général que nous en avons tracé. Pour les Noirs d'Océanie, il n'en va pas de même. D'abord leur habitat, morcelé déjà par sa nature d'archipel, est tout semé d'enclaves appartenant à une race bien distincte, les Polynésiens, qui sont plutôt des blancs[65]. Et puis, leur apparence très diverse les a fait séparer en plusieurs groupes que les classifications placent même souvent en des chapitres différents. Il y a les Australiens, qui ne sont évidemment pas des Noirs typiques, mais qui sont loin d'être homogènes, et beaucoup d'entre eux sont décidément négroïdes. Il y a les Mélanésiens dont on distingue encore tout un ensemble sous le nom de Papous. Ce dernier mot est une corruption du mot malais *Pouapoua*, qui veut dire « crépu » ; cette désignation met en relief un caractère Noir qui marche avec la couleur très foncée de la peau, mais beaucoup d'auteurs donnent comme signe propre du Papou un nez saillant et aquilin. Il y a en effet à la Nouvelle-Guinée (et l'auteur a eu l'occasion de le retrouver aux îles de la Sonde Orientale qui en sont le plus proches), un nez très particulier, en bec d'oiseau de proie, ornant certains faciès dont le reste est assez négroïde. Mais dans les îles de la Sonde, au moins Florès, Solor, Timor, l'auteur dit qu'il a vu cet appendice nasal voisiner dans une même tribu, dans une même famille, avec des nez fortement aplatis. Les chevelures se présentent de leur côté en assortiments fort étendus.

M.Lapicque a par exemple photographié dans un village de Florès un groupe de 6 sujets, rassemblés par le hasard, qui présentent une gamme complète, depuis le cheveu frisé à petites boucles, presque crépu, jusqu'au cheveu à peine ondulé. Sur toutes les photographies qu'il a eu l'occasion de voir,

---

64 Lapicque 1906
65 Nous nous devons de nuancer cette affirmation de M.Lapicque. Le terme est en premier lieu trop général pour
    exclure des populations autochtones plus ou moins foncés de peau dont les nez sont très souvent larges et aplatisé

l'auteur dit que l'on retrouve pour les Papous la même impression de mélange, quoique la proportion de sang noir y paraisse en général plus considérable que dans les îles de la Sonde, où naturellement s'accuse davantage l'influence des races de la Malaisie, Malais proprement dits ou Indonésiens. Les Mélanésiens autres que les Papous donnent aussi une impression de métissage ; parmi les collections de photographies, il faut chercher pour trouver des groupes où le caractère Noir soit franchement marqué sur tous les sujets. Alors, c'est sensiblement du Noir tel que nous l'avons défini, mais encore un peu atténué. Par exemple, la classique chevelure en vadrouille, caractéristique des Papous, nous la connaissons ailleurs comme produit d'un métissage certain entre Noirs africains authentiques et diverses autres races. L'auteur fait remarquer que la chevelure des Abyssins, si l'on fait abstraction d'un mode d'arrangement artificiel, est tout à fait comparable à la vadrouille des Papous. Sur la série assez nombreuse de squelettes mélanésiens, appartenant aux collections du Muséum, on peut, parallèlement aux faits ci-dessus, noter le manque d'homogénéité dans les faces osseuses ; il y a des faces bien Noirs, d'autres qui le sont à peine. En résumé, l'auteur ne sait où trouver le Noir d'Océanie ; il y a du Noir partout dans cette région, mais partout il est métissé. Actuellement, le noyau de population noire le plus important est la Nouvelle-Guinée, dont le nom est assez significatif. Vers l'Est, il y a un éparpillement irrégulier dans les archipels. Vers l'Ouest, il y a des populations mixtes, dont le caractère négritique s'atténue progressivement, et qui forment ainsi la transition vers la Malaisie.

M.Lapicque continue son argumentaire en rappelant que la Malaisie est essentiellement un archipel. Mais la péninsule de Malacca, ou péninsule malaise qui, d'ailleurs, n'est rattachée au continent asiatique que par une langue de terre étroite et basse, de formation relativement récente, ne peut, au point de vue ethnologique comme au point de vue géographique, être séparée de Sumatra et des îles voisines. Nous la comprendrons dans la région que nous appellerons Malaisie, qui se trouve ainsi à cheval sur la limite ordinairement tracée entre l'Asie et l'Océanie. Cette région, comme son nom l'indique, est censée être la patrie des Malais, race dont on fait souvent une des divisions les plus importantes de l'humanité. En réalité, la population de la Malaisie est fort peu homogène ; il ne serait même pas possible d'en donner une diagnose générale. Au sens propre, les Malais ne sont qu'une petite partie de cette population ; les Javanais et les Soundanais en sont bien distincts ; les tribus barbares de Bornéo et de Sumatra en ont été séparées avec raison, dans les classifications récentes, et, sous le nom d'Indonésiens, rapprochés des Blancs. Aux Philippines on a, dès les premières études, décrit des groupes ethniques divers. Et dans la péninsule malaise, en arrière des Malais qui peuplent ses rivages et ses basses vallées, les montagnards offrent des types variés. Il y a pourtant un trait commun aux Malais et à presque toute la population de la Malaisie : c'est la présence, en proportion plus ou moins forte, du sang manifestement mongolique. L'auteur considère les Malais et tous les peuples intriqués dans leur domaine, comme des races mixtes.

Un grand courant d'Asiatiques jaunes est descendu dans la direction du Sud-Est ; les traces de cette immigration sont faciles à relever. Un autre mouvement entraînait des Asiatiques blancs, de l'Ouest à l'Est. Ces deux éléments se rencontrant, se sont mélangés à des degrés divers, et suivant les proportions du mélange ont formé les types variés que l'on constate. Mais il faut y ajouter un troisième élément : la population primitive de ce coin du globe n'était ni blanche, ni jaune ; elle était noire, et elle a laissé son empreinte sur les populations actuelles ; l'auteur pense que c'est d'elle que les Malais tiennent leur forte pigmentation, leur couleur d'un brun chaud qui va parfois jusqu'à la nuance chocolat. L'existence de la race noire primitive est démontrée par des témoins peu nombreux, mais très frappants. C'est aux Philippines qu'on les a trouvés d'abord, et les voyageurs espagnols, dès une époque ancienne, leur ont donné le nom très expressif de *Negritos del monte* (petits Noirs de la montagne). Un objet de curiosité plus extraordinaire encore fut découvert aux îles dans le golfe du Bengale ; un petit archipel entièrement peuplé de Noirs, entre l'Inde et l'Indo-Chine ! Ici, aux Andamans, c'est une population homogène, *pure,* si ce mot a un sens en ethnologie, du moins, isolée de toute autre race humaine depuis une époque extrêmement reculée ; elle peut donc avoir conservé le type d'une race fort ancienne. Or, ces Andamanais sont indiscutablement des Noirs ; qu'on en présente un spécimen quelconque à un naturaliste érudit ou à un simple matelot ayant touché les ports d'Afrique, le premier coup d'œil amènera la même réponse : « C'est un Noir », prédit M.Lapicque. Ils ont la peau parfaitement noire, les cheveux crépus au maximum, et le visage camard. Ils sont peu ou point prognathes, il est vrai, et ils se distinguent en outre, par les deux caractères suivants :

1) Ils sont petits ; 1m 50 pour les hommes, 1m 40 pour les femmes, voilà en chiffre rond les moyennes des mensurations de l'auteur qui concordent au centimètre près avec celles des autres auteurs. Les Noirs africains ou océaniens sont en général grands.
2) Ils sont sous-brachycéphales ; les Noirs africains ou océaniens sont en général franchement dolichocéphales.

Ce dernier caractère n'intervient dans l'apparence extérieure que d'une façon presque insaisissable ; il n'est guère révélé que par les mesures, et constitue, par suite, un caractère que l'on peut appeler abstrait. Mais on lui fait jouer un rôle de premier ordre dans les classifications anthropologiques. Considérant donc la sous-brachycéphalie et la petite taille commune aux Andamanais, et aux Négritos des Philippines, les auteurs ont créé une section spéciale dans les races noires pour ces deux groupes humains, et en ont constitué, sous le nom générique de Négritos, une race opposée aux Noirs d'Afrique d'une part et aux Papous de l'autre. La notion de Négrito ainsi comprise doit être rapportée à Crawfurd (1848). Aux deux témoins ci-dessus désignés, Crawfurd en ajoutait un troisième, situé entre les deux premiers, la péninsule malaise. Il avait vu, sur la côte, un jeune garçon provenant de l'intérieur, et qui, dit-il, ressemblait exactement aux Andamanais. Un de ses amis avait vu aussi un sauvage de la même région, et qui était un « vrai Noir, mais avec une taille de 4 pieds 9 pouces seulement, bien qu'il fût adulte. »

En 1893, on n'avait recueilli encore que des données fragmentaires et assez confuses sur ces petits Noirs de la péninsule, lorsque l'auteur réussit à en visiter deux tribus bien caractérisées. Les Méniks de la haute vallée du Pérak sont brun-foncé, camus et crépus ; leur indice céphalique moyen est 79. Les observations de l'auteur confirmèrent la conception du Négrito, car cette station intermédiaire, une fois bien établie, montre que toute la région doit avoir été peuplée par les ancêtres de ces petits noirs. En effet, partout où on trouve les témoins actuels, ils apparaissent nettement comme la population la plus ancienne, *autochtone*, si l'on veut bien prendre ce mot dans un sens relatif. C'est ce que démontre leur situation, tant sociale que topographique, par rapport à leurs voisins.

Après les négritos précédemment étudiés par lui, M.Lapicque détaille volontiers l'étude des dravidiens et pré-dravidiens de l'Inde. Cette dernière est une péninsule rattachée à l'Asie depuis une époque géologique récente, par les alluvions du Gange et de l'Indus, déclare-t-il. Au nord de ces alluvions se dresse l'Himalaya qui ferme d'une muraille quasi infranchissable les communications avec le continent. D'autre part, sa structure est dessinée à grands traits simples ; elle présente de vastes plaines, larges plateaux de faible altitude ; elle n'a de montagnes un peu élevées que deux petits massifs accouplés vers la pointe sud ; elle n'a d'annexe insulaire notable que Ceylan. L'Inde, dépendance adventice de l'Asie, est donc une région naturelle, à la fois bien distincte et relativement homogène. Cette région est habitée par une population très nombreuse, qu'il faut nécessairement considérer dans son ensemble, car d'un bout à l'autre, les divers éléments qui la composent ont réagi les uns sur les autres. Néanmoins, tout le monde admet que c'est une population mixte ; car ici la masse interagissante est tellement grande qu'aux deux extrémités, malgré une pénétration réciproque très ancienne, se sont maintenues deux apparences physiques impossibles à confondre. Et puis, tout ce qui se révèle aux savants qui étudient l'humanité dans les documents écrits, la philologie, les traditions, l'histoire, montrent des premiers occupants et des envahisseurs. On sait qu'un peuple parti du Penjab, c'est-à-dire de l'angle Nord-Ouest, s'est irradié en conquérant vers l'Est et le Sud-Est, à travers toute la région. Ce peuple, ce sont les Aryas, définis par leur langue apparentée aux langues européennes actuelles, définis aussi par une religion et des coutumes particulières. Physiquement ce peuple était blanc, caucasique, si l'on veut bien revenir à l'ancien mot qui avait l'avantage de comprendre un ensemble de traits. Les Aryas rencontraient devant eux un autre peuple, qu'on désigne aujourd'hui du nom de Dravidiens. Ce terme s'applique à une notion essentiellement philologique ; il désigne une famille de langues profondément différentes des langues aryennes. On retrouve les langues dravidiennes parlées aujourd'hui encore par plusieurs dizaines de millions d'hommes dans l'Inde, localisés de deux façons : d'abord un groupe compact occupant tout le sud de la péninsule, c'est-à-dire le coin le plus éloigné du point de départ des Aryas ; ensuite, un peu plus au nord, et dans l'est, un certain nombre d'îlots qui correspondent aux régions accidentées les moins facilement accessibles à une invasion. Cette distribution est typique ; nous connaissons la marche des Aryas par leurs histoires légendaires qui ont été beaucoup étudiées en Europe, mais nous pourrions la reconstituer rien que par carte linguistique.

Au physique, partout où on les trouve, les hommes qui parlent des langues dravidiennes présentent une couleur de peau plus foncée que les Aryens. Dans l'ensemble de l'Inde, la pigmentation va en augmentant dans le sens de la migration aryenne, c'est-à-dire que les Hindous du Sud et de l'Est sont plus foncés que ceux du Nord-Ouest ; et là où se rencontrent des îlots dravidiens en pays aryens, les tribus ou les castes dravidiennes sont plus noires que leurs voisins d'alentour. On admet donc que les Hindous (au sens large du mot) sont le produit du mélange en proportion diverse d'une race blanche et d'une race noire. Quelle est cette race noire ? Voilà maintenant notre problème. On considère généralement que cette race est représentée par les Dravidiens actuels, c'est-à-dire par les Hindous qui parlent une langue dravidienne, et on en conclut que si ils sont noirs, ils ne sont pas Noirs, car ils ont les cheveux lisses ou simplement ondulés, et ils ont souvent le nez fin et droit. Sur ce dernier trait, les auteurs ne sont pas d'accord, et finalement, quelques anthropologistes ont trouvé nécessaire de diviser les Dravidiens en deux sous-races, l'une à nez fin, l'autre à nez camus. Pourtant, un anthropologiste anglais qui a recueilli aux Indes un nombre énorme de mensurations, Risley, a établi depuis bien des années déjà que la forme du nez présente une gradation régulière dans l'ensemble de la population. Socialement, cette population est divisée en castes, c'est-à-dire en classes basées sur la naissance et entre lesquelles le mariage n'est pas permis. Quelques-unes de ces castes sont célèbres en Europe, sans y être d'ailleurs toujours bien comprises. Par exemple, la caste des Brahmanes, de laquelle sortent les prêtres des grands temples, caste qui jouit du plus haut degré de respectabilité sociale ; et la caste des Parias, qui est au contraire l'objet du mépris universel ; ses membres sont voués aux besognes pénibles et rebutantes ; on leur dénie presque la qualité d'hommes. Entre les deux, il existe un très grand nombre de castes dont la différence est professionnelle, religieuse, philologique, topographique, etc. Mais quelle que soit l'origine de la différence, et que ces castes habitent, sans se mêler, aux mêmes endroits, ou qu'elles habitent des territoires voisins, elles sont soumises entre elles à un ordre de préséance formel ; un homme d'une caste donnée sait toujours clairement quelles sont les castes qui lui sont supérieures ; Aryens et Dravidiens sont compris dans la même hiérarchie.

Eh bien, si on établit, avec un nombre de sujets suffisants, la forme moyenne du nez dans les castes, et qu'on range les castes d'après cette forme, les nez les plus fins en haut de l'échelle, les nez les plus camus en bas, l'ordre ainsi établi correspond, sauf de faibles écarts, à l'ordre de préséance sociale. Dans la région où il y a des Parias, ce sont eux qui possèdent en moyenne le nez le plus large. Cette loi, établie par Risley dans le Centre et l'Est de l'Inde, où Aryens et Dravidiens s'entremêlent, se vérifie parfaitement dans le Sud, au sein d'une masse compacte de Dravidiens. Ces Dravidiens sont donc eux-mêmes une race mixte, de même que la population de l'Inde dans son ensemble. Ils ont une plus forte proportion de sang noir que les Aryens, mais ils ne sont pas la race noire primitive. La constatation ainsi faite sur la variation de la forme du nez avec la position sociale ne peut s'expliquer que si la race noire soumise par les conquérants caucasiques avait originellement le nez tout à fait camus. C'est donc un trait *Noir* que nous retrouvons avec la couleur foncée de la peau ; mais l'ancêtre qui possédait ce trait avait-il aussi l'autre caractère Noir essentiel, le cheveu crépu ? Dans les montagnes des Nilghirris et d'Anémalé, les seules vraies montagnes de la péninsule, situées au cœur de la contrée dravidienne, on a signalé depuis longtemps des petits sauvages crépus, qu'on a même pensé pouvoir, sur des documents insuffisants, identifier avec les Négritos. En réalité, il n'existe pas dans ces montagnes, ni probablement nulle part dans l'Inde, un témoin de la race primitive comparable, comme pureté, aux Andamanais ni même aux autres Négritos. Ce que l'on trouve là, c'est simplement, mais c'est fort précieux, une population métisse qui continue au-delà du Paria la série générale de l'Inde. Au bord de la forêt vierge ou dans les collines partiellement défrichées, il y a des castes demi-Parias, demi-sauvages. La hiérarchie sociale les classe au-dessous du Paria, leur nez est plus camus en moyenne que celui du Paria ; on peut même trouver des groupes où le faciès Noir, nettement dessiné, est tout à fait prédominant. Eh bien, dans ces groupes, les chevelures sont en général frisées, et on en observe quelques-unes qu'on peut même appeler crépues. On a donc le moyen de prolonger par l'imagination la série des castes indiennes jusqu'au type primitif qui était (nous n'avons plus qu'un pas à faire pour le reconstruire), un *petit Noir*.

Il faut reconnaître que, par rapport à l'intensité des autres caractères Noirs observés chez les Dravidiens les plus noirs, on trouve les chevelures plus lisses qu'elles ne le seraient chez des métis de Noir africain possédant la même proportion de sang noir. Par exemple, les Abyssins, dont les traits présentent avec ceux des Dravidiens une ressemblance depuis longtemps signalée, ont en général une chevelure remarquablement frisée. Il serait difficile de considérer comme une objection grave une telle question de plus ou de moins dans des matières où notre méthode et nos connaissances sont encore si peu précises. Mais le hasard a fourni à l'auteur (toujours M. Lapicque) un fait qui a presque la valeur d'une expérience et qui répond directement à l'objection possible. Aux Andamans, il a vu une femme, de la pure race indigène, avec des cheveux extrêmement crépus comme tous ses congénères ; cette femme avait deux enfants d'un père inconnu, probablement Hindou ; ces deux enfants avaient les cheveux soyeux comme ceux des Blancs et des Hindous, à peine ondulés chez l'un, frisés à grandes boucles chez l'autre. Ainsi un demi-sang Négrito ne laisse plus apparaître le caractère Noir de la chevelure. Ce caractère chez les Négritos est donc relativement récessif. Et les Négritos sont les Noirs géographiquement les plus proches de l'Inde. Nous sommes arrivés à reconstituer les traits Noirs d'un type disparu en prolongeant une série graduée de métis. Par la même méthode nous pouvons déterminer théoriquement la forme du crâne de ce type. Avec une assez grande certitude, je peux affirmer, après de nombreuses mesures systématiques, que le Noir primitif de l'Inde était sous-dolichocéphale avec un indice moyen de 75 ou 76, analyse M.Lapicque. Sa taille, plus difficile à préciser, car les conditions de vie modifient ce caractère, devait être petite, plus haute pourtant que celle des Andamanais. Quant au nom qu'il convient de lui attribuer, la discussion des faits sociaux et linguistiques sur lesquels est fondée la notion de Dravidien permet d'établir que ce Noir était antérieur aux Dravidiens ; il faut donc l'appeler Prédravidien, ou si nous voulons lui donner un nom qui ne soit pas relatif à une autre population, on peut l'appeler Noir Paria.

M.Lapicque s'intéresse ensuite à une aire de distribution allant de l'Inde à la Mer Rouge : Pour rejoindre ces Noirs de l'Inde à ceux de l'Afrique, il faudrait trouver quelque témoin ancien au milieu des populations iraniennes ou sémitiques qui occupent aujourd'hui l'intervalle. Ce témoin, nous dit M.Lapicque, je l'ai vainement cherché tout le long du rivage nord du golfe d'Oman et du golfe Persique. Les documents archéologiques de la Susiane établissent peut-être qu'il y avait aux temps reculés qui ont vu bâtir ces monuments dans la région du Chatt-El-Arab, des hommes à visage noir, mais ceux-ci étaient en tout cas non des Noirs, mais des métis. Et puis les documents sont vraiment d'une signification douteuse. Aujourd'hui tous les rivages, de l'Inde à la Mer Rouge, présentent en abondance des traces de sang Noir ; on y trouve même des Noirs très purs. Mais ceux-ci viennent directement d'Afrique. La traite, qui n'est probablement pas encore totalement arrêtée, sévissait d'une façon ostensible quand j'ai visité ces pays il y a une douzaine d'années, poursuit-il. Les esclaves noirs ont été en grande quantité amenés de Zanzibar et des côtes voisines dans toutes les tribus arabes ; et, avec les mœurs musulmanes, l'assimilation et le métissage sont très rapides. Au point de vue qui nous occupe, ces noirs sont donc sans intérêt, et l'auteur n'a rien vu d'autre. Il faut remarquer que ces pays sont nus, peu fertiles, qu'il serait bien difficile à une race primitive de s'y maintenir d'une façon indépendante ; d'autre part, l'infusion permanente de sang noir africain par la traite ne permet pas de retrouver la descendance d'ancêtres noirs autochtones ; enfin, l'histoire et surtout la préhistoire de ce coin du globe nous est peu connue. La lacune peut donc s'expliquer par une disparition totale sur laquelle nous ne pouvons nous prononcer ; elle ne constitue en tout cas nullement, dans l'état actuel de nos connaissances, un fait qui doive entrer en ligne de compte.

Ainsi, de l'un à l'autre des domaines Noirs classiques, nous avons trouvé les traces de Noirs aujourd'hui conservés à l'état de faibles spécimens isolés au milieu d'un flot d'envahisseurs, ou bien fondus dans de grandes races mixtes. Nous concevons, dans une époque ancienne, une population Noir continue tout autour de l'Océan Indien, et cette population est bien Noir au sens que nous avons défini en commençant, continue M.Lapicque. Assurément, elle n'a jamais été identique à elle-même d'un bout à l'autre de cette immense aire de dispersion, mais y a-t-il lieu de la diviser en plusieurs races ? Examinons les raisons pour lesquelles les Noirs ont ainsi été partagés dans la classification et voyons si ces raisons subsistent.

1) Les Noirs océaniens ont été séparés des Noirs africains surtout parce qu'on n'a pas songé à les rapprocher à travers la distance. Mais on n'a jamais établi entre eux une différence physique sérieuse. Ces Noirs océaniens sont tous diversifiés par des métissages ; si on prend les traits communs essentiels, le type abstrait constitué par ces traits revient au type abstrait du Noir africain ; 2) Les Négritos ont été séparés des Noirs précédents en raison de deux caractères différentiels, la taille et l'indice céphalique.

L'indice céphalique est certainement un très bon caractère héréditaire, ni *a priori*, ni *a posteriori*, il ne paraît influencé par l'adaptation, et il est très utile pour suivre des filiations et des métissages dans un intervalle de temps de quelques siècles. Mais peut-il servir de base à une classification ? D'abord, toute classification faite sur *un* caractère est artificielle ; mais ce caractère en particulier serait mal choisi pour cet usage. Dans tous les grands groupes humains naturels, c'est-à-dire reposant sur un ensemble de caractères, on trouve à la fois des brachycéphales et des dolichocéphales.

Et puis, on ne peut plus séparer les Noirs en deux portions nettement tranchées par la différence d'indice. Entre les chiffres classiques des Papous et des Africains, 71 et 72, d'une part, et celui des Andamanais, 83, d'autre part, viendraient se ranger d'autres Africains qui sont plus ou moins relativement brachycéphales, et dans le cycle que nous venons de parcourir, les Méniks de la Péninsule Malaise avec 79 et les Noirs parias de l'Inde avec 76. Nous avons une série continue, non plus deux groupements opposés. La taille, elle, est abandonnée depuis longtemps comme caractère de race ; on sait combien les conditions de vie la font varier. Notamment, les animaux des îles sont en général plus petits que ceux des continents. Or il est digne de remarquer que tous les Négritos, et à côté d'eux les Noirs Parias, habitent soit des îles, soit des terres qui furent autrefois des îles. Les Négritos apparaissent donc, non plus comme une espèce (ou une race) distincte se rapprochant des autres Noirs par plusieurs caractères, mais bien comme un rameau d'une race Noir unique, ayant légèrement varié dans un certain sens. Si l'anatomie ne fournit pas de raison de diviser les Noirs comme on l'a fait, en fournit-elle pour les fondre en une race unique ? Nous avons défini le Noir par la couleur de peau, le nez et le cheveu. Mais dans les proportions du corps et des membres, il y a quelques particularités qui sont connues pour caractériser le Noir africain, poursuit M.Lapicque ; telles sont la longueur de l'avant-bras et l'étroitesse des hanches. Ces particularités sont importantes, non seulement parce qu'elles différencient de toutes les races blanches, jaunes, rouges, les Noirs étudiés jusqu'ici, mais, en outre, parce qu'elles paraissent marquer un stade intermédiaire dans la descendance zoologique de l'homme, analyse M.Lapicque.

Nous n'avons pas jusqu'ici fait entrer dans notre question cette conformation du corps, et les anthropologistes ne l'ont pas étudiée au point de vue de la comparaison entre les diverses races de Noirs qu'ils ont créées. En ce qui concerne les Noirs d'Asie, j'ai fait cette étude sur deux groupes de Négritos et sur les castes de l'Inde les plus proches du Noir paria théorique, dit-il. J'ai observé, déclare M.Lapicque, que le type Noir considéré à ce point de vue nouveau se retrouve d'une façon bien marquée. Cette similitude m'était apparue autrefois très incomplètement, parce que je n'avais pas tenu compte d'une correction qui s'impose pour des raisons d'anthropologie générale. Quand, dans une même race aussi homogène que possible, on passe d'un groupe d'individus grands à un groupe d'individus petits, il y a une variation systématique de proportion du corps et des membres. Chez les individus petits, les membres sont relativement plus courts, et le corps relativement plus large. Si donc nous comparons des Noirs africains d'une taille de 175 centimètres à des Négritos de 150 centimètres, nous devons retrouver, entre eux, si les Négritos et les Noirs appartiennent au même type physique, une différence de ce genre. Le caractère Noir étant d'avoir des bras longs et les hanches étroites, ce caractère sera moins marqué chez les Noirs petits que chez les Noirs grands, non parce qu'ils sont moins Noirs, mais parce qu'ils sont petits. En fait, le Négrito garde encore par rapport au Blanc de taille moyenne, c'est-à-dire beaucoup plus grand que lui, une forme de corps nettement Noir.

Dans la rubrique consacrée à l'indice radio-pelvien, M.Lapicque déclare qu'il ne donnera de chiffres que sur un seul rapport, qui lui paraît tout particulièrement caractéristique. L'avant-bras étant chez le Noir relativement long et les hanches relativement étroites, l'auteur a pensé qu'on trouverait une expression saisissante de son anatomie spéciale en établissant le rapport de la première mesure à la seconde. C'est ce que l'auteur propose d'appeler l'indice *radio-pelvien*. Il ne sera question ici que du sexe masculin. Pour le Blanc (européen), M. Lapicque trouve, en calculant d'après la nombreuse série de M.Papillault sur cent parisiens, un indice radio-pelvien de 86 (avec une taille de 167). Les 30 plus petits donnent une valeur de 83,5 (taille, 161). Pour le Noir d'Afrique, 2 Soudanais rencontrés en Abyssinie ont donné une moyenne de 125 (taille 176) ; 9 Sénégalais mesurés en Europe ont donné 107 (taille 182). L'auteur a examiné systématiquement à ce point de vue les collections ostéologiques de Paris. Sur le squelette, on voit *a priori* qu'on doit obtenir des chiffres plus élevés que sur le vivant ou le cadavre entier, la mesure du radius étant à peu près la même, tandis que la largeur des hanches est diminuée de l'épaisseur des parties molles. 9 squelettes de français, au Musée de l'École d'Anthropologie, donnent la valeur 87. Les squelettes de Noirs les plus anciens dans nos musées sont quelquefois étiquetés Noir sans autre indication, ou d'autres fois, Noir mort à Paris. Or, après avoir passé une heure à essayer de démontrer que tous les Noirs se valent, l'auteur est obligé de remarquer ici qu'il y a Noir et Noir. Les Noirs américains, malgré leur origine africaine bien connue, présente une atténuation manifeste du caractère en question. Ce qui peut s'expliquer très naturellement par du métissage. Ainsi, dans les mesures prises par l'auteur au Muséum, voici les Noirs purement africains, - 2 Mozambique, 109 et 114 – 1 Malinké, 118 – 1 Haut Ogooué, 109 – 1 Fernand-vaz, 112 – 1 Pahouin, 110 - Moyenne, 112. Et d'autre part, 2 Mozambique esclaves au Brésil, 91 et 97 – 1 Guadeloupe, 100. Enfin 2 Noirs morts à Paris donnent l'un 101, l'autre 110. Les 15 squelettes de Noirs de l'École d'anthropologie, parmi lesquels il ne m'a pas été possible de faire le départ des provenances, donnent comme moyenne générale 105. Il faut donc choisir, parmi ces collections, et c'est le chiffre de 112 qui doit être provisoirement adopté. On voit quelle différence s'accuse du Blanc européen au Noir africain. Ces chiffres ont besoin d'être précisés par de nouvelles études, mais il est évident qu'il y a une différence considérable entre les deux types. Et, par une heureuse coïncidence, l'un est au-dessus de l'unité, et l'autre au-dessous. Voici quelques chiffres se rapportant à des types qui ne sont ni des Noirs ni des Blancs européens, chiffres que l'auteur a recueillis sur les squelettes du Muséum.

4 Japonais, 86 - 2 tonkinois, 90 – 2 Tagal, 93 – 2 Dayaks, 97 – 2 Maoris de la Nouvelle-Zélande, 91 – 2 Hawaï, 92 – 5 Péruviens anciens, 85 – 2 Eskimos, 82 – 2 Fuegiens, 90.

Ces séries sont certainement trop courtes pour donner la valeur de l'indice radio-pelvien dans les races correspondantes ; mais tandis que les Noirs purs se tiennent tous au-dessus de 100, aucun de ces chiffres n'approche de 100, excepté celui des Dayaks, dont la signification serait à discuter, s'il était confirmé. J'ajoute que de tous les squelettes montés du Muséum, un seul cas individuel, en dehors des Noirs, atteint 100. C'est un Siamois. Il y a donc là un caractère qui met les Noirs africains à part des autres types humains. Nous pouvons maintenant rechercher ce caractère chez les autres Noirs. Pour les Mélanésiens, 15 squelettes du Muséum, (Nouvelle-Bretagne, Nouvelles-Hébrides, Nouvelle Calédonie), ont donné une moyenne de 98 pour l'indice radio-pelvien. Ce qui correspond bien à l'idée du métissage que nous avons, pour des raisons différentes, admis dans ces régions. 3 Australiens donnent 103. Sur le vivant, une série nombreuse d'Éthiopiens mesurée par l'auteur lui donne le chiffre de 96 pour l'indice radio-pelvien (avec une taille de 168). La moyenne de diverses castes hindoues, où le type du Noir paria, sans être pur, loin de là, est très apparent, atteint 100 (avec une taille de 160). Pour les Andamanais, les plus purs des Négritos, l'auteur signale qu'il a malheureusement perdu un cahier de notes contenant les chiffres qui lui auraient servi pour ce calcul ; d'après les silhouettes des photographies, il pense que l'indice en question aurait, sur le vivant, une valeur voisine de l'unité. 3 squelettes de Négritos des Philippines, au Muséum, donnent 104. À Londres, au Collège des Chirurgiens, l'auteur a examiné 6 squelettes non montés d'Andamanais. Je n'avais pas d'instrument de mesure, s'excuse-t-il ; mais, par la superposition directe, il a constaté que dans les 6 cas, le radius était plus grand que le plus grand diamètre du bassin. Si l'on tient compte que les Andamanais sont très petits, le caractère Noir semblera ici bien marqué. Les Ménik de la péninsule malaise, Négritos métissés, donnent 95 (avec une taille de 152). À titre de comparaison, voici le chiffre que me donne une tribu de Jakouns, sauvages de l'intérieur de la Péninsule malaise, géographiquement voisins des Méniks, race très mélangée, mais bien malaise (au sens large) par la prédominance du sang mongolique : indice radio-pelvien, 84 (avec une taille de 154). Il y a donc une conformation particulière du corps, résumée en un chiffre par l'indice radio-pelvien, qui se retrouve chez tous les Noirs et rien que chez les Noirs. Ce caractère n'a nullement été visé dans les prémisses de notre classification ; il pourrait constituer à lui seul une définition d'une race ; or, sous la réserve de sa variation avec la taille, qu'une formule *ad hoc* pourrait facilement éliminer, il suit exactement les caractères sur lesquels nous nous sommes basés, s'atténuant comme eux par le métissage. C'est donc une preuve, en quelque sorte cruciale, que la race des hommes à peau noire est fondamentalement une, comme nous amène à le penser toute l'étude soulevée par la question des Noirs d'Asie.

Ce dernier passage est important pour démontrer que les races noires sont en fait issues d'une seule et même race ancestrale à peau noire, par mutations et sélection naturelle. Il semble hors-sujet de notre étude mais le lecteur verra que c'est là un argument indispensable pour la conclusion, car il simplifie nos données autant qu'il les précise. Si l'on n'a retrouvé aucune trace d'une étude sur l'indice radio-pelvien des sumériens, nous avons du moins des indices assez nets sur l'une de leurs origines. Mais avant d'en discuter plus longuement et de manière rigoureuse et approfondie, poursuivons notre étude sur la théorie noire et profitons-en pour remettre en esprit la déconstruction de la force noire par les sociétés occidentales, cela dans le but assumé de pousser le lecteur à détruire ses éventuels préjugés raciaux face à l'annonce d'une potentielle prédominance chronologique noire à Sumer. Je dis chronologique car, et nous éprouverons cette conjecture plus loin, cette prédominance n'était sans doute pas sociale (= hiérarchique), politique ni même ethnique.

L'article du professeur El Hadji Gorgui Wade Ndoye intitulé « L'image de l'Afrique en Occident : une histoire des préjugés » nous enseigne que comme l'attestent de nombreuses sources, une présence noire hors d'Afrique existait bien avant le début de l'esclavage. En réalité, « Le Noir » a été inventé au 15ᵉ siècle par les colonisateurs occidentaux et réduit en esclavage grâce à la légitimation intellectuelle des scientifiques et ecclésiastiques de l'époque. Les préjugés actuels ont de profondes racines et sont aujourd'hui encore véhiculés par de nombreux médias. Heureusement, le continent africain prend de plus en plus conscience de sa force et enregistre, au-delà de ses nombreux défis, des succès incontestables. Le continent africain est aujourd'hui reconnu par les scientifiques comme le berceau de l'Humanité. Ce fut sur son sol que l'homme serait apparu et que se sont constituées les premières communautés humaines. Le paléontologue et professeur au Collège de France Yves Coppens a déclaré : « Nous possédons une origine unique ; nous sommes tous des Africains... »

L'Afrique s'étend sur 30 millions de kilomètres carrés et abrite, aujourd'hui, une population blanche et noire de plus d'un milliard d'habitants, composée d'Arabes et de Noirs ayant toujours entretenu des relations. Le Sahara était, il y a 8 à 10 000 ans, couvert de vastes forêts, de lacs, d'animaux et de végétaux, et n'a jamais constitué une barrière entre l'Afrique du nord et l'Afrique subsaharienne. De nos jours, de plus en plus de Blancs vivent en Afrique et certains sont naturalisés dans leur pays d'accueil ou de naissance. De l'avis de certains scientifiques, des études comparatives portant sur l'égyptien ancien et les langues négro-africaines ont établi leur parenté étymologique avec les langues wolofs du Sénégal, par exemple, (4000 mots ont la même signification), les langues bantoues, dagara du Burkina Faso, le yoruba du Nigéria, le baoulé de la Côte d'Ivoire, le dogon, etc. Il est, par ailleurs, scientifiquement établi par des tests ADN, que c'est d'Afrique, il y a plus d'un million d'années, que les ancêtres primitifs de l'Humanité, les homo-erectus, sont partis, pour aller « coloniser » l'Europe, le Moyen-Orient, l'Asie, voire l'Amérique, à travers la Béringie, à l'époque des glaciations du Quaternaire, puisque des témoignages recueillis par des compagnons de Christophe Colomb attestent avoir trouvé des Noirs en Amérique, au moment où les Espagnols arrivaient en 1492, précise le professeur Thiam cité par Ndoye. Les populations noires des îles Andaman, dans le golfe du Bengale, seraient venues d'Afrique il y a 60 000 ans. Des travaux scientifiques récents de chercheurs américains, comme le docteur Runoko Rashidi, établissent (mais il est permis de remettre en doute ces travaux ndR) la présence des populations africaines noires à Sumer, en Irak, en Iran, au Koweït, en Arabie, au Pakistan, en Turquie, en Palestine, en Jordanie, en Israël, au Sri-Lanka, au Cambodge, au Vietnam, au Japon et en Chine, mais également dans les 13 000 îles de l'Indonésie, sans parler de la Sibérie, de la Corée, de l'Ouzbékistan ou de l'Inde. Et évidemment, selon le témoignage de Magellan, aux Philippines. La dispersion du monde noir ne commence donc ni avec l'esclavage, ni avec la traite négrière, mais dès la Préhistoire.

Ceci posé, voyons comment le Noir a été inventé par le Blanc. Et comment cette « invention du Noir par la bibliothèque coloniale », comme le rappelle le professeur Mamadou Diouf, se perpétue de manière visible ou insidieuse dans la littérature de la presse occidentale. Jusqu'au milieu du 15ᵉ siècle, il y eu peu de contacts entre l'Occident et le Continent africain, notamment sa partie subsaharienne. Les Portugais seront les premiers à débarquer dans les embouchures du Sénégal et sur la presqu'île du Cap-Vert (pointe occidentale du continent Africain, au Sénégal). Le navigateur et explorateur portugais Diniz Dias a ouvert la porte à l'Europe qui espérait y découvrir de l'or en abondance : « réservoir surréaliste des merveilles réjouissantes, le puissant royaume du mythique Prêtre Jean... » Cependant, l'Afrique n'était pas aussi prospère à l'époque que le rêvait l'Occidental. Avec la découverte de l'Amérique en 1492, les Européens mettront en place un vaste système d'exploitation des ressources naturelles et puiseront la main-d'œuvre nécessaire en Afrique noire en réduisant des millions de personnes en esclavage. Pendant trois siècles, près de douze millions d'Africains noirs seront forcés de faire le voyage à ticket simple vers le « nouveau Monde ». Les frères Pizigani racontent l'abondance d'or en Éthiopie, des dignitaires couvrant même « leurs maisons de toits à lames d'or » et l'intérieur « orné avec de l'or travaillé » et les soldats aux « armes en or » que, « quand ils vont à la guerre, les reflets du soleil rendent si brillantes que personne ne peut les regarder ». Idéalisé au départ, l'homme Noir sera au moyen âge vite assimilé au descendant de Cham, le fils maudit de Noé, donc corvéable à merci, d'où la justification par l'Église de l'esclavage. Avec Henri le Navigateur, les Portugais longent les côtes africaines et atteignent le cap de l'extrême sud du continent en 1488. Duarte Pacheco Pereira parle de la nudité des Africains, assimilée à l'obscénité et à la perversion sexuelle dans la morale chrétienne, sauf, dit-il, « les nobles et les hommes honorables (...) ils peuvent avoir autant de femmes qu'ils veulent (...) ». Il dira plus loin : « Ils sont vicieux, rarement en paix les uns avec les autres et sont de grands voleurs et menteurs (...) de grands buveurs et très ingrats (...) Sans honte ils ne cessent de mendier (...) ils ont tous les défauts qu'un homme peut avoir ». De ces Africains « l'on ne peut rien apprendre de bon, ni pour les mœurs, ni pour l'éducation (...) ils sont très bornés du côté des sciences (...) ils dégagent une odeur répugnante surtout lorsqu'ils ont chaud » écrit le Page du Pratz en 1758. Et d'ajouter : une paresse congénitale, une indolence, une apathie, une nonchalance et une ignorance de quoi faire d'eux-mêmes. En conséquence, il faut « les guider, les diriger », ces gens dont « la danse est leur passion favorite. Il n'y a pas un peuple au monde qui y soit plus attaché qu'eux », renchérit Labat. C'est « un peuple de rire et de la danse ». « Ils passent le plus clair de leur temps à piailler, à caqueter et à s'esclaffer, dit David, qui martèle : « ils se pillent, volent et assassinent impunément ». Des évangélistes étaient convaincus qu'on ne pourrait jamais faire des Africains de bons chrétiens. Le Révérend Père Labat soutient : « Il est certain que leur tempérament chaud, leur humeur inconstante et libertine, la facilité et l'impunité qu'ils trouvent à commettre toutes sortes de crimes, ne les rend guère propres à embrasser une religion dont la justice et la mortification, (...) la continence, (...) l'amour des ennemis, le mépris des richesses, etc. sont les fondements ».

Le terrain est bien préparé pour assouvir le désir de la domination de l'homme par l'homme : réduire en servitude ces hommes frappés d'une « indignité naturelle » et dont le profil moral est très bas et peut poser un problème de conscience. Pour légitimer l'aventure coloniale, les anthropologues, les ethnologues, les politologues, les économistes et les naturalistes comme Buffon, et certains milieux ecclésiastiques à travers le mythe de la damnation de Cham, ont bâti une image du Noir sauvage, inculte, qui n'a rien inventé, qui n'a rien produit, parasite, paresseux, bon enfant, incapable de conduire seul son destin. Ils ont justifié les notions de « mission civilisatrice », de « droit d'aînesse », la mission évangélique consistant à sauver des « âmes livrées à la perdition », perpétué l'image de l'Afrique continent mouroir, avec ses fièvres, ses fortes chaleurs, ses animaux sauvages, ses serpents, cette humanité qui dysfonctionne, et légitimé la traite négrière, l'aventure coloniale, le Code noir, le régime de l'indigénat. S'en suit la théorisation de la lutte des races. Gobineau, Buffon et d'autres « scientifiques » proposaient une hiérarchie des races dans laquelle les Noirs occupaient la dernière catégorie. On a, ensuite, théorisé la colonisation et, actuellement, la notion de droit d'ingérence prétendument humanitaire véhicule de fortes doses de préjugés pour justifier de la nécessité d'interventions militaires qui le plus souvent cachent des intérêts géostratégiques et économiques. La presse et les médias ont joué un rôle qui ne les grandit pas, de même que l'école. « En ne mettant l'accent que sur ce qui est négatif dans le monde noir, à savoir les Bokassa, Mobutu, Eyadema, Bourguiba, et en ne privilégiant que les images qui parlent de faim, de famine, d'épidémies, de sida, de coups d'état, de guerres tribales et ethniques, de rivalités tribales, religieuses, on a fait naître dans les consciences l'image d'un continent maudit, à la dérive et celle d'une élite africaine corrompue, gabégique, dictatoriale, incapable de réussir sans la tutelle d'un étranger, pour mieux justifier la domination extérieure sur nos monnaies, les plans d'ajustement structurel, l'exclusion de l'Afrique de la gouvernance mondiale, son éviction des centres où se décident le prix des matières premières et la fixation du prix des produits manufacturés », déclare le professeur Iba Der Thiam. Ce dernier de s'interroger : « Comment s'étonner, après cela, que les milieux racistes, exploitant les scènes d'immigration que l'on voit sur nos télévisions, ainsi que les excès ou maladresses de telle ou telle communauté arabe ou noire, distillent une politique d'exclusion, de racisme, de discrimination et de mépris culturel, que dénonçait Léopold Sédar Senghor. »

Puisque nous sommes en Afrique, poursuivons avec les thèses afro-centristes car nous devons bien reconnaître qu'elles sont séduisantes. Soyez assurés toutefois que même à ce stade de notre étude, et bien que tout semble converger vers une origine africaine plus ou moins directe des Sumériens, nous avons encore beaucoup d'arguments à poser et davantage de contre-arguments et de vérifications à exposer. Rien n'est encore acquis.

En 2014, le Dr. Runoko Rashidi publie un article intitulé « La présence noire au début de la Chine » dans lequel il évoque la présence africaine en Chine en citant le chancelier Williams : « La Chine ancienne et l'Extrême-Orient, par exemple, doivent être un domaine particulier de la recherche africaine. Comment expliquer une si grande population de Noirs dans le sud de la Chine, assez puissants pour former leur propre royaume ? » En septembre 1998, une étude scientifique publiée dans le Los Angeles Times concluait que « la majeure partie de la population de la Chine moderne – un cinquième de toutes les personnes vivant aujourd'hui – doit ses origines génétiques à l'Afrique. » Du domaine de l'anthropologie physique de la Chine ancienne, selon le savant éminent dans le domaine, Kwan-chih Chang : « Les restes squelettiques des strates Hoabinhian et Bacsoinan, similaires à ceux trouvés dans le sud-ouest de la Chine, portent des caractéristiques de négroïdes océaniques. » Le premier peuple noir en Chine à l'époque – le peuple qui est probablement le premier de tous les peuples en Chine – était apparemment un peuple noir apparenté aux Batwa d'Afrique centrale et au peuple des îles Andaman aujourd'hui. La présence d'africoïdes diminutifs (que les historiens chinois appelaient les Nains Noirs) au début de la Chine du Sud pendant la période des Trois Royaumes (vers 250) est enregistrée dans le livre de l'Officiel de la Dynastie Liang (502 – 556) d'après M.Rashidi. On dit qu'ils sont des africoïdes diminutifs et sont diversement appelés Pygmées, Négritos et Aeta. On les trouve aux Philippines, dans le nord de la Malaise, en Thaïlande, à Sumatra, en Indonésie et ailleurs.

Ces africoïdes diminutifs habitent les îles Andaman, un archipel éloigné à l'est de l'Inde, et sont les descendants directs des premiers humains modernes à avoir habité l'Asie, concluent les généticiens dans de nouvelles études. Leurs traits physiques, leur petite taille, leur peau foncée, leurs cheveux en grains de poivre et leurs grosses fesses sont caractéristiques des soi-disant « Pygmées » africains. Seuls quatre des nombreux groupes qui habitaient autrefois les Andamans survivent, avec une population totale d'environ 500 personnes. Il s'agit notamment des Jarawa, qui vivent toujours dans la forêt, et des Onge, qui y ont été installés par le gouvernement indien. Des groupes similaires de Noirs ont été identifiés au Japon, au Vietnam, au Cambodge, en Indonésie, et il semble presque certain qu'à un moment donné, une ceinture de populations noires de ce type couvrait une grande partie de l'Asie, y compris la Chine ancienne et surtout la Chine méridionale. Il ne fait donc aucun doute que dans les premiers temps de la Chine, une présence noire était répandue. Qu'en est-il maintenant de la présence africaine dans les grandes civilisations chinoises ? Ivan Van Sertima a toujours prêché que « C'est une chose de dire que vous avez été le premier et une autre de dire ce que vous avez fait. »

Alors que faisaient les Africains dans la Chine ancienne ? Quel était leur statut ? À quels postes les trouvait-on ? En ce qui concerne la présence africaine dans la civilisation chinoise primitive, trois dynasties se distinguent en particulier – les Shang, les Tang et les Yuan. La dynastie Shang (1766 – 1027 avant notre ère), la première dynastie chinoise, datant du 18e au 11e siècle avant notre ère, avait apparemment un fond noir, à tel point que le conquérant Zhou les a décrits comme ayant « une peau noire et grasse ». Les récipients en bronze sont donc un élément extrêmement important de notre dossier et contribuent à étayer notre position. La Tigresse est de loin le plus spectaculaire de ces artefacts[66]. En plus de La Tigresse, au musée Cernuschi à Paris, il existe un artefact similaire et presque identique dans la collection Sumitomo à Kyoto, au Japon[67].

Fig.1 : Récipient à vin. Période shang tardive. Kyoto. Sen-Oku Hakukokan Museum. « Sumitomo collection »

La Tigresse date de la fin de la période de la dynastie Shang. Il provient de la province du Hunan et mesure environ 2 pieds de haut. Le récipient était destiné à contenir des boissons fermentées et est sans aucun doute l'objet le plus célèbre et le plus splendide du musée Cernuschi. Le récipient représente un félin, une tigresse à la bouche ouverte, tenant un petit humain dans une étroite étreinte avec ses pattes avant. Pendant des années, j'avais pensé, à la petite figure humaine comme un enfant, déclare M.Rashidi. Mais à y regarder de plus près, il semble qu'il pourrait s'agir d'un adulte. Est-ce

---

66 Daté entre 1100 et 1050 avant notre ère, ce vase You en bronze présente un enfant enlaçant une tigresse et caractéristique de la fin de l'époque des Shang. Numéro d'inventaire : M.C 6155

67 La vase Yu « La tigresse » est un vase en bronze du même style et de la même facture et de la même époque que celui présenté en fig. 1

un Africoïde diminutif ? Qu'ils soient adultes ou enfants, les traits sont clairement africoïdes et pourraient bien être une représentation de l'un de ces types africoïdes diminutifs associés à la Chine ancienne, protégés dans l'étreinte puissante d'une tigresse. L'ensemble de l'effet est accentué par l'éclat vert foncé, presque noir, du récipient, et l'attitude calme montrée sur le visage de la personne suggère une aisance et une confiance dans son environnement. Le Tigresse est acquis par les Cernuschi en 1920. De la dynastie Tang (618 – 907) viennent des statues de danseurs d'apparence africoïde. Runoko Rashidi aurait photographié deux de ces statues au Victoria and Albert Museum de Londres et au Smithsonian Museum de Washington, DC. Elles ont les cheveux en spirale et semblent tournoyer avec un bras en l'air surmonté d'un poing fermé, commente-t-il. S'agissait-il des nains noirs dont nous avons entendu parler dans la littérature et la tradition chinoises[68] ? Ce que Runoko Rashidi a trouvé le plus intéressant dans ses recherches, y compris le travail qu'il fait sur la Chine aujourd'hui, c'est l'omission, délibérée – il en est certain – de mentionner la race ou l'ethnie d'objets d'art clairement africoïdes. En effet, il semble être encore plus extrême dans le cas de la présence africaine en Asie que la dissimulation des origines africaines de l'Égypte ancienne. Cette dissimulation – il faut l'appeler ainsi – de la présence africaine dans les civilisations classiques est véritablement un phénomène mondial, conclut M.Rashidi.

---

68 Si les statues mentionnées ici sont celles que nous pouvons voir en ligne en tapant dans la barre de recherche les noms des musées où elles sont conservées ainsi que la dynastie chinoise à laquelle elles sont ici associées , leur apparence ne semble pas les identifier comme étant des africoïdes même si on peut effectivement avancer que certains individus asiatiques présentent des traits que d'aucuns appelleraient négroides : nez aplati et petites oreilles notamment. La seule figurine de danseur (un garçon dansant) conservée au Victoria and Albert museum de Londres datant de la dynastie Tang présente des pommettes saillantes, un nez aplati de ce que l'on peut en voir et une face sans doute elle aussi plate bien que d'origine non chinoise à cette époque.

CHAPITRE V

La péninsule

Puisque certains indices nous poussent vers le sud, c'est-à-dire en Arabie, passons cette région à la loupe en commençant par une histoire succincte du Yémen, de laquelle nous pourrons sans doute, en raison de certains arguments cités plus haut, tirer des informations utiles afin de poursuivre notre investigation.

Le nom sous lequel le peuple du Yémen est connu dans la Bible est Saba ou Sheba. Ce nom se trouve dans la liste des fils de Joktàn donnée dans la Genèse, comme d'ailleurs beaucoup de noms géographiques connus par les historiens arabes ou par les inscriptions, tels sont Hazarmaveth (Hadramaut), Abimael, Jobab, Jerah (Warah), Joktàn (Kahtân). Un autre passage de la Genèse place Sheba et Dedân dans la généalogie des Kouschites. Il n'apparaît comme royaume qu'au Livre des Rois (X, 4) où il est question de la visite que fit la reine de Saba à Salomon. Les Adites ont laissé dans la légende arabe un souvenir égal à celui des Cyclopes. Ils furent détruits par Dieu pour n'avoir pas voulu écouter le prophète Iloud qu'il avait envoyé parmi eux pour combattre leur impiété. Une portion de survivants formèrent les seconds Adites, habitant la région de Saba. Leur premier roi fut Lokmân qui construisit la digue d'Al-Arîm appelée aussi Sadd-Mareb. Nous verrons plus loin que la construction de cette digue est attribuée aussi à un roi de la descendance de Joktàn. Les descendants de Lokmân régnèrent 1000 ans, puis les Adites furent dispersés par Yarob, fils de Kahtân. Les historiens musulmans confondent souvent les Adites avec les Amalécites, descendants d'Amlik, fils de Laoud, fils de Sem ou de Hâm. Expulsés de la Chaldée par les premiers princes assyriens, ils se seraient répandus en Arabie, auraient conquis l'Égypte et leurs débris auraient formé la population berbère (tradition rapportée par Procope et Moïse de Khoren). L'identité de Joktàn et de Kahtân n'est pas certaine. Les traditions bibliques disent que Joktàn avait trois fils : Ouzal, Saba et Hasarmot. D'après les historiens arabes, Kahtân, lui, n'avait qu'un fils, Yarob, qui chassa les Adites du Yémen. Mais le véritable fondateur de l'empire Himyarite, d'après Nowaïri, fut Saba ou Abdshams, fils de Yashob, fils de Yarob. Les enfants de Saba, Himyar et Kahtân, se partagèrent le royaume qui ne fut réuni qu'après quinze générations, entre les mains de Harith al-Raish qui fut le premier Tobba. Ce nom est donné par les Arabes à tous les rois de cette dynastie, comme celui de Pharaon était donné aux rois d'Égypte. Pendant les quinze générations précédentes, les rois Himyarites avaient eu à lutter, pour la formation de leur empire, contre les vestiges des Adites et des Thamoûdites, qui avaient aussi habité le Yémen. Le premier Tobba fit de grandes conquêtes et pénétra jusqu'aux Indes. Son fils, Abraha Dhoûl-Manar conquit l'Afrique septentrionale, et Afrikis, fils d'Abraha, subjugua les Berbères jusqu'à l'Océan.

Il est indispensable de prendre en considération des changements paléographiques à la fois plus importants et surtout plus significatifs que ceux qu'a connu la mer rouge. On sait que le golfe était totalement asséché il y a moins de 20 000 ans. Le Shatt el-arab se jetait alors directement dans le golfe d'Oman, et c'est à proximité des rives de ce paléofleuve, aujourd'hui enfouies sous les eaux du golfe, qu'il faudrait chercher des traces d'occupation humaine au paléolithique supérieur et à l'épipaléolithique[69]. La période d'Obeïd a été reconnue à Bahrein, notamment sur le site d'Al-Markh,

---

69 Salles et al. 1988 p.24

mais la seconde partie du IVe millénaire comme la première moitié du IIIe millénaire y semblent absentes.

- mention de Dilmun dans les textes archaïques d'Uruk, datés de la période III de l'Eanna, soit de l'extrême fin du IVe millénaire. Le signe identifié avec Dilmun (voir Englund 1983) apparaît dans trois listes et onze documents administratifs, mentions qui peuvent avoir trait au commerce, mais aussi à des liens plus étroits dans la mesure où Dilmun est également associé à des titres dans une liste, à des noms génériques d'objets de tissu ou de métal ailleurs, traduisant probablement ainsi des relations « bien antérieures à l'émergence de l'écriture » (Nissen 1986 b : 338). Cette hypothèse rejoint une idée avancée sans démonstration (et sans s'y attarder) par J.Zarins : « It would appear to be safe to say that Dilmun as a historical entity probably goes back to at least... c. 6000 BC » (1986 : 247) »[70].

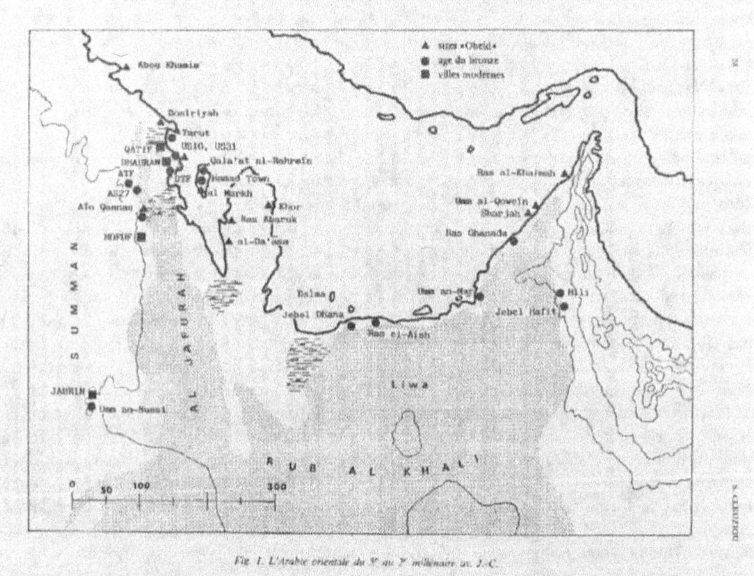

Fig. 2 : p . 28. Carte du golfe persique par S.Cleuziou dans « L'Arabie et ses mers bordières ».

---

70 *Ibid* p.27. J.Zarins a développé cette hypothèse à partir du matériel publié par Piesinger.

Cornwall cité par Piesinger (1983 : 762) dit : « There seems to be at least a possibility that the island of Dilmun was intimately connected with the history of the sumerians before the third millenium BC, and that it had a good deal to do with the basic pattern of sumerian religion ». Le site d'Aïn Qannas (à l'est de la péninsule) a livré une séquence dont les derniers niveaux contiennent de la céramique d'Obeïd (Masry 1974 : 96 – 116). L'oasis de Jabrin (à Oman), où des conditions favorables sont supposées avoir existé antérieurement fut visitée par G.Bibby en 1968 et a fourni de nombreux sites attribués au « néolithique » et au « paléolithique final » (Masry 1974 : 87 – 95, Adams et al. 1977 : 29, synthèse dans Edens), un unique tesson peint « Obeïd », des milliers de tumuli, au moins 6600, dont certains contenaient une « céramique de cuisine » communément attribuée au IIIe millénaire (Adams et al. 1977 : 30), et des sites plus récents[71].

Rappelons que l'argumentation de Masry est liée à la manière dont on envisage le « peuplement » des terres alluviales de Mésopotamie du sud, région dont la réalité même reste fluctuante (cf.Lees et Falcon 1952, Larsen 1975). Les agriculteurs de la période d'Obeïd 1/Eridu avaient pu y être précédés par des populations non sédentaires, dont une partie au moins serait venue des zones côtières d'Arabie orientale, dès le VIIe millénaire avant J.-C. Dans cet environnement différent, et peut-être en partie du fait d'autres influences culturelles venues de Mésopotamie du nord ou du sud-ouest iranien, se serait formée une nouvelle entité culturelle, toujours en relation avec la côte orientale de l'Arabie, ce qui permettrait d'expliquer par une « parenté culturelle » le développement de la poterie peinte dans cette région et en Mésopotamie[72].

Piesinger envisage très nettement la possibilité d'une économie de production dans les oasis de Jabrin et el-Hasa dès l'époque d'Obeïd. Cette supposition ne s'appuie sur aucune documentation paléobotanique ni sur aucun objet, mais elle concorde avec ce que nous savons du développement de l'économie de production dans la péninsule arabique. L'une des raisons principales pour lesquelles une quelconque forme d'agriculture avait été exclue des premières hypothèses est davantage liée à l'image tenace d'une région hyper-aride, humainement vide, qu'à de quelconques données. Plus que de céréaliculture, selon le modèle reçu, il s'agit dans l'esprit de Piesinger (p.722) d'une production fondée sur le palmier-dattier, une plante dont on peut très bien accepter qu'elle se soit développée à l'état sauvage dans un environnement comme celui de Jabrin et el-Hasa (Zohary 1973 : 632). Piesinger envisage même la possibilité que le palmier-dattier ait été introduit en Sumer depuis la région du Golfe (p.773), ce qui expliquerait le rôle symbolique du dattier dans l'iconographie des deux régions (si l'on considère les représentations des vases en chlorite de Tarut comme appartenant à l'iconographie de l'Arabie orientale). Les plus anciennes attestations paléobotaniques de palmier-dattier au Moyen Orient sont à Mehrgarh IB au Baloutchistan, datés du VIe millénaire, et sur un site du bassin de Dowlatabad près de Tepe Yahya, le site R 37 daté du Ve millénaire (Costantini 1985). Dans la péninsule arabique, la période I à Hili 8 a fourni des dizaines de noyaux de dattes certainement cultivées à la fin du quatrième ou au début du troisième millénaire (Cleuziou et Costantini 1982). il convient à ce propos d'insister sur le fait que la situation que nous appréhendons à Hili 8 dès le niveau le plus ancien est celle d'une économie agricole d'oasis entièrement constituée, dont les antécédents restent à découvrir[73].

Le hiatus le plus important réside certainement dans les conceptions des archéologues. Formés à la plaine alluviale de Mésopotamie, qui n'a pourtant rien d'un paradis verdoyant, les orientalistes n'admettent pas sans peine que des installations sédentaires fondées sur une économie qu'ils jugent supérieure (l'agriculture irriguée) puissent avoir existé autrement que de manière accidentelle dans une région aussi aride et aussi éloignée que la rive arabe du Golfe. Accidentelles en quelque sorte seraient ces céramiques Obeïd, dues à la seule volonté de quelques marchands ou pêcheurs

---

71 *Ibid* p.30
72 *Ibid* p.31
73 *Ibid* p.38

mésopotamiens qui s'installèrent temporairement sur quelques sites côtiers (mais Aïn Qannas est un cas beaucoup moins simple), tandis que les communautés locales avec lesquelles ils entretenaient des rapports épisodiques s'adonnaient tout au plus à une chasse intensive. Accidentelle même serait l'existence de Bahreïn, exceptionnel « paradis terrestre » où l'on fut bien contraint d'admettre l'évidence de l'archéologie - bien tardivement d'ailleurs – mais dont on tente toujours de minimiser l'importance : la position de B.Alster (1983 : 44) est tout à fait illustrative. Mentionnant l'hypothèse de Cornwall, il l'élimine ainsi : « Cornwall assumption that this area of the Saudian mainland exported dates in the third millenium BC may well prove right, but as far as the identification of Dilmun is concerned, why not start with the given facts ?... The presence of dates on Bahrain supports the identification of Dilmun with Bahrain. This identification fits the archaelogical remains... So far we may safely conclude that Dilmun was Bahrain, and there is no unambiguous evidence that there was a continental Dilmun ». Ces lignes sont parues l'année de soutenance de la thèse de Piesinger. Nous avons eu l'occasion de rencontrer les mêmes préventions dans la péninsule d'Oman. G.Bibby avoue être resté quelque temps incrédule quant aux découvertes d'Umm an-Nar puis de Hili (il résume ainsi les sentiments qui l'animèrent au moment de la découverte d'Umm an-Nar : « the Umm an-Nar village might, for all we knew, had been a short lived settlement of colonists from the Persian coast opposite, who had come and a generation or so later gone without having had any contact at all with the indigeneous people of the interior ; if indeed there had been any people in the interior until a thousand years later » (Bibby 1970 : 316)), et ne voit guère d'autre explication qu'un climat beaucoup plus clément. Ironiquement, presque toutes les reconstructions paléoclimatiques s'accordent sur le fait que le climat aride actuel s'est installé vers le milieu du troisième millénaire, c'est-à-dire précisément au moment dont datent les vestiges qu'il commente[74].

Rapport de la formulation de J.Zarins selon laquelle « Dilmun est une entité historique qui remonte au VIe millénaire, une hypothèse de travail unifiante qui tient compte des réalités de la préhistoire de l'Arabie telle que nous commençons à les entrevoir selon Cleuziou citant Tosi (1986) ». Piesinger, reprenant les interprétations de Howard-Carter (1981) et de Masry se fonde sur celles-ci et sur les liens qu'entretiennent Dilmun et Sumer dans les mythes mésopotamiens, pour exposer que ces liens témoigneraient d'une origine commune : « Dilmun is the site of the original Eden, which existed before the introduction of agriculture, domesticated animal, or cities, and is, further, the place where all these things came into being ». Parmi les données archéologiques, la production de vases en chlorite[75], avec ses thèmes d'apparence mésopotamienne, témoignerait de cette communauté, art local à usage local, mais compréhensible en Sumer. Cette interprétation rejoint celle proposée par P.Amiet contre l'hypothèse d'un style syncrétique formulée par P.L. Kohl : « la question doit être posée de savoir si le « style interculturel » n'est qu'un style. Il se définit plutôt comme un art original... or un art est normalement lié à un substrat humain.... L'originalité très forte de cet art... n'exclut cependant pas des emprunts ponctuels à la Mésopotamie » (1986 : 137). Ce sont des éléments qui, si nous leur accordons quelque crédit, nous éloignent du cadre interprétatif centré sur l'Arabie. Si spéculatifs qu'ils soient, ils ont au moins le mérite de mettre un fait en évidence : des relations suivies entre la région de Dhahran (en Arabie saoudite, non loin de la rive ouest du golfe persique) et la Mésopotamie ont existé pendant très longtemps, et sans doute de nature plus profonde

---

74 *Ibid* p.40

75 Des découvertes datant de 2001 - 2002 , mentionnent l'existence d'une civilisation appelée « Jiroft » ou « de l'Halil Rud » d'où proviennent la chlorite et les vases confectionnés en cette pierre retrouvés en Mésopotamie. Dans le cas où les vases en chlorite retrouvés à Dilmun seraient issus d'un art local, il y aurait matière à discuter de l'antériorité de la production d'artefacts en chlorite entre Jiroft et Dilmun. Bien que les gisements de chlorite se trouvent également sur la côte orientale de l'Arabie, Perrot et Madjidzadeh (2005) ont laissé entendre que le commerce des artefacts en chlorite depuis Jiroft s'est fait majoritairement par voix maritime et a laissé son empreinte (sous forme de « comptoirs ») à Tarut et jusqu'à Failaka. Laure Battini (2023) quant à elle expose que Jiroft est le lieu principal de production des vases et artefacts en chlorite. Il s'agit véritablement d'un grand rebondissement dans la présente étude.

que les simples expéditions commerciales ou de pêche lointaine proposées par Oates (Oates compare les expéditions des sumériens à celles des premiers pêcheurs des îles britanniques vers Terre-Neuve au XVIe siècle, venant là à cause de l'abondance des bancs de poisson et faisant escale à terre pour sécher leurs prises avant de rentrer chez eux. Tout nous semble indiquer que les sites Obeïd du Golfe sont bien plus que cela)[76].

Des sites ont été reconnus sur le littoral du Golfe (Calley et Santoni 1986) et dans l'intérieur (Gebel 1981), mais aucun n'avait livré jusqu'ici les indications de contacts attendues, et ce n'est que tout récemment que des tessons peints de type «Obeïd» ont été découverts sur des sites côtiers à Ras al-Khaimah et Umm al-Qowein, et à Sharjah (al-Tikriti 1985). Entre ces quelques tessons et les céramiques attribuables à la période Jemdet Nasr ou Dynastique archaïque, identifiées dès 1970 par K. Frifelt (1970, cf. aussi During Caspers 1971), existe un «hiatus» comparable à celui évoqué pour l'Arabie orientale. Aucun site certainement attribuable au quatrième millénaire n'a été reconnu dans l'intérieur, et personne n'y a jamais mentionné aucun élément attribuable, même de manière douteuse, à l'époque d'Uruk[77].

Ceux qui se sont installés à Hili 8, dit Cleuziou, apportaient avec eux un modèle d'agriculture qui ne semble pas avoir notablement évolué dans les siècles suivants, mais un modèle bien adapté à cet environnement spécifique et dont on peut donc penser qu'il n'est pas « importé » de très loin. Rappelons que les plus anciennes traces d'agriculture et d'élevage connues dans la péninsule d'Oman proviennent du site de Ras el-Hamraoui et ont été identifiées à du sorgho cultivé (Nisbet et Biagi) et des bovidés domestiques (Uerpmann) datant du IVe millénaire. L'apparition de ces éléments sur un site côtier nous paraît pouvoir être interprétée sans problème comme reflétant une situation dans l'intérieur. Par-delà les différences dues à la manière dont nous connaissons les deux régions (ou peut-être du fait de la pauvreté des connaissances dans les deux cas), il existe entre elles des parallèles que nous voudrions maintenant envisager pour étudier la situation dans la première moitié du IIIe millénaire.

La question de savoir s'il faut parler d'importations ou d'imitations reste ouverte, dans l'attente d'un ensemble cohérent de donnés analytiques. Nous ne disposons à ce jour que d'une seule étude très partielle (Mynors 1982) qui a conclu à l'importation des poteries « mésopotamiennes » d'Umm an-Nar, dont les résultats ne sauraient sans difficultés être étendus à l'ensemble du matériel, même s'ils semblent particulièrement probants. Il est certain que dans l'attente d'analyses complémentaires, incluant le Jebel Hafit et l'Arabie orientale, tout commentaire sur l'importation garde un caractère spéculatif. La couleur de la pâte, très proche sinon identique aux nuances mésopotamiennes, paraît avoir souvent été un facteur décisif (Piesinger, p. 240), comme si l'origine des terres était déterminante. C'est là une supposition parfaitement gratuite et, selon leur habileté, les potiers d'Arabie orientale étaient parfaitement capables de produire les nuances qu'ils souhaitaient obtenir. J'ai aussi employé, dit Cleuziou, l'argument selon lequel, à Hili 8, la poterie était très peu abondante dans les niveaux anciens, ce qui, combiné à la présence d'un vase en céramique grise d'origine vraisemblablement étrangère à la fin du quatrième millénaire à Ras el-Hamra et aux ressemblances avec l'Iran et la Mésopotamie, pouvait inciter à conclure à des importations (Cleuziou et Tosi).

Les analyses récemment effectuées en caractérisation par lames minces et activation neutronique montrent qu'il n'en est rien, et qu'au moins pour ce qui concerne la céramique peinte noir sur rouge, dont les rapports avec l'Iran méridional sont évidents, la production sur place peut être assurée. Les hypothèses actuellement formulables (à l'époque de publication de l'ouvrage) sont les suivantes : - à une époque qu'on peut considérer contemporaine de Jemdet Nasr et/ou du Dynastique archaïque 1, des céramiques mésopotamiennes sont importées et/ou imitées en Arabie orientale et dans la péninsule d'Oman. Ces céramiques sont utilisées dans les habitats (Hili 8, AS 27, Umm er-Ramadh,

---

76 Salles et al. p.41
77 Salles et al p.42

Tarut), parallèlement à d'autres céramiques (« Dark faced red ware » d'Arabie orientale, poterie peinte noir sur rouge de Hili 8) qui réfèrent plus ou moins certainement à des traditions locales (à tout le moins non mésopotamiennes) ; - à cette même époque, le matériel importé/imité de Mésopotamie constitue l'inventaire céramique quasi exclusif des assemblages funéraires, qu'il s'agisse des cairns de type Hafit dans la péninsule d'Oman, ou de ceux d'AS 27 en Arabie orientale ; - ces importations/imitations continuent jusqu'au Dynastique archaïque III, si l'on se réfère aux assemblages de Tarut et Umm an-Nar.

Les données de Hili suggèrent cependant que, vers la fin de ce laps de temps, les modèles mésopotamiens ne sont plus en usage dans l'Oman intérieur, tant sur le site (phase IIc2) que dans les tombes (tombe M contemporaine des phases IIa-cl : Cleuziou), alors qu'on les trouve encore en grand nombre à Umm an-Nar sur la côte, du moins dans l'habitat car ils semblent exceptionnels dans le contenu des tombes.

A quelque modèle qu'on se réfère, l'explication de la présence de poteries « mésopotamiennes » sur les deux rives du Golfe inclut un facteur permanent : la nécessité pour les élites mésopotamiennes de se procurer les matières premières nécessaires à l'élaboration de biens de prestige : cuivre, pierres diverses et denrées exotiques. C'est ainsi qu'il fut rendu compte des découvertes de Yahya IVC par une colonisation proto-élamite (Lamberg Karlovsky 1986 : 197-8) ou des cairns du Jebel Hafit par la nécessité de s'approvisionner en cuivre (During Caspers 1971 : 30), une explication rendue vraisemblable par les études archéométriques (Berthoud et Cleuziou 1982). Mais ceci ne saurait s'appliquer tel quel à la région de Dhahran, notoirement dépourvue de telles ressources, et pour laquelle Piesinger développe - sans surprise - l'idée qu'elle était au centre d'un réseau d'échanges incluant l'ensemble du Golfe : « strategy location, knowledge and intelligence of Mesopotamian market demands, ethnic connections, and credibility and trustworthiness based on experience and tradition as seafarers/traders would all have belonged to the East arabian entrepreneurs » (p. 805). Cette idée est dans une certaine mesure compatible avec les mentions de Dilmun telles qu'elles sont envisagées par Nissen dans les textes archaïques d'Uruk. Elle permet à Piesinger d'insister sur l'importance des liens privilégiés, dûs à un fond commun, entre la région de Dhahran et la Mésopotamie. Le site le plus important dans cette optique est Tarut, considéré à titre d'hypothèse comme la « première capitale de Dilmun » (p. 830) ; Piesinger propose même d'y voir « a place of pilgrimage in Sumerian religion »[78].

Les fouilles de Hamad town (Bahreïn) ont révélé un modèle de tumulus, mentionné par Frølich (1986 : 49 et fig. 13) comme « Early type burial mound » dont la chambre funéraire, apparemment non couverte de dalles, était enfouie sous un tumulus constitué de pierres de petit module (et non de terre comme c'est le cas des tumuli classiques de Bahreïn). Le mobilier en fut montré aux participants de la conférence de Bahreïn en décembre 1983 et a fait l'objet d'une courte note inédite (Lowe 1983). Autant que Cleuziou a pu en juger, la poterie est tout à fait similaire à celle de la tombe A de Hili Nord, pour laquelle M.Cleuziou et M.Vogt (1986) ont proposé une date au cours des trois derniers siècles du IIIe millénaire. Cette datation au plus tôt vers la fin de l'époque d'Akkad est confirmée par la présence, dans les mêmes tombes, de gobelets piriformes à col évasé et lèvre formée de plusieurs bourrelets, comparables aux modèles 44a et 224 des tombes royales d'Ur (Woolley 1934 : pl.253 et pl.265). Ceux-ci proviennent exclusivement du cimetière de l'époque d'Akkad et même, si l'on en croit Nissen (1966 : 75 – 76), de tombes attribuées à la fin de cette période et au début de l'époque néo-sumérienne[79].

---

78 *Ibid* p.43
79 *Ibid* p.46

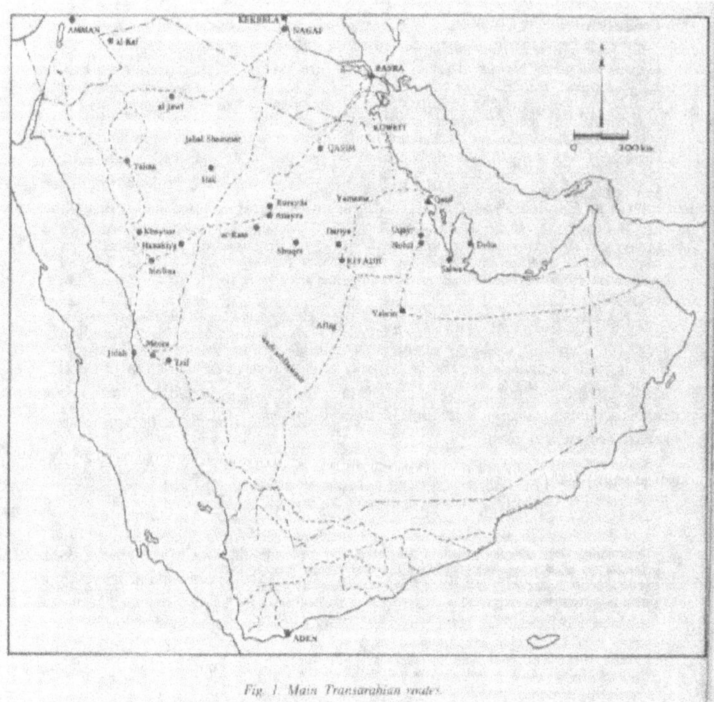

Fig.3 : Les principales routes trans-arabiques par D.Potts (« L'Arabie et ses mers bordières » p.138)

En écho à la réaction de Geoffrey Bibby qui vit à Umm an-Nar « l'habitat de colons venus de la côte de l'Iran et repartis après une ou deux générations, sans contacts avec les indigènes de l'intérieur, si même il en avait alors existé » (Berthou et Cleuziou, 1983 ; Cleuziou, 1996 ; Cleuziou et Tosi 1997 : ce dernier dans « Hommes, climats et environnements de la péninsule arabique à l'Holocène » lui-même contenu dans « Paléoenvironnement et sociétés humaines au moyen-Orient de 20 000 BP à 6000 BP »), le peuplement de la région par des colons mésopotamiens ou iraniens fut un temps envisagé et l'est parfois encore (Uerpmann, 1992 : 104 – 105). Sans nier des contacts évidents dans les transferts de technologie, voir l'arrivée de groupes d'artisans spécialisés, les recherches récentes (pas après 1997, donc) mettent l'accent sur l'évolution propre des populations de la région au cours du quatrième millénaire. On ne connaît que très peu de sites antérieurs au VIIe millénaire, mais nous avons suffisamment de données pour affirmer leur existence. Dans la péninsule d'Oman, un foyer du niveau le plus profond atteint par un sondage dans les graviers du Wâdî Wuttaya près de Mascate a été daté de 8990-8600 avant J.-C. L'industrie associée est très mal connue. Les données recueillies au Dhofar et plus à l'ouest dans le Mahra sont encore largement inédites. La série la plus consistante vient de Khabarut I, site stratifié de plein air à la frontière du

Yémen et du sultanat d'Oman. L'industrie lithique est présente dès le niveau 10, le plus ancien, le niveau 4 dont l'inventaire est le plus riche correspondant à une phase de pédogenèse (Amirkhanov, 1994 : 226). Au Dhofar, dans le désert intérieur, une date de 8586-8069 avant J.-C. a été obtenue à Zebrit sur des *Melanoïdes tuberculata* associées à de l'industrie lithique. Le nombre de sites identifiés augmente à partir du septième millénaire.

Le groupe B défini par Kapel au Qatar correspond à d'étroites similarités technologiques avec le PPNB[80], s'agissant notamment de pointes pédonculées réalisées par débitage laminaire sur des nucleus à deux plans de frappe opposés, connues au Levant sous le nom de pointes d'Amuq (Inizan 1988 : 39). L'apparition, vers 5500 avant J.-C., d'un nouvel assemblage lithique connu sur la côte du Golfe comme Qatar D coïncide avec le début de cette configuration. Les sites sont nombreux sur les côtes de l'Arabie Saoudite (Dosiriyah, Ayn as-Sayh, Abu Khamis, etc.), à Bahreïn (al-Markh), au Qatar (Khor, Ra's Abaruk, al-Da'sa), dans les îles côtières de l'Émirat d'Abu Dhabi (Dalma) et de Dubaï à Ra's al-Khaimah (Hammariya, Umm al-Qawain 69, Nad al-Walid, etc.). Presque tous ont livré des tessons de poterie Obeïd. Cette période est bien représentée sur la côte omanaise de l'Océan indien par les fouilles de Ra's al-Hamra et celles en cours dans le Ja'lan (SWY-2, HD-5). Plus au sud, quelques collectes de surface attestent de sites contemporains le long des côtes du Yémen tandis que sur la Mer Rouge, les prospections dans la Tihama et les sondages à SRD-1 dans le Wâdî Surdud, au nord de Hoddeidah, permettent d'en savoir davantage sur l'environnement et le mode de vie.

« L'existence de plusieurs agglomérations majeures (Qal'at al-Bahreïn, Sarre, etc.), du site cultuel de Barbar, d'autres sites d'habitat plus modestes de l'âge du Bronze (à Al-Hajjar, par exemple) a progressivement renforcé le caractère bien hasardeux de cette interprétation qui, à Bahreïn même, demeure pourtant souvent ancrée dans l'inconscient collectif des non-spécialistes... Beaucoup demeurent encore convaincus que le nombre de sépultures excède la population des habitats potentiels de la fin du IIIe et du premier quart du IIe millénaire avant notre ère. Dès lors, ne pouvant assurer à elle seule le peuplement de la dizaine de nécropoles de son île principale, Bahreïn n'avait pu accueillir à l'âge du Bronze des inhumations en provenance du continent arabique proche. Plus encore, celles-ci voisineraient avec des sépultures secondaires de Sumériens ayant souhaité être inhumés au « Pays De Dilmun », en lequel ils voyaient - effectivement - une terre bénie des dieux, une forme de Paradis (au sens du Paradeisos grec), mais aussi un lieu de vie éternelle, où les dieux de Sumer avaient placé en résidence le héros Ziusudra, survivant du Déluge (voir andré-salvini 1999, là où le soleil se lève). »[81]

L'hypothèse d'un territoire uniquement réservé aux défunts des civilisations voisines (Arabie ou Mésopotamie) n'est plus d'actualité aujourd'hui, notamment depuis que les spécialistes de l'anthropologie physique ont clairement démontré qu'il suffisait d'une population insulaire inférieure à 10 000 personnes sur une durée de 500 années pour « peupler » l'ensemble des tombes de Bahreïn. La civilisation de Dilmun doit son existence et son développement à sa position stratégique unique. Plusieurs des principales routes du commerce antique de la fin du IIIe et du début du IIe millénaire avant J.-C. passaient par le Golfe et connectaient la Mésopotamie, le sud de l'Iran, l'Oman (berceau de la culture sœur de Dilmun, Magan), la vallée de l'Indus et le Pakistan (berceau de Meluhha). La péninsule arabique possède d'importants gisements de stéatite et de chlorite, pierres tendres traditionnellement utilisées pour la fabrication des vases sculptées et des sceaux... la vallée de l'Indus fournissait des pierres semi-précieuses (cornaline, agate, onyx), de l'ivoire (utilisé notamment pour la décoration des meubles et la fabrication d'ornements de luxe) et de nombreux bois exotiques. On insiste généralement sur le nombre important de temples et de lieux sacrés mis au jour à Bahreïn, par rapport aux rares sites d'habitat antiques ; beaucoup veulent y voir la confirmation de la position privilégiée occupée par Dilmun dans l'inconscient et la religion des anciens Mésopotamiens. Le

---

80 « Pre-pottery neolithic B » en français : « néolithique précéramique B », phase du néolithique proche-oriental centré sur la Mésopotamie et le Levant.

81 Pour le paragraphe cité : Lombard 2016

mythe d'Enki et Ninhursag (l'un des textes-clés de la religion sumérienne) paraît en effet décrire Dilmun comme un lieu mythique et paradisiaque :

« Sainte est la ville qui vous est octroyée, Saint (aussi) est le pays de Dilmun ;
Saint est Sumer…, saint est le pays de Dilmun ;
Le pays de Dilmun est saint, le pays de Dilmun est pur,
Le pays de Dilmun est lumineux, le pays de Dilmun est rayonnant.
Lorsqu'il se fut installé le premier à Dilmun, le lieu où Enki s'installa avec son épouse,
Ce lieu (devint) pur, ce lieu est rayonnant ».

« A Dilmun, nul corbeau ne croassait
La perdrix (?) ne caquetait pas,
Le lion ne tuait pas,
Le loup n'emportait pas l'agneau,
Le chien ne savait pas soumettre les chevreaux,
Ni le sanglier manger le grain ;
Le malt étalé par la veuve sur son toit, les oiseaux du ciel ne venaient pas le picorer ;
La colombe ne courbait pas la tête ;
Aucun malade des yeux ne disait « J'ai mal aux yeux ! »,
Aucun malade de la tête ne disait « J'ai mal à la tête ! » ;
Aucune vieille femme ne disait : « Je suis vieille ! »,
Aucun vieillard ne disait : « Je suis vieux ! »

On apprend surtout, plus loin dans le texte, que Dilmun doit son aspect luxuriant au dieu sumérien de la sagesse et des abysses, Enki, qui y apporta l'eau (et donc la vie) en faisant se rejoindre « l'eau du dessous » (l'eau douce) et celle du « dessus » (l'eau de mer). Selon la célèbre Épopée de Gilgamesh, c'est à Dilmun que résidait Ziusudra, l'unique survivant du Déluge. C'est auprès de ce dernier que Gilgamesh, le fameux héros sumérien, vint chercher le secret de la jouvence perpétuelle. La réalité archéologique, naturellement, est plus prosaïque. Plusieurs édifices, identifiés comme des temples, ont été mis au jour. C'est notamment le cas du temple de Barbar — découvert par l'expédition danoise de 1954 — qui demeure le sanctuaire le plus caractéristique de Bahreïn, avec sa plate-forme ovale de 70 mètres de long et sa cella, son enclos sacrificiel, son long escalier de 15 mètres donnant accès à une sorte de piscine, soigneusement bâtie en blocs de calcaire appareillés. Cette dernière installation, connectée à une source, était certainement destinée à alimenter le temple en eau pour les besoins du culte, mais on peut aussi y trouver la marque d'un symbolisme mythologique en relation avec l'Apsû, la fameuse mer d'eau douce, domaine du dieu Enki à qui ce temple était peut-être dédié (à moins qu'il ne l'ait été à son fils Inzak, dieu tutélaire de Dilmun). Plusieurs ensembles d'objets, associés à divers états du temple, ont souvent été interprétés comme des « dépôts de fondation » ; le plus fameux comprenait, aux côtés d'un groupe de gobelets en céramique, des vases cylindriques d'albâtre et surtout une remarquable tête de taureau en cuivre, aujourd'hui largement popularisée à Bahreïn et presque devenue un symbole national[82].

---

82 « Bahreïn, la civilisation des Deux Mers » 1999

CHAPITRE VI

Les touraniens

Une autre théorie de l'origine ethnique des Sumériens fut formulée par plusieurs auteurs ; celle des touraniens. Ce terme très vague mérite tout d'abord d'être expliqué. Que sont les touraniens ? Quelle était leur zone géographique de résidence et surtout quel(s) peuple(s) sont compris comme étant touraniens ?

D'après Durand (de Gros) dans son article « Aryas et Tourans » publié dans Bulletins et Mémoires de la société d'anthropologie de Paris en 1869 (pp.28-46), le terme de touraniens englobe toutes les populations d'Asie et d'Europe qui ne sont ni aryennes (I.E) ni sémitiques, quelle que soit, du reste, leur généalogie de sang et de langage[83] (p.32). Il note plus haut que ce terme est en général appliqué à des populations de langue de type agglutinante et monosyllabique. Suivant cette définition, les sumériens sont des touraniens, mais ce n'est point l'énoncé de leur race d'appartenance. À la page 41, H.Martin répond à Durand de Gros en affirmant que le terme de touraniens se réfère à la race turque. Pour lui, les Touraniens sont les intermédiaires entre les jaunes et les Aryas. Page 43, H.Martin expose que « les Aryas indiens se sont superposés à d'immenses populations, dont une très grande partie était alors beaucoup plus civilisée qu'eux, et appartenait vraisemblablement, selon les profondes études de M.d'Eckstein, à l'antique famille des Couschites de la Bible, au moins dans la région entre l'Indus et le Gange ». Cette première définition des Touraniens, encore très floue, ne peut nous satisfaire dans notre soif de précision ; voyons ce qu'en disent d'autres auteurs, en commençant par Léon Rodet dans son ouvrage « Le Touran et les Touraniens suivant la tradition persane » (1877) : l'auteur citant Johnson, dans sa réédition du Dictionnaire de Richardson, explique que le mot perse *Turân* désigne les habitants de « Turcomania, Turkistan, Transoxiane » et plus loin « Turâni, Ascythian, Aturcoman ». À noter que M.Spiegel quant à lui emploie le mot « *Turânisch* » comme synonyme tantôt de Türkisch tantôt de « Mongolisch ».

La tradition constante des Persans, à toutes les époques, groupe, mais en les opposant, trois nations principales, savoir :

- dans l'Avesta :	Airya	Tûirya	Cairima
- au Minokhired :	Eranigã	Turukã	Arûmaigã
- au Bundehesh :	Erânikân	Tûr matâân	Carm ît-i Arûm
- au Shâh-Nâmeh :	Irân	Tûr O Cîn	Rûm O Khâver, part. de Selm

Le Shâh-Nâmeh place le peuple Tûr dans le Turkestan actuel à l'époque des perses. M.Rodet déclare que ce peuple devait se situer entre les vallées du Tigre et de l'Euphrate et la Perse. Si cela est

---

83 Durand (De gros) 1869, p.32

acceptable, ajoute-t-il, la qualification par les assyriologues de langue touranienne des inscriptions en cunéiforme trouvées à Van et dans le voisinage serait entièrement justifiable. Il reste à étudier la philologie (appliquée) pour déterminer si la langue des sumériens pourrait être une langue touranienne ; à ce sujet nous croyons juste d'examiner ce que la réponse critique de François Lenormant à M.Halévy intitulée « La langue primitive de la Chaldée et les idiomes touraniens, étude de philologie » en dit. En premier lieu, il convient de déterminer si cette population peut être qualifiée de touranienne. À la page 11 de son étude, M.Lenormant fait remarquer qu'il existe de nombreux mots apparentés entre les langues dites touraniennes et la langue sumérienne :

Sumérien : *kas* [84], *kis'i* « urine » – Finnois : *kusi* – Estonien : *kusi* – Livonien : *kuž* , *kuiž* – Lapon : suivant les dialectes, *guǰ* , *koǰ* , *kuǰǰa* – Permien : *kuź* – Votiaque : *kiź* – Tchérémisse : *kuž-vüt* (urine-eau) – Magyar : *hūd* , *hūd'* – Ostiaque : *χosem* (uriner) – Vogoul : *kuš* – Samoyède : *khinzi-l'äm*

Sumérien : *anan* « manger »[85] – Finnois : *anna-n* – Mordvine : *and-am* – Magyar : *en-ni*

Mais ce n'est pas tout. Nous nous attellerons à décortiquer, dans les pages suivantes, tous les arguments qui nous guideront sur la voie de la résolution de cette énigme philologique qu'est la langue sumérienne.

Qu'était ce peuple ? Avant d'être en mesure d'avoir une opinion affirmative à ce sujet, de très bonne heure, alors que les recherches ne pouvaient porter encore que sur les textes assyriens, on constata par des indications dont la certitude ne pouvait laisser place au doute, que le syllabaire cunéiforme avait été inventé par un peuple étranger à la famille sémitique. Ce que cette écriture a de contraire au génie fondamental des langues sémitiques est un fait si manifeste, si bien établi depuis vingt ans, qu'il est presque passé à l'état de lieu commun dans la science. Jamais mariage entre une langue et une écriture n'a été aussi mal assorti que celui de l'assyrien et du caractère cunéiforme, et il suffit d'une bien courte étude des textes pour faire voir combien d'inconvénients, d'obscurités, d'amphibologies résultent de ce défaut de congruence entre le génie de l'idiome et celui du système graphique. C'est à tel point que des philologues de la valeur de M.Renan ont longtemps hésité à admettre qu'une langue sémitique put réellement se cacher sous une écriture aussi anti-sémitique[86].

Selon M.Lenormant, le terme le plus habituel pour dire « main » dans les textes assyriens est *qat* , ét. emph. *qatu* [87], passé « manche » dans l'araméen talmudique, par lequel on prend un objet. Ce mot n'a pas d'analogie sémitique ; il reproduit, au contraire, le nom de la « main » tel qu'il se retrouve invariablement dans toutes les langues ougro-finnoises :

Finnois : *käte* – Veps. : *käzi* – Estonien : *käsi* – Liv : *käiž* , *käž* , *keiž* , *keis* , *keš* – Lap. (suivant les dialectes) : *giet* , *kat* , *kiet* , *kietta* – Zyrainien : *ki* – Perm. et Vot. : *ki* – Mordv. : *ked'* , *käd* – Tcher. : *ket* , *kid* – Mag. : *kêz* – Ost : *kêt* – Vog. : *kât*

En présence de ces rapprochements que l'auteur qualifie de significatifs, et de l'existence du mot *qāt* écrit phonétiquement à l'état de prolongation *qatta* dans les textes sumériens, on ne peut pas douter

---

84 Spécifiquement « kaš3 »

85 Selon le lexique d'Attinger, ce verbe se dit « gu7 » : (trans.) manger, dévorer. La grande majorité des expressions incluant le verbe manger en français sont en sumérien des composés de gu7. Sauf pour l'idée de rester sans manger (u2-šem-e nu2 « être couché sur l'herbe, se coucher sur l'herbe »), « bonne chose (à manger) » : niĝ2 sa6-ga ; et « salle à manger, salle de séjour » : unu2, unu6, unu7.

86 Lenormant 1875, p.33

87 Précisément : « qātu » (Chicago Assyrian Dictionary, p.183 (1964))

que l'assyrien *qāt* n'ait été pris à l'idiome de Sumer. Mais, poursuit-il, je n'ai jusqu'ici rencontré *qatta* qu'une seule fois, et à moins d'admettre que le groupe idéographique complexe qu'il recopie en cunéiforme doit se lire *qāt* (ce que des raisons sérieuses lui donnent à penser mais dont il n'a pas encore la preuve positive), il faut reconnaître que ce mot, devenu si habituel en assyrien, était d'usage rare en sumérien[88].

Cherchant ensuite dans les langues touraniennes, nous constatons que le sumérien *dan* est richement accompagné et s'y rattache à une racine primitive *tan* (susceptible des modifications vocaliques tun, ten, tin) qui exprime toutes les nuances de l'idée de force, de solidité, de puissance et d'action, et qui se révèle, entre autres, dans les mots :

Finnois : *tan-i-a* « fort, raide » *tan-i-kka* « fort, solide », *ten-o* , *ten-ho* « manifestation de force, action » *ten-ä* « résistance » – Perm. *Tun-da* « être solide, immuable »[89].

Mais si ces faits de considérer le sumérien comme « le type d'un groupe à part, ce groupe doit trouver sa place dans une plus grande division linguistique, et il est bon de rechercher ses affinités extérieures ». Or ces affinités paraissent à M.Lenormant plus particulièrement étroites avec les idiomes ougro-finnois, bien qu'existant aussi dans une certaine mesure avec les idiomes turcs, mongols et mêmes tongouses. Il croit donc que M.Oppert a été inspiré par une véritable illumination lorsqu'il a dit, dès 1857, que la langue des inventeurs de l'écriture cunéiforme de Babylone et de Ninive tenait de près à celle des habitants anté-aryens de la Médie et appartenait à la famille touranienne proprement dite, et un peu plus tard, en 1859, que son affinité la plus marquée devait avoir été avec le groupe ougro-finnois[90] (E.A, I, 1, P.197).

Le caractère fondamental de l'harmonie des voyelles dans les langues ouralo-altaïques consiste en ce que la voyelle du radical détermine celle du suffixe accolé, par exemple en hongrois « *szám-nák* », « *szám-ból* », « *szám-hoz* (« du, au nombre ») », et *szém-nek* , *szém-böl* , *szem-hez* « de, à l'œil ». Rien de semblable dans le sumérien (que Lenormant appelle tout du long langue accadienne) où les postpositions à voyelle dure restent immuables après des radicaux qui se terminent par la voyelle ê, la seule de la série des voyelles molles dont dispose la langue sumérienne... ainsi donc le sumérien, par sa phonétique seule, ne peut pas appartenir au groupe ougro-finnois, dans lequel les assyriologues veulent le classer »[91].

L'auteur fait ensuite observer que l'immutabilité du radical est un des faits qui classent le sumérien dans la famille des langues touraniennes. Il ajoute que cette immutabilité du radical est le trait essentiel et caractéristique de cette famille de langues ; comme du reste de toutes les langues agglutinantes[92].

L'auteur note ensuite la juste remarque de M.Max Müller ; ce qui caractérise les langues touraniennes, c'est ceci « bien qu'il s'en faille de beaucoup que les terminaisons aient toujours gardé leur valeur significative comme mots indépendants, on sent encore que ce sont des syllabes modificatives, distinctes des racines auxquelles elles s'ajoutent. Il ajoute ensuite qu'il est évident que plus on remonte à une date élevée dans le développement des langues touraniennes, plus ces caractères doivent être prononcés ; c'est ce que nous constatons dans le sumérien[93].

M.Lenormant ajoute qu'il ne connaît qu'un seul idiome qui donne à l'emploi de ce procédé (réduplication intensive (*bar* (lier, lien) => *barbar* (faisceau)) un développement comparable à celui qu'il a dans le sumérien, qui en forme habituellement aussi des substantifs intensifs, des adjectifs au

---

88 Lenormant 1875, p.99
89 *Ibid* p.100
90 *Ibid* p.105 à 106
91 *Ibid* p.109
92 *Ibid* p.121
93 *Ibid* p.122

superlatif et des radicaux verbaux secondaires comportant une notion fréquentative ; c'est la langue oude, parlée dans quelques villages entre le Lesghistan et la Géorgie et menaçant de disparaître bientôt, mais à laquelle M.Schiefner a consacré l'une de ses plus belles dissertations, en permettant d'en établir d'une manière définitive le classement. L'oude, sur lequel les renseignements sont malheureusement trop restreints, est actuellement le seul débris subsistant des idiomes touraniens qui dans l'Antiquité se parlaient dans une grande portion de l'Asie antérieure et, par la Susiane et la Chaldée, descendaient jusqu'au Golfe persique ; il montre encore de nos jours une langue de cette famille bien en dehors des limites géographiques que beaucoup d'érudits voudraient assigner aux peuples de Touran dans le passé comme dans le présent. À ce point de vue, sa comparaison avec le sumérien est une des plus instructives à faire, et elle présente en particulier dans le vocabulaire de très remarquables analogies. Quand l'oude dit aujourd'hui *kalkala* « très grand », il n'emploie pas seulement le même procédé grammatical mais le même mot que le sumérien quand il disait il y a tant de siècles *galgal* [94] ; de même l'oude *katzkatz* « dépecer, couper en menus morceaux » est le pendant exact, comme formation et comme racine, du sumérien χasχas avec le même sens, fréquentatif de χas « couper »[95].

M.Lenormant fait remarquer la faculté dans le [sumérien], comme dans toutes les langues touraniennes actuelles, de faire du dérivé un nouveau radical d'où l'on tire d'autres séries de dérivés en y joignant encore des suffixes. En magyar, on arrive ainsi à produire des mots qui offrent jusqu'à trois suffixes de dérivation successifs comme *hal-hat-atlan-ság* (« immortalité »). En sumérien cette faculté et cette tendance sont poussées très loin ; par exemple, voici l'adverbe an « en haut », originairement c'est le cas en adessif ou locatif de an « élevé, haut », an-ta, mais comme adverbe anta finit par être si bien considéré comme un mot distinct, un radical nouveau, qu'on y joint le suffixe des noms d'agents de manière à former *an-ta-ik* « celui qui fait aller en haut »[96].

Toutes les fois que l'on discerne des faits de ce genre, on constate que le développement de la racine primitive s'est fait exclusivement par le procédé de la suffixation, qui est le procédé par excellence des idiomes touraniens[97].

Le suffixe le plus habituel du pluriel, *-mes* , se place à la suite du radical et le suffixe casuel le suit : *adda-mes* « les pères », *adda-mes-ra* « aux pères ». Les pronoms possessifs affixes suivent immédiatement le radical au singulier, le suffixe de nombre au pluriel : les suffixes des cas ne viennent qu'après : *adda-mu* « mon père », *adda-mu-ra* ou *adda-mu-r* « à mon père », *addam-mes-mu* « mes pères », *adda-mes-mu-ra* ou *adda-mes-mu-r* « à mes pères ». C'est là la déclinaison touranienne dans toute sa pureté et toute sa régularité selon M.Lenormant, impossible à méconnaître et ne se confondant avec celle d'aucune autre famille d'idiomes. Il n'y a pas seulement communauté du principe général d'agglutination ; il y a une certaine forme déterminée d'agglutination, observée avec une rigueur complète et propre à une certaine division linguistique. Ceci est un des faits absolument décisifs pour le classement du sumérien. Il ajoute ensuite que le système où la déclinaison se présenterait sous cette forme cacherait nécessairement une langue touranienne, et qu'il n'aurait pu être inventé que par un peuple touranien, dont il refléterait si fidèlement le génie grammatical. Il n'y a pas d'ailleurs seulement parité complète de structure ; l'affinité va encore plus loin. Le hasard seul ne peut pas avoir fait que le suffixe de l'adessif soit '-ta '[98] en sumérien et '-da ', '-de ', '-du ' en mandchou, en mongol et en turc, en même temps que, dans le groupe ougro-finnois, le

---

94 Il s'agit ici soit d'une forme plurielle par un redoublement adjectival (« grands »), soit d'un superlatif «(« le plus grand »). La résultante grammaticale peut être effectivement rapprochée du relatif « très grand ».

95 *Ibid* p.124

96 *Ibid* p.129-130

97 *Ibid* p.130

98 L'adessif est un cas qui exprime la notion de proximité spatiale dans certaines langues. En sumérien, les seuls cas exprimant cette notion avec idée de mouvement ou non sont l'ablatif-instrumental (postposition « -ta » ou « -da ») et le comitatif (« -da »).

magyar forme son locatif (qu'il distingue de l'adessif) en *-tt* . Que le suffixe sumérien de l'ablatif[99], qui a quelque fois presque la signification d'un génitif, soit identique au suffixe du génitif dans la plupart des langues touraniennes de toutes les branches, « - *na* » en proto-médique, « - *nai* » et « - *n* » en oude, « - *en* » en mordvine et en lapon, « - *n* » en finnois et dans les dialectes les plus étroitement congénères, également en tchérémisse, « - *in* » en turc, « - *yin* » en mongol et « - *ni* » en mandchou. M.Lenormant expose par l'exemple du magyar que les langues des groupes ougro-finnnois et turco-tartares possèdent la trace d'une déclinaison primitive commune à ces deux groupes ainsi qu'à un patron semblable pour le sumérien[100].

Le [sumérien] - mes (pluriel) isolé possède un parallèle dans le proto-médique : - mas, lequel permet de rendre la forme collective : *tippi-mas* « l'ensemble d'une inscription », *dassum-mas* « l'ensemble du peuple » puis par extension, à des abstraits : *ku-mas* « royauté » de *ku* (roi) ; *titki-mmas* « fausseté, mensonge », de *tikti* « ce qui est faux »[101].

La formation du duel[102] en sumérien est aussi très intéressante, comme nous révélant l'origine du suffixe de ce nombre dans celles des langues touraniennes qui le possèdent encore. On sait qu'elles sont très peu nombreuses : dans le groupe ougro-finnois c'est uniquement le lapon (encore rien que dans les pronoms et les verbes) et l'ougro-ostiaque, auxquels il faut joindre tous les dialectes du groupe samoyède. En lapon, la désinence du duel est tout à part, mais dans les autres idiomes elle offre une remarquable unité, pour parler d'abord des dialectes samoyèdes, dans celui des Youraks elle est – *ha* , - *g* , ou – *k* , dans ceux des Taugi et des Kamassiens – *gai* , dans l'ostiaco-samoyède – *ga* et – *ka* ; dans l'ougro-ostiaque, bien qu'il appartienne à un tout autre groupe, le suffixe de ce nombre est le même, avec nasalisation finale, - *kan* , - *gan* . Pareille identité de formation dans des idiomes de groupes bien distincts, est l'indice certain de l'existence primitive, antérieurement à la séparation de ces groupes, d'un duel, que la majorité des langues ougro-finnoises a ensuite laissé perdre. C'est l'opinion de Castrén et c'est aussi celle de M.Max Müller. Mais Castrén a vainement cherché à expliquer le suffixe autrefois commun du duel – *ka* ou – *ga* , plutôt originairement – *ka* , comme il l'a reconnu, par le « ki » signifiant « aussi » et jouant le rôle d'une copulative enclitique dans quelques idiomes de la famille. Le sumérien fournit une explication bien plus simple et plus naturelle. Il forme son duel (qu'il n'emploie guère, du reste, qu'à propos des objets naturellement par paires, comme les membres doubles du corps) en suffixant au substantif le nom de nombre *kas* « deux ». *Kas* , *kat* est sans aucun doute possible l'ancienne forme du nombre « deux », et, une fois éclairé par l'exemple du sumérien, on reconnaît facilement que c'est ce mot qui a donne le suffixe – *ka* du duel par élision de la consonne finale (cette élision, fait-il remarquer en note de bas de page, est générale dans le groupe

---

99 Voir note précédente.

100 Lenormant 1875, p.132

101 *Ibidi* p.138 - 139

102 Le sumérien ne comporte pas de duel qui brille dans cette langue par sa stricte absence. Si la confusion de M.Lenormant avec la langue akkadienne semble expliquer cette erreur, il reste néanmoins à déterminer pour quelle raison la particule « kas » dont il fait mention quelques lignes plus bas ne traduit, ni en sumérien ni en akkadien, le nom du nombre deux (respectivement « min » en sumérien et « šinā » en akkadien). Il reste que le nombre du duel est une question linguistique intéressante en ce qui concerne le sumérien ; pour quelle raison est-il absent de cette langue alors que Joseph Vendryes (1937) signale son existence en indo-européen commun, en sémitique commun, dans certains dialectes du finno-ougrien et dans des langues indigènes de l'Afrique et de l'Amérique ? C'est que dans les langues très anciennes, comme l'explique M.Vendryes, celles qui sont restées assez près de la nature, on constate l'existence d'une autre catégorie qui est celle du collectif ; dans le cas du sumérien, il existe trois pluriels, dont un seul vrai, celui caractérisé par les désinences « -ene » ou « -meš » qui n'est utilisé que pour les êtres animés (les dieux, les hommes et les esclaves). Les deux autres pluriels sont des collectifs ; le premier, caractérisé par le redoublement du substantif : *šu* (« main ») => *šu – šu* (« mains »), et le second par la terminaison « /- ḫi-a / ou / ḫa / » qui n'est pas un pluriel à proprement parler mais un terme traduisant la notion de quantité (beaucoup, divers) et utilisé pour les inanimés.

turco-tartare, où le mot « deux » devient en yakoute *ikkı*, en ouïgour *iki*, en osmanli *iki*, il en est de même dans le tchouvache *ikke*. L'ougro-ostiaque conserve lui aussi la forme « *kat* »[103].

Un des traits essentiels des langues touraniennes est l'absence de toute distinction de genre, que l'on observe également en sumérien, et en opposition aux idiomes sémitiques où l'existence d'un féminin dans les noms, les pronoms et la conjugaison des verbes est tellement essentielle au génie intime qu'une écriture idéographique inventée par des sémites aurait eu nécessairement un signe pour le noter[104]. La première observation que l'on peut faire sur les textes est que dans l'usage la numération sexagésimale se montre plutôt babylonienne et chaldéenne, la numération décimale plutôt assyrienne. On constate ensuite que la numération sexagésimale, sur laquelle est basé tout le système des poids et mesures, est de beaucoup la plus ancienne des deux. C'est celle qui était exclusivement en usage au temps de l'Ancien Empire de Chaldée, époque à laquelle remontent les tables mathématiques de Senkereh ; c'est aussi la seule dont on trouve des vestiges dans les documents sumériens. La numération décimale n'apparaît que plus tard, au temps de la prépondérance décidée et définitive des Sémites, et elle est toujours la numération spécialement assyrienne[105].

Ceci ne paraît pas conduire nécessairement à regarder le comput sexagésimal comme l'antique système de la numération sumérienne. C'est ce que confirme encore l'existence du double cycle de 60 et de 600 ans, exactement semblable chez les Ouïgours, les Mongols et les Mandchous, et aussi celle du cycle de Hoang-Ti à la Chine dès les plus anciennes époques historiques, cycle de 60 ans lié à d'autres de 60 jours et de 60 mois, qui fut apporté dans ce pays des contrées du Kouen-lün, comme toute la civilisation primitive des Cent familles. Des cycles qui s'enfantent les uns les autres, et procèdent de la numération sexagésimale, ont été introduits aussi dans l'Inde, où on les expliquerait difficilement par une importation babylonienne ; tels sont le cycle de 60 ans attribué à Parâsara, et les chiffres de 3600 ans assignés à la période de Vâkpati, de 216 000 à celle de Pradjâpati et de 432 000 au Kalijuga. Fréret, Ideler, Bunsen et M.Lapsius ont, selon M.Lenormant été frappés, comme on ne pouvait manquer de l'être, de la parenté de tous les computs chronologiques qu'il cite ici, entre eux et avec le système chaldéen[106]. L'auteur signale que les noms des nombres ordinaux se forment en ajoutant aux noms des nombres cardinaux le suffixe *kam* ou *kan* qui a un parallèle en tchérémisse kana, kana-k, « fois », qui possède encore d'autres analogues dans les langues touraniennes[107].

Si je ne me trompe, déclare M.Lenormant, l'étude à laquelle je viens de me livrer (sur les noms de nombres) conduit au même résultat que celles qui ont précédé sur la phonétique, la formation des radicaux et des dérivés, et la flexion des noms, et met de plus en plus en lumière les deux faits essentiels qu'il ne faut pas séparer : le lien du sumérien avec la famille des langues touraniennes, dans laquelle il faut le ranger [...] ; en même temps son individualité fortement tranchée dans cette famille. Il faut le considérer comme y constituant un groupe particulier, de même que les dialectes samoyèdes, tandis que son contemporain le proto-médique, tout en devant former aussi, avec le susien, une division particulière, se rapproche bien plus du groupe ougro-finnois, aussi bien que l'oude aujourd'hui. C'est la conclusion que nous allons voir se confirmer encore en étudiant les pronoms, puis le verbe » dit-il[108].

S'ensuit dans son étude l'exposé des tableaux de similitudes entre les pronoms isolés au nominatif et génitif ; l'état subjectif en incorporation verbale et l'état prédicatif (suffixes possessifs et

---

103 *Ibid* p.139-140

104 *Ibid* p.140

105 Une réserve doit être émise à ce sujet ; certaines sources avancent que bien que le système sumérien était
  principalement sexagésimal, les deux systèmes décimal et sexagésimal cohabitaient dès la plus haute époque.

106 *Ibid* p.153 -154

107 Passage aux pp.162-163. Précisément, on ajoute la particule du génitif -ak suivie de la particule enclitique :
  min(deux) – ak – àm : « le second ».

108 Lenormant 1875, p.164

incorporation verbale) entre le sumérien, le proto-médique, les langues du groupe ougro-finnois, celles du groupe samoyède ; du groupe turco-tartare ; du mongol et du groupe tongouse. Les ressemblances, si elles sont vraies, sont en effet frappantes et ceci vaut pour les trois tableaux qui présentent les variations pour les trois premières personnes[109]. M.Lenormant observe que les particularités spéciales à la langue sumérienne, si elles la mettent dans un groupe à part, n'ont rien de contraire au génie général de la grande famille linguistique à laquelle il la rattache : elle tire de son propre fonds de vocabulaire et d'une manière indépendante, comme, du reste, beaucoup des idiomes de la famille, les pronoms démonstratifs, réfléchis, relatifs, interrogatifs, réciproques et indéterminés, et il les forme en général au moyen de racines attributives, soit seules, soit combinées avec les pronoms personnels[110].

La partie la plus originale de la grammaire sumérienne est sans contredit le verbe, signale M.Lenormant. C'est par là que la langue des premiers habitants de la Chaldée se montre le plus nettement comme le type d'un groupe à part dans la famille touranienne, tandis que la conjugaison proto-médique rentre complètement dans les données ordinaires de la conjugaison du groupe ougro-finnois. L'auteur fait noter les ressemblances entre le mode de conjugaison sumérien et celles du groupe ougro-finnois. Il démontre en outre que les particules verbales sumériennes ne sont aucunement en obstacle au classement de cette langue dans la grande famille touranienne car toutes les particularités essentielles de ses diverses conjugaisons y ont des analogues et que rien n'y sort du champ des variations possibles dans la construction de l'agglutination verbale. Il ajoute qu'ici encore, si nous parvenons à rattacher l'antique idiome de Sumer à une des principales divisions linguistiques, il y montre une profonde originalité. Son verbe est bien touranien mais il n'est ni ougro-finnois, ni turco-tartare, ni samoyède, ni mongol, ni tongouse ; il est à part, et exclusivement sumérien, dans les données générales de la famille. Comme il avait à répondre aux besoins d'une vraie civilisation et d'une culture intellectuelle développée, comme il lui fallait une grande variété de formes pour compenser la pauvreté du vocabulaire de ses radicaux, il a cherché une richesse grammaticale, qui lui manquait ailleurs, dans la diversité des procédés d'agglutination qu'il pouvait employer. C'est ainsi qu'il est arrivé à posséder une série de voix et de modes qui lui permettent d'exprimer les nuances les plus délicates de la pensée[111].

Une particularité essentielle des langues touraniennes est la faculté de former indéfiniment des adverbes de qualité et de modalité avec tous les substantifs au moyen d'un cas particulier de la déclinaison, que les grammairiens appellent adverbial, prédicatif ou essif, cas qui se marque comme tous les autres par un suffixe spécial au radical. Ce sont là précisément aussi les faits que nous offrent les adverbes du sumérien, qui sont formés avec le vocabulaire des radicaux de la langue exactement par les mêmes procédés que ceux des divers idiomes ougro-finnois, et n'en diffèrent pas plus que ceux de ces idiomes modernes ne diffèrent en général de l'un à l'autre. Quant à la formation des adverbes, M.Lenormant constate avec exemples que les différents modes de formation des adverbes en sumérien sont parfaitement touraniens et parallèles à ce qui s'observe dans les idiomes ougro-finnois, que ce sont des applications des mêmes principes[112] [113].

Au sujet de la syntaxe, M.Lenormant indique que c'est là que se manifeste le plus clairement le fait reconnaissable que les textes sumériens sont rédigés dans une langue à part, une langue d'une toute autre famille que l'assyrien, et où l'évolution de la pensée qui donne naissance à la construction de la phrase révèle un génie radicalement différent de celui des peuples sémitiques ; en sumérien, comme dans toutes les autres langues touraniennes, la phrase est coulée dans un moule invariable, qui

---

109 *Ibid* p.167
110 *Ibid* p.175
111 *Ibid* p.180
112 Il n'est pas interdit d'en douter.
113 Lenormant 1875 p.264

assigne à chaque élément sa place fixe, et les inversions, si communes dans d'autres familles d'idiomes, sont d'une extrême rareté ; quand elles se produisent même, elles se restreignent dans de certaines limites et n'ont lieu qu'en vertu de circonstances spéciales, qui peuvent être prévues d'avance. Les lois syntaxiques mises en relief par M.Lenormant sont les suivantes :

- le génitif suit toujours son sujet et l'adjectif son substantif
- le verbe se place à la fin de la phrase, après son régime et son sujet, quand ce dernier est exprimé : c'est le principe de la très grande majorité des langues touraniennes bien qu'il y souffre un certain nombre d'exceptions. En sumérien cette règle n'est pas tout à fait aussi rigoureuse que la précédente, et il se produit des inversions dans trois genres de cas : pour donner plus de clarté au discours, pour les besoins du rythme et de la cadence poétique, lorsqu'au lieu d'un seul régime le verbe régit toute une série d'objets énumérés ensuite comme une sorte de litanie ; ceci se présente quelquefois dans les formules magiques (liste non exhaustive). Mais ces règles syntactiques sont extrêmement simples et portent en elles-mêmes la marque d'une haute antiquité. Le sumérien, qui a su développer son verbe jusqu'à lui faire exprimer les nuances les plus délicates a gardé une syntaxe tout à fait primitive et presque rudimentaire. On peut la ramener tout entière au principe de la postposition du déterminant au déterminé, le principe touranien par excellence, dit M.Lenormant, celui qui anime et inspire toute la grammaire de ces langues. Il a été dit que toute la syntaxe du mandchou réside dans ce principe, et en effet elle offre avec la syntaxe sumérienne une étonnante parenté, malgré la différence de la position du génitif et de l'adjectif, poursuit-il. C'est également le mandchou qui seul a gardé jusqu'à présent la faculté, que M.Lenormant dit constater en sumérien, de se passer des suffixes casuels de la déclinaison et d'exprimer les cas par des valeurs de position, le substantif restant indécliné. L'auteur rappelle toutefois que c'est là un des faits les plus primitifs que l'on puisse observer dans un langage, car c'est un reste de l'état interjectif ou rhématique, par lequel tous les idiomes ont commencé et auquel le chinois s'est arrêté. Puisqu'il règne encore presque seul et sans partage dans les inscriptions les plus antiques des vieux rois d'Ur, où l'on ne rencontre pour ainsi dire aucun suffixe casuel (sauf celui de l'inessif, alors « te ») tandis que la conjugaison prépositive du verbe est déjà complètement constituée ; enfin que dans les monuments épigraphiques de l'ancien empire chaldéen on voit la déclinaison par ces suffixes se développer graduellement à mesure qu'on suit en descendant le cours des siècles[114].

Mais ce qui constitue le caractère le plus saillant et le plus original de la syntaxe sumérienne, ce qui donne à cet idiome une physionomie à part entre les langues de l'Ancien monde, c'est la puissance de la tendance agglutinative, qui dépasse ce qu'on voit dans les langues ougro-finnoises ou turco-tartares, qui dépasse même ce qu'on observe dans le basque (comparaison faite, indique l'auteur, sans prétendre établir une parenté entre le basque et les langues touraniennes. ndR), et qui va dans une certaine mesure jusqu'à ce degré que, pour d'autres familles de langues, on a nommé polysynthétique ou holophrastique[115]. L'auteur signale ensuite plusieurs mots similaires en sumérien et dans les autres langues dites touraniennes :

Sumérien *til* (finir, compléter, achever), – Proto-médique *tar* « plein » – Finnois *täy-si* – Estonien *täi-s* – Lapon *täva-s* – Zyrainien *tyr* – Vot. *Tyr* – Ost. *Tet* – Mag. *Tele*

Sumérien *ḫulu* (détruire, mettre à sac, anéantir (personne)) – Finnois *kuol-en* « mourir » – Veps. *Kol-en* – Estonien *kõl-en* – Liv. *Kuol-ö* – Zyr *kul-a* – Vot. *Kul-o* – Perm. *Kul-ni* – Mordv. *Kul-ïn* – Tchér. *Kol-em* – Ost. *Kad-em* – Vog. *Kal-em*

---

114 *Ibid* p.271
115 *Ibid* p.278

Sumérien *kur* « montagne, élevé » – Proto-médique *kur-as* « montagne » – Finnois *kor-k-ea* « élevé » ; *kor-ko* « élévation » – Veps. *Kor-g-ed* « élevé » – Estonien *kör-ge* « haut » – Vot. *Kôr-k-ea*[116]

M.Lenormant indique plus loin plusieurs règles de permutation entre le sumérien et les langues touraniennes :

1 : les explosives douces sumériennes b, g, d correspondent à des fortes finnoises p, k, t ; et on ne les trouve en général que lorsque quelques-unes des langues du groupe ougro-finnois (le lapon mis à part) admettent aussi dans le même mot l'explosive douce ;
2 : toutes les fois qu'à un k du finnois les idiomes ougriens substituent χ ou h, le sumérien a aussi χ, et même quelquefois, en initiale, la simple voyelle, à laquelle l'aspiration h est inhérente ; il n'y a qu'un bien petit nombre d'exceptions à cette règle ;
3 : toutes les fois qu'à un p du finnois le magyar fait correspondre un f, le sumérien garde le p et n'y substitue pas l'explosive douce b
4 : lorsque, dans les formes diverses qui se présentent pour un même mot, certaines des langues ougro-finnoises ont une dentale et certaines autres une sifflante, le sumérien préfère la dentale, qui en ce cas est presque toujours d et très rarement t ;
5 : sans faire du changement de l en dentale un fait aussi constant que dans l'ostiaque, le sumérien l'admet fréquemment, et dans ce cas emploie toujours d ;
6 : le sumérien substitue quelquefois un n au l qu'offrent les langues ougro-finnoises ; mais ce changement ne se produit que pour une articulation finale (χan = kal-a)
7 : en revanche, il peut substituer l à n devant une gutturale ;
8 : toutes les fois que le proto-médique a r et les idiomes ougro-finnois l, le sumérien présente aussi un l
9 : les mots commençant dans les langues ougro-finnoises par ja, jo, ju, je, ji commencent en sumérien par a, u, e, i, le j initial n'y existe pas, ou du moins se confond avec le h inhérent à la voyelle. Ces lois de permutation <u>régulières</u> sont conformes à la phonétique touranienne, fait-il remarquer. Plus loin, M.Lenormant insiste sur le fait que le sumérien n'était pas la langue mère de Touran, la langue primitive parlée avant la dispersion des peuples qui font usage des idiomes de cette famille ; il représente un état plus ancien du langage dans la famille, un état, par suite, plus voisin de la source primitive commune, mais en même temps une dérivation distincte de cette source, de la langue que l'on pourrait appeler touryaque en parallélisme avec le nom, déjà consacré, d'aryaque. Le sumérien ne serait pas un aïeul des langues ougro-finnoises, seulement un grand-oncle. À une époque infiniment plus antique, il offre le type d'un groupe à part[117].

Voici le dernier élément de comparaison mis en avant par M.Lenormant : la langue proto-médique. Ainsi qu'il l'a démontré plus haut, le caractère touranien de cette langue, sa parenté avec les idiomes turcs et ougro-finnois ne fait plus question pour personne ; après les travaux de Westergaard, de M.de Saulcy, de Norris, de M.Oppert et de M.Mordtmann, ce fait capital n'est plus contesté, comme l'est encore le touranisme dont on possède des documents écrits remontant à l'antiquité, le seul contemporain de l'idiome des premiers chaldéens. Les affinités que l'on peut constater entre ce langage et celui des textes de Sumer auront nécessairement un caractère tout particulièrement décisif. Or c'est peut-être dans le vocabulaire que la parenté est le plus marquée. Réduits comme nous le sommes aux inscriptions trilingues des Achéménides pour connaître quelque chose du proto-médique, le lexique que nous en possédons est bien restreint, et cela d'autant plus que pour beaucoup d'idées, particulièrement pour tout ce qui touche au gouvernement et à l'administration, les

---

116 *Ibid* p.295
117 *Ibid* p.309-311

rédacteurs des textes dits du second système ont purement et simplement adopté les expressions perses. Mais dans ce peu, la part des mots qui se retrouvent en sumérien est très considérable. Voici la liste de ceux que l'auteur a pu jusqu'ici constater[118]. Plusieurs ont été déjà cités au cours de ses comparaisons avec les mots ougro-finnois ; le lecteur en reconnaîtra d'autres pour faire partie des quelques termes énumérés tout à l'heure comme échantillons des rapports avec les langues turques.[119]

Proto-médique :	sumérien
bat-in « district »	*bat*[120] « enceinte, forteresse »
duv-a « devenir »	*du* « aller »
tar « fils »	*tur* « fils[121] »
uru-n « terre, pays »	*uru*^{KI}[122] « ville »

D'un autre côté, poursuit M.Lenormant, les inscriptions indigènes de Suse et de la Susiane, dont la collection a été publiée pour la première fois dans le 2ᵉ fascicule de son Choix de textes cunéiformes, révèlent l'existence d'une autre langue apparentée de près au proto-médique, bien que s'en distinguant nettement, et devant être certainement classée dans le même groupe linguistique. On n'a pu encore déterminer avec certitude, dans la langue des inscriptions susiennes, que le sens de dix-neuf mots faisant partie du protocole le plus habituel des souverains. De ces dix-neuf mots, onze se retrouvent manifestement en sumérien selon lui[123]. Pour ce qui est du peu qui reste, c'est-à-dire deux mots, voici les équivalences :

susien	sumérien
χal « grand »	*gal* « grand »
kus-ih « recteur »	*kus* « diriger »[124]

Ces faits, poursuit-il, qui lui paraissent avoir une importance si décisive dans la détermination de la véritable nature de la langue sumérienne, ont été déjà produits dans les notes de son ouvrage sur la magie chaldéenne. Il a fait voir dans la première partie de ce travail que l'existence de la langue sumérienne est établie par des preuves d'une certitude mathématique[125] ; dans la seconde, poursuit-il, nous avons constaté qu'au triple point de vue de la phonétique, de la grammaire et du vocabulaire,

---

118 Nous n'avons pioché ici que les termes dont la proximité morphologique était assez visible, de nombreux autres proposés par M.Lenormant présentent entre eux une dissemblance sémantique et/ou morphologique notable et les glissements sémantiques sont trop peu convaincants.
119 Lenormant 1875 p.313 - 314
120 BAD₃ signifie « rempart, muraille, fortification »
121 « petit, jeune »
122 Le déterminatif manquait à ce mot dans l'étude de M.Lenormant. Sans lui, ce mot possède de multiples traductions selon l'accentuation.
123 Après examen desdits mots, force est de constater que la plupart n'existent tout simplement pas en sumérien, d'autres ont d'autres significations que celles évoquées par M.Lenormant.
124 Kuš seul signifie « peau », kùš quant à lui signifie « coudée » et ^{LÚ}Kuš₇ (celui dont la traduction paraît la plus proche de celle qu'en donne M.Lenormant) signifie « aurige, cocher, écuyer », trois métiers qui consistent en quelque sorte à « diriger ».

cette langue appartient décidément à la famille touranienne, où elle forme le type d'un groupe à part, mais beaucoup moins éloigné des groupes ougro-finnois, turco-tartare et samoyède que ne le sont les groupes mongol et tongouse. Ce double résultat obtenu, nous pouvons maintenant aborder le 3ᵉ point de la question en litige[126].

Il est impossible de contester la parenté des Chaldéens du bas-Euphrate avec les anciennes populations d'une partie de l'Arménie, désigné sous les noms (entre autres), de Gordiani, Kardu. Les habitants des mêmes portions de l'Arménie, qui ont gardé jusqu'à nos jours le nom de Kurdes, ont été aryanisés depuis bien des siècles, par des couches de migrations successives, et il semble qu'ils l'étaient déjà du temps de Xénophon ; mais antérieurement, et jusqu'au temps des dernières conquêtes des rois d'Assyrie, les monuments cunéiformes nous montrent leur pays exclusivement occupé par des tribus touraniennes, étroitement apparentées à la plus ancienne population de la Médie, et par suite aussi aux Touraniens de la Chaldée. C'est vers cette région, nous fait remarquer l'auteur, que se tournaient les souvenirs des sumériens, transmis par eux aux Chaldéo-babyloniens, et de ceux-ci aux assyriens, quand ils faisaient arrêter le vaisseau du père de l'humanité post-diluvienne, après le cataclysme, sur la montagne de Niṣir, c'est-à-dire sur les monts Gordyéens[127], comme le traduit très exactement Bérose, et quant ils plaçaient le lieu de l'assemblée des dieux et le berceau de l'humanité sur leur montagne mythique de l'Orient. Il y a donc un ensemble d'arguments qui conduisent à regarder les chaldéens comme étant, dans les contrées les plus méridionales que baignent l'Euphrate et le Tigre, l'élément apparenté aux races du nord. Dans le récit d'Hellanicus, comme dans le chapitre de la Genèse, il s'agit d'une conquête kouschite, venue de l'Arabie méridionale et s'étendant sur une population sémitique qui aurait existé dans ces lieux de toute antiquité, qui en aurait constitué les premiers occupants[128].

Les assyriologues admettent que ce fut la fusion des génies propres aux deux races (sémites et touraniens) coexistant dès la plus haute antiquité sur le sol des provinces du bas Euphrate qui donna naissance à l'art comme à toute la civilisation de Babylone et de la Chaldée[129].

Le sumérien est radicalement différent des langues sémitiques [...] ; il a des affinités de grammaire et de lexique avec les langues de la famille proprement touranienne (langues ougro-finnoises, samoyèdes, turques, mongoles et tongouses), et les traits qui constituent son originalité propre, bien que saillants, n'ont rien d'absolument contradictoire avec le génie essentiel de ces langues ; on est donc en droit de tenir le sumérien pour le type d'un groupe spécial dans la famille linguistique touranienne[130].

À partir de la page 406, M.Lenormant présente des tableaux dans lesquels il met en évidence la correspondance des terminaisons casuelles en sumérien, proto-médique, finnois, vêpse, estonien, vote, livonien, lapon, votiaque, zyrainien, langues des groupes samoyède, caucasien, turco-tartare, mongol, coréo-japonais et tongouse. La base comparative ne correspond toutefois pas avec celle de la grammaire en notre possession ni avec celle détaillée dans des articles accessibles en ligne. Autre chose : la structure de la phrase nominale en sumérien indiquée par lui ne correspond pas, contrairement à son affirmation, avec celles du turc, du mongol, du finnois et du hongrois.

---

125 C.Bezold a mis en évidence dans un texte lexical, l'expression akkadienne *lišan sumeri* « langue sumérienne », la preuve que le sumérien était une langue et non un système d'écriture. (P. Abrahami, "Sumérien ou rien?", in Brigitte Lion et Cécile Michel (eds), Histoire de déchiffrements. Les écritures du Proche-Orient à l'Égée, Éditions Errance, Paris 2009, p. 111-128)

126 *Ibid* p.313-316

127 Les monts Gordyées se trouvent dans l'actuel Kurdistan irakien et il s'agit ici du bateau d'Utnapishtim, le bateau de Ziusudra (le véritable Noé sumérien, protagoniste du récit du Déluge) s'échoua quant à lui à Dilmun plus au sud.

128 Lenormant 1875, p.334-335

129 *Ibid* p.388

130 *Ibid* p.396

Nous avons de bonnes raisons d'admettre que M.Lenormant a ici commis un certain nombre d'erreurs sur des bases diverses. Bien que l'on trouve des similitudes entre le lexique du sumérien, du proto-médique et ceux des langues de la famille touranienne décrite par lui, nous ne pouvons nous contenter de cette étude pour décider de la classification de la langue sumérienne en tant que grande-tante des langues touraniennes, d'autant qu'entre le sumérien et certaines de ces langues, le différentiel temporel est trop grand. Voyons maintenant ce que M.de Ujfalvy a à nous apprendre des migrations des peuples touraniens et tentons de lui opposer un raisonnement critique. Si ce dernier tient la route, nous ne pourrons plus tenir comme sûre la classification du sumérien parmi les langues touraniennes. Nous aurons néanmoins d'autres arguments à proposer ensuite.

Dans son ouvrage intitulé « Les migrations des peuples et particulièrement celle des Touraniens » publié en 1873, Ch.E. de Ujfalvy signale un certain nombre de faits qu'il nous est impossible de ne pas noter dans cette étude.

L'auteur déclare tout d'abord que les ancêtres des touraniens actuels formaient un peuple puissant dont on retrouve les traces dans l'Asie centrale, sur les versants des monts Altaï, dans les vallées les plus élevées du Caucase, près de la mer Caspienne et même près de la mer noire ; qu'on les découvre même, à l'époque de la rédaction du livre cité (XIXe siècle), au cœur de l'Asie, en Médie, et aux portes de Babylone. Il ajoute qu'il est difficile, voire impossible, d'indiquer d'une manière précise la population mère de toutes ces races[131].

Les limites de l'Europe et de l'Asie se trouvaient près des monts Oural, au nord du Caucase ; c'est là que le courant des peuples en migration s'est le plus souvent croisé, c'est là que les différentes races se sont entrechoquées avec le plus de violence. Dans les plaines européennes, les peuples finnois vivaient en mauvaise intelligence avec les peuples slaves et déjà les premiers avant-coureurs des races turques et turcomanes se montraient près des embouchures du Volga. On peut dire, en se fondant sur les données fournies par Hérodote, Strabon, Pline, Ptolémée et Ammien Marcellin, que, jusqu'à la formation des duchés russes, il y eut là des peuples innombrables allant et venant dans la confusion la plus complète[132].

Il est certes difficile de préciser d'une manière exacte l'endroit d'où cette nombreuse race est partie (parlant de la race touranienne altaïque). Nous pensons cependant qu'elle a dû habiter d'abord les Monts Sayans et la chaîne de l'Altaï, dont le grand Altaï forme le vrai noyau. Ce plateau élevé, qui s'étend entre les sources de l'Obi et celles de l'Irtiche, fut donc le berceau de notre peuple. Sous ces rapports, nous partageons (c'est De Ujfalvy qui parle ndR) entièrement la manière de voir du plus célèbre philologue des langues touraniennes, Castrén. Il prouve que les Samoyèdes ont dû pendant le déluge (dont la tradition existe aussi chez eux) se réfugier sur les immenses hauteurs des monts Sayans, ainsi que les races turques, qui, d'après les sources chinoises, habitaient à la même époque le Tagnu-ola et le grand Altaï. Klaproth et Ritter disent également que les Turcs ont dû s'y réfugier pendant le déluge[133].

D'autres historiens (que l'auteur ne cite pas) donnent une seule et même patrie aux Samoyèdes et aux Turcs ; d'après eux cette patrie se trouve sur la partie occidentale du plateau central de l'Asie, près des monts Sayans, chaîne occidentale de l'Altaï, entre les sources de l'Obni, de l'Irtiche et du Jenisseï. C'est dans ce même endroit que l'on doit trouver aussi le berceau des peuples finnois[134]. Castrén, dont De Ujfalvy suit en ce moment presque textuellement les raisonnements, a

---

131 De Ujfalvy 1873, p.37
132 *Ibid* p.91
133 *Ibid* p.95
134 *Ibid* p.96

poursuivi avec une consciencieuse activité les traces de son peuple ; il est arrivé à la conviction que les ancêtres du peuple finnois avaient également habité ces chaînes de montagnes[135].

L'auteur expose que quatre peuples touraniens habitaient en même temps les versants de l'Altaï, entre les sources de l'Obi, de l'Irtiche et du Jenisseï : les finnois, les Ougoures (Ouïgours), les Turcs et les Samoyèdes. Les peuples indiqués plus haut, dit-il, n'en formaient donc qu'un seul à une époque qu'on pourrait placer avant le Déluge, et les Touraniens ont eu comme les Aryens leur langue primitive, leur langue mère, qui sans aucun doute était une langue monosyllabique. Il poursuit en disant qu'il est plus que probable que la langue de Sumer qu'Oppert et Lenormant ont fait connaître par leurs magnifiques travaux, se rapproche le plus de la langue mère, mais nous sommes portés à croire qu'elle n'était que la sœur aînée des langues touraniennes et qu'elle occupait la place que le sanskrit occupe dans les langues d'origine aryaque[136].

Il soutient d'après les données de deux autres savants, dont Hunfalvi ; que les premiers habitants de la Médie parlaient une langue touranienne ; il pense encore qu'ils sont les inventeurs non seulement de l'écriture cunéiforme simple, mais aussi de l'écriture cunéiforme idéographique, n'en déplaise, dit-il, aux savants d'une vieille école, qui ne veulent pas admettre qu'on puisse attribuer cette invention aux touraniens[137].

Koskinen prétend que les Assyriens ont dû à ces Touraniens non seulement l'écriture cunéiforme, mais aussi la base de leur civilisation et de leur instruction ; il va encore plus loin, il explique le titre que portaient les rois assyriens « *Sar Sumiri au Akkadi* », c'est-à-dire roi de Sumer et d'Akkad, de la manière suivante : Akkad est connue comme une des quatre villes occupées dans le pays de Sinéar par Nimrud, tandis que le nom de Sumir est totalement inconnu. Oppert l'explique comme il suit : r est un suffixe et i le signe du pluriel, donc la racine du mot est Sum. « Ici, s'écrie Koskinen, nous retrouvons enfin l'origine du nom Suomi ; le peuple de ce nom était-il à cette époque, sur les bords de l'Euphrate et du Tigre, soumis aux Sémites ? La chose nous paraît à nous même si étonnante qu'un critique judicieux ne la trouvera même pas vraisemblable ! Mais n'oublions pas que la dénomination Suomi, Same, nom que les finnois se donnent aujourd'hui, pouvait être autrefois la désignation de toute la race ! ». Eh bien, nous pensons, réagit Ujfalvy, que Koskinen a prononcé non sans raison le mot d'Archimède et que les Sumi de l'Altaï de Castrén, les Sumir d'Oppert et les Suomi de la Finlande pourraient bien être une seule et même race, absolument comme le peuple blond à yeux clairs que les tartares des sources de l'Obi et de l'Irtiche appellent Akkerak pourrait bien être de la même souche que le peuple d'Akkad[138]. L'auteur indique que la trace des Touraniens finnois-ougoures peut être suivie depuis l'Altaï jusqu'au golfe de la Finlande, en passant par la Médie[139].

Au terme d'une longue argumentation assez convaincante, l'auteur indique qu'un puissant courant de migration de touraniens a envahi à plusieurs époques différentes l'Asie centrale, puis l'Asie mineure et enfin l'Europe. Il signale toutefois l'excessive difficulté de trancher la question d'une manière absolue et d'ériger en loi définitive une théorie qui repose sur des données générales et souvent incertaines, sachant que « plusieurs périodes de l'histoire de ce peuple se perdent dans la nuit des temps »[140]. L'auteur cite Mr de Hauslab, lequel pense qu'une partie des Mongols a dû franchir le détroit de Behring et peupler l'Amérique septentrionale ; comme preuve, poursuit Ujfalvy, on n'a qu'à regarder la configuration géographique du terrain depuis l'Altaï jusqu'au détroit de Behring. Cette pensée s'accorde donc avec la plastique de la terre, commente-t-il[141].

---

135 *Ibid* p.97
136 *Ibid* p.101
137 *Ibid* p.106
138 *Ibid* p.108
139 *Ibid* p.116
140 *Ibid* p.133
141 *Ibid* p.177

Quant aux Thou-bal-caïn (malais), M.de Hauslab prétend qu'une partie des Drawades a dû peupler le cap de la Bonne-espérance en passant par Madagascar, car les Caffres ainsi que les Hottentots se distinguent essentiellement de ce que Ujfalvy appelle ici des « Noirs ». Une autre branche des Thou-bal-Caïn peupla Malacca, Sumatra, Java, les Philippines jusqu'à la Nouvelle-Zélande, Thaïti, et l'île de Pâque jusqu'aux îles de Sandwich.

En 1929, Paul Rivet publie « sumérien et océanien », un mémoire publié par la société de linguistique de Paris, où il admet les ressemblances lexicales entre la langue sumérienne et plusieurs langues asiatiques dont le polynésien, le mélanésien, l'indonésien et le munda[142]. Nous avons méticuleusement vérifié chaque mot sumérien employé comme base comparative. L'auteur a commis certaines erreurs, soit de lecture, soit de référence, nous nous bornerons par conséquent à noter ci-après les comparaisons proposées par M.Rivet dont nous avons au moins pu vérifier le mot de départ en sumérien. Pour ce qui est des mots correspondants dans les langues océaniennes, faute de pouvoir vérifier, nous décidons de lui faire confiance.

Sumérien : *gen*[143] (« aller »)
Mélanésien : *kana, egun, kanu* (« aller ») ; *kanei* (« venir »)
Mon-Khmer : *kĕn* (« marcher »)

Sumérien : *pan*[144] (« arc »)
Mélanésien : *fana, pna, pehna* (« flèche ») ; *fana, fan, pehna, pána, panó, fane* (« arc »)
Polynésien : *fana, pana, va-vana, ana*
Micronésien : *um-bana*
Indonésien : *o-pána, panah, pana, pala, fana, fan, faan, fun*
Mon-Khmer : *panah*

Sumérien : *nag*[145] (« boire »)[146]
Indonésien : *nok, noōk, nōk*
Mon-Khmer : *nyok, nyûk, nĕko'*
Munda : *ñio'* (« manger »)

Sumérien : *dug*[147] (« bon »)
Mélanésien : *toke*
Indonésien : *duh, do, tiga, tega*

Sumérien : *bar*[148] (« soleil, lumière »)
Mélanésien : *wara-pa, waira-fa, waira-ra* (« feu ») ; *vula, pura, bura-bura-na* (« blanc ») ; *pola-o, pula* (« lumière ») ; *parai, varai, waran* (« soleil ») ; *pari-ka* (« cendres ») ; *pa-para, para-para, bora-bora-na* (« chaud »).

---

142 Si ce terme semble désigner une langue en particulier, il est en réalité le nom d'un groupe linguistique austro-asiatique de langues parlées exclusivement en Inde (centre et est).
143 La graphie correcte est « ĝen »
144 À corriger en : ^{giš}*pana*
145 Précisément : « naĝ »
146 « s'abreuver »
147 du$_{10}$-g : être doux, délectable, suave, agréable, exquis, tendre
148 *bar$_7$: flambant, être enflammé ; bar : croix, signe en forme de croix (connu pour être le symbole de Shamash, dieu akkadien du soleil)

Polynésien : *pula* (« briller ») ; *ka-pura, ma-pura* (« feu ») ; *pura-pura* (« brillant, luire ») ; *pu-pura* (« briller ») ; *haka-pura* (« allumer »)
Micronésien : *parere* (« brûlure »)
Indonésien : *bara* (« brasier, brasier, braise, chaleur ») ; *pana-s, ma-fana, pala, para-s, pra-s* (« chaud ») ; *wara* (« brasier ») ; *pura-k, bura-k, fura-u* (« blanc »)
Mon-Khmer : *pālā-t ēwa* (« flamme »)
Munda : *barań barań, barań buruń* (« brillant »)
Australien (?) : *buar, buril, burra-ga* (« soleil ») ; *waru, pari, buri, burri* (« feu »)

Nous suspendons ici notre copie, car la liste établie par M.Rivet s'étend encore sur 43 pages supplémentaires où les comparaisons données paraissent assez significatives. Cela étant dit avec la prudence de circonstance, nous ne pouvons nous contenter du contenu de ces six premiers chapitres pour déterminer sans aucun doute l'origine du peuple sumérien. Face à tous ces arguments avancés avec assurance par des savants plus ou moins connus et reconnus, notre prochain intérêt pour démêler le vrai du faux, et qui nous servira du même coup à mieux préciser notre opinion ainsi que notre théorie finale, se portera sur la génétique et son descendant le plus fameux, l'anthropométrie. Nous aurons en fin à présenter de nouveaux arguments sur la base de nos propres observations et réflexions afin de, peut-être, obtenir une réponse viable.

CHAPITRE VII

Génétique, migrations et anthropométrie

Dans son article « Les populations du Proche-Orient ancien » publié dans l'un des Bulletins semestriels de la société d'ethnographie de 1940, G.Contenau signale plusieurs faits : les individus présents sur les monuments découverts par Botta (Assyrie) étaient nettement sémitiques tandis que ceux découverts par de Sarzec à Tello étaient d'un type physique différent et leurs textes écrits dans une langue non sémitique. « Ces civilisations furent nommées asianiques, terme emprunté à Stéphane de Byzance, et qui sans préjuger de leur nature exacte, signifie qu'elles ne sont ni sémitiques, ni sans doute indo-européennes. Par leur langue, leur religion (des forces de fertilité et de fécondité de la nature), les sumériens appartiennent à ce groupe. » Il indique ensuite que la comparaison de von Luschan des sumériens avec les arméniens modernes, ceux-là représentant le plus ancien type de ceux-ci, dissimule une réalité assez différente. Citant le mémoire de M.Sauter sur l'étude crânienne des sumériens, il dit ceci :
- au cours des IVe et IIIe millénaires avant notre ère, sur 258 crânes recueillis, 201 sont dolichocéphales, 37 mésocéphales et 15 brachycéphales du type alpin (aucun arménoïde).
- au cours du IIe millénaire avant notre ère : 119 crânes dont 25 dolicho. ; 45 méso et 49 brachy (alpins et arménoïdes)
- au Ier millénaire : 134 crânes : 54 dolicho., 49 méso, 31 brachy (le nombre des arménoïdes augmentant à mesure qu'on se rapproche de l'ère chrétienne). M.Contenau soulève toutefois un problème : « les représentations des sumériens du IIIe mill. sont nombreuses, or les artistes ont uniformément reproduit un profil arménoïde, à occiput aplati, à front bas et fuyant, tout différent de la dolichocéphalie et de l'hypsicéphalie attestées par les mensurations : il serait intéressant de rechercher la raison de cette anomalie »[149].

Dans son article « Émergence de la médecine en Mésopotamie », Audrey Heckel expose des mesures crâniennes que l'on ne saurait ignorer. Elle signale que les mesures ont été effectuées sur des ossements vieux de cinq mille ans, trouvés dans les tombes de Tell-el-Obeïd près d'Ur et de Kiš. Les crânes provenant de la tombe royale d'Ur datent du IIe millénaire avant J.-C. Voici les résultats des anthropologues qu'elle mentionne : pour le IIIe millénaire avant J.-C., le premier lot de Kiš comporte cinq dolichocéphales, deux intermédiaires entre dolichocéphale et brachycéphale et un brachycéphale. Le deuxième lot de Kiš comporte deux dolichocéphales, deux intermédiaires et quatre brachycéphales. Pour le lot de Tell-el-Obeïd toujours à la même date, on trouve pas moins de seize dolichocéphales, aucun intermédiaire et un brachycéphale. Pour le IIe millénaire avant J.-C., à Ur, le lot comporte uniquement deux dolichocéphales et aucun brachycéphale ni intermédiaire.

L'occiput du type brachycéphale fait assez peu saillie pour se prolonger quelquefois en ligne droite avec la nuque, le front est fuyant, court et sa courbe suit un nez imposant en forme de bec d'aigle. Ce type est celui de l'arménien moderne. C'est celui de l'asianique en général, on le retrouve chez les Hittites et les Mitanniens dont font partie les Hourrites. Si l'on utilise comme référence la statuaire mésopotamienne à l'époque sumérienne c'est aussi le type (moyen) des Sumériens. Le type dolichocéphale correspond à un crâne haut avec un occiput plus saillant. Les Sémites purs, au nez légèrement aquilin, à la barbe et à la chevelure frisée en sont dotés. La statuaire de la fin du IIIe

---

149 Ce constat est erroné comme nous le verrons plus loin.

millénaire représente ce type de faciès. Si nos hypothèses ne prenaient en compte que l'étude de la sculpture et des idiomes, on devrait arriver à la conclusion que les Sumériens sont des brachycéphales et les sémites des dolichocéphales. Mais l'analyse des données ci-dessus nous porte à croire que cette conclusion est un peu trop hâtive. En effet, si l'on considère que les Sumériens sont les premiers habitants de basse Mésopotamie, nous devrions dégager dans les plus anciennes sépultures, plus de crânes brachycéphales que de crânes dolichocéphales, or il n'en est rien. Sur les trente trois crânes étudiés datant du IIIe millénaire, il y a quatre intermédiaires, six brachycéphales et vingt-trois dolichocéphales. Ceci ne concorde pas avec les supputations établies à partir de l'étude de la statuaire mésopotamienne, et des langages. Une hypothèse peut cependant être avancée. On peut considérer par exemple que les Sumériens sont déjà un métissage de deux peuples, l'un Sémite, l'autre Asianique. Asianiques et Sémites se sont sédentarisés préférentiellement en basse Mésopotamie en raison de la fertilité du sol. Mélangeant parfois leurs gènes et plus souvent leurs idées, ils auraient été à l'origine tous deux de la fameuse civilisation sumérienne. Une nette prépondérance au début du peuple asianique expliquerait l'utilisation de leur langage agglutinant ainsi que l'aspect brachycéphale des premières statues sumériennes. Mais pourquoi trouve-t-on si peu de crânes brachycéphales dans les tombes ? Et pourquoi n'en trouve-t-on pratiquement plus au IIe millénaire ? Les Asianiques sont-ils arrivés en masse ? Puis contrairement aux Sémites qui n'ont cessé durant toute l'histoire antique de recevoir des appoints de leurs « cousins » demeurés en Syrie, cette ethnie n'a plus bénéficié de nouvelles vagues migratrices. Peut-être provenait-elle de régions extrêmement éloignées ? Un mythe mésopotamien intitulé « Les Sept Sages » impute la première civilisation de cette région à des immigrants arrivés par la mer. Il se peut que subsiste dans ce récit brumeux le souvenir d'une origine méridionale des Asianiques, éventuellement arrivés en suivant le littoral iranien. Ou alors venaient-ils du nord de l'Asie antérieure ? Ou encore représentaient-ils plus simplement une très ancienne population préhistorique de Mésopotamie ?[150]

Dans le Dictionnaire de l'académie de médecine en ligne, il est dit que la prédominance dolichocéphale est constatée chez certains européens du nord, les berbères, la plupart des négroafricains et les australiens aborigènes. Dans son article « De la transformation d'une race dolichocéphale en une race brachycéphale et vice-versa » publié dans les Bulletins et Mémoires de la Société d'anthropologie de Paris en 1901 (p.77), Adolphe Bloch explique que l'indice céphalique des ruraux dans certaines régions de l'Europe est en général différent de celui des urbains, car il est plus dolichocéphale chez ces derniers. Il ajoute que Durand (De gros), le premier en 1868, signala ce phénomène dans le département de l'Aveyron et bien que le fait ait été nié par Broca, il a été confirmé depuis, pour d'autres populations, par MM.de Lapouge et Ammon, qui ont fait, comme on le sait, d'intéressantes recherches sur l'indice céphalique des principales villes de l'Europe.

Plus loin : « Or cette différence dans l'indice des urbains et des ruraux ne peut provenir, selon nous, que d'une modification spontanée dans la forme du crâne, chez les descendants de ceux qui ont émigré dans les villes, et cette transformation serait déjà sensible dès la première génération ». Au sujet des japonais, point de départ de son étude, et de la différence d'indice céphalique entre les hommes du type qu'il appelle « fin » et les femmes du même type, il déclare que le type fin (sous-dolichocéphale pour les hommes et brachy pour les femmes) est issu directement du type grossier sous l'influence de la variation qui est elle-même le résultat de l'innéité de race, phénomène physiologique que l'on peut ainsi définir : une force contraire à l'hérédité, en vertu de laquelle apparaissent, au sein d'une race, certains caractères qui diffèrent plus ou moins des caractères habituels de cette race, et qui à la longue deviennent eux-mêmes définitifs et héréditaires.

---

150 Heckel 2003

Quant à la transformation des autres caractères anthropologiques, elle est plus ou moins rapide suivant les individus, car nous savons qu'il existe un type intermédiaire entre les deux extrêmes, avec de nombreuses transitions[151]. La race brachycéphale est issue, dans son étude, directement de la race dolicho. par « variation corrélative »[152] et si les dolicho et les brachy avaient été réellement deux races différentes, comment se fait-il que leur système d'inhumation était le même, et que leur mobilier funéraire était semblable ?[153] L'auteur signale que la transformation du dolichocéphale en brachycéphale a eu lieu dans d'autres parties de l'Europe. Il fait ici référence à d'autres chercheurs (Ammon et Ranke) qui ont effectué ces travaux. La différence crânienne entre les urbains et les campagnards a été démontrée par Broca et déjà observée par Parchappe en 1836 puis par Otto Ammon en Allemagne, Livi en Italie, Collignon en France etc ; et le fait est vrai même pour les petites villes dont l'attraction ne s'exerce que sur le pays environnant[154].

Prenant en compte l'article de M.Régnault dans « Variations de l'indice céphalique sous l'influence du milieu » dans « Bulletins et mémoires de la Société d'anthropologie de Paris (1901) p.147-157. La discussion qui suit cet article, ouverte par M.R.Anthony est d'abord commencée en ces mots : « il est très possible, et, cela n'est point en désaccord, bien au contraire, avec les théories de l'évolution, qu'une race humaine brachycéphale devienne dolichocéphale et inversement en dehors de tout croisement et par le seul fait d'adaptations quelconques ». Du reste, les arguments développés par M.Régnault sur la base de la comparaison du crâne de mammifères (hors primates) avec ceux des humains et des processus morphogénétiques liés à l'action des muscles sont irrecevables, comme le précise M.R.Anthony.

Nous avons consulté le chapitre « Rudolf Virchow et la « race prussienne » : anthropologie et idéologie » dans le livre « Quand Berlin pensait les peuples » publié aux éditions CNRS en 2004 sous la direction de Céline Trautmann-Waller et en avons tiré un certain nombre d'informations que nous citerons ci-après :

Virchow constate sur un site belge que des variations de grand ampleur au sein d'une même race pourrait amener à conclure à la présence de races différentes[155]. Calori de Bologne[156] : « on sait de plus qu'une grande partie des crânes les plus anciens étaient dolichocéphales ». Et nous voici sur le terrain glissant de la spéculation sur les corrélations entre milieu, culture, activité cérébrale et formes crâniennes. Si la dolichocéphalie se fait plus rare au cours de l'évolution, la question s'impose : « cela n'est-il pas lié en quelque sorte à l'évolution du cerveau ? Cela n'a-t-il rien à voir avec la formation progressive que le cerveau acquiert sous l'influence des stimuli qu'il reçoit ? Et cette évolution supérieure du cerveau, qui nous paraît immanquablement une garantie du progrès civilisationnel, n'est-elle pas à imputer au fait que plus l'organe remplit souvent et mieux ses fonctions, plus il se développe de manière favorable ? »[157]. Dans ce contexte, le savant renvoie pour la première fois aux résultats iconoclastes de Calori (la capacité cérébrale des brachycéphales est supérieure à celle des dolichocéphales) ; étant donné que les races anciennes et celles considérées comme primitives sont majoritairement dolichocéphales, il faut envisager la possibilité d'une évolution de la dolichocéphalie vers la brachycéphalie à l'intérieur d'une seule et même race.

---

151 *Ibid* p.78
152 *Ibid* p.79
153 *Ibid* p.80
154 *Ibid* p.81
155 Virchow l. 22 - 23
156 *Ibid*. Cité l.30
157 *Ibid* l.35-37

Dans « Ueber die ursprüngliche Bevölkerung Deutschlands und Europas » dans « Die vierte allgemeine Versammlung der deutschen Gesellschaft für Anthropologie, Ethnologie und Urgeschichte zu Wiesbaden am 15. bis 17. September 1873, Brauschweig, (1874, p.53) » Rudolf Virchow déclare que chez tous les grands peuples civilisés se forment facilement, comme dans les familles nombreuses ou les communautés d'habitation, des groupes isolés qui vivent différemment, ont des activités différentes de celles des autres. Se cela se maintient pendant plusieurs générations, on peut compter sur le fait qu'avec le temps ils deviendront différents sur le plan physique également et qu'au fur et à mesure se développeront dans des lignées de plus en plus divergentes des caractéristiques familiales ou tribales différentes. C'est ainsi que je pense encore jusqu'à aujourd'hui qu'il est possible qu'il existe des Germains brachycéphales, sans avoir toutefois une opinion très arrêtée en la matière.

Ce que Virchow cite ici sans le nommer est la spécialisation professionnelle et ses conséquences sur la plasticité cérébrale. Un article de Sciences et vie datant de 2013 intitulé « Comment notre métier façonne notre cerveau » explique que le processus de mort et de naissance des neurones a une influence directe sur la forme du cerveau et par conséquent du crâne. « Ce qui sous-tend les progrès comportementaux, ce sont des modifications du cerveau. Toutes les activités pratiquées régulièrement le modifient », atteste Baptiste Fauvel, du laboratoire Inserm de neuropsychologie à Caen. C'est par l'incessante réorganisation des connexions neuronales, disent-ils, que prend chair le professionnalisme. « Au fil des chemins que suivent nos pensées et nos actes dans les méandres corticaux, le cerveau renforce ceux qui vont nous rendre plus habiles, plus rapides, plus précis, plus efficaces. Et plus nous répétons une tâche, plus cette tâche est singulière, plus les réseaux qui y contribuent se distingueront chez ceux qui en ont acquis une plus grande maîtrise. Au point de déformer certaines aires du cerveau, d'en reconfigurer d'autres, d'en inhiber certaines. Chez le chauffeur de taxi par exemple, c'est l'hippocampe, organe indispensable à l'organisation spatiale qui augmente de volume, le parfumeur quant à lui voit les aires olfactives de son cerveau grossir[158].

Quant à l'organe nasal, de nombreuses recherches ont montré que les variations observées dans la forme du nez ne sont pas seulement le résultat d'un changement génétique, mais reflètent également des adaptations à un climat particulier ; selon de nombreuses études, la température et l'humidité absolue ont un impact sur la largeur du nez. Les personnes d'origine ouest-africaine, sud-asiatique et est-asiatique ont des alaires nasaux (ailes du nez) beaucoup plus grands que les personnes d'ascendance européenne. Il est également possible que dans le passé, les populations vivant dans des zones géographiquement isolées étaient limitées à avoir un certain type de nez, mais avec le mélange des populations humaines, les caractéristiques nasales ne définissent plus une population particulière ou, de manière plus controversée, une « race » distincte. En examinant les liens entre la saillie nasale et l'environnement, les spécialistes ont découvert que les climats plus secs et plus froids étaient liés à des nez plus saillants[159].

À cet instant de notre étude, une pause suivie d'un petit retour en arrière s'impose. Nous avons pris connaissance d'un article de Georges Roux intitulé « Les Sumériens sortaient-ils de la mer ? », que nous étudierons dans les pages suivantes et commenterons avant de poursuivre :

L'origine des Sumériens est l'un de ces faux « grands problèmes de l'histoire », dû à notre passion de tout savoir et dont on perçoit mal le véritable intérêt[160], commence M.Roux. Car ce qui importe à

---

158 Baptiste Fauvel 2013

159 CloudHospital « Forme des nez dans différentes races »

160 Le véritable intérêt de la présente enquête est certes quelque peu historique mais surtout social et identitaire ; à qui attribuer, à quelle ethnie rattacher ce peuple qui, allié aux Sémites, fut à l'origine, sinon de la plus, au moins de l'une des plus fameuses civilisations que la terre ait jamais porté ? Là est la véritable question motrice de cette étude.

91

l'historien, c'est moins la région d'origine d'un peuple que la trame de sa vie, son organisation politique, sociale et économique ou sa contribution au patrimoine culturel de l'humanité[161]. En outre, ce problème n'est pas nouveau ; il est né il y a tout juste cent cinquante ans. S'il a fait couler jadis beaucoup d'encre, il reste loin d'être résolu. À vrai dire, depuis quelques années, la plupart des savants ne s'en souciaient plus guère et l'auraient volontiers relégué aux archives si de récentes découvertes archéologiques et géophysiques ne l'avaient fait resurgir sous des aspects inattendus.

Le problème de l'origine des Sumériens présente une particularité remarquable ; il remonte à une époque où l'on ne connaissait absolument rien d'eux – pas même leur nom – ni de la civilisation qui fleurit en Basse-Mésopotamie au IIIe millénaire avant notre ère et dont on leur attribue à juste titre la paternité. En effet, le problème s'est initialement posé en termes purement linguistiques. Les savants, au prix d'immenses efforts étalés sur une centaine d'années, sont parvenus à déchiffrer les textes écrits en signes cunéiformes. Leur sagacité s'est d'abord exercée sur des pierres et des briques inscrites rapportées en Europe par des voyageurs qui parcouraient l'Orient et les ramassaient par curiosité à même le sol. Puis ils s'attaquèrent à la grande inscription en trois langues (vieux perse, élamite et babylonien) que le roi de Perse Darius avait fait graver à cent mètres au-dessus du sol sur le rocher de Behistun en Iran.

Enfin, des milliers de tablettes d'argile furent exhumées au cours des toutes premières fouilles effectuées en Mésopotamie septentrionale : celles du français Paul-Émile Botta, à Khorsabad au milieu du XIXe siècle et de l'anglais Layard, à Nimrud et à Ninive à la même époque. Vers 1850, on en savait assez pour pouvoir affirmer que la grande majorité des inscriptions provenant de ces villes assyriennes, ainsi que des ruines encore inexplorées de Babylone et de ses environs, étaient rédigées en assyrien ou en babylonien. Ces dialectes étaient très proches l'un de l'autre et apparentés tous deux à l'hébreu, à l'araméen et à l'arabe, c'est-à-dire sémitiques. Mais il n'en était pas de même des nombreuses inscriptions sur briques ramassées en Mésopotamie méridionale, ni de la deuxième langue de certaines tablettes bilingues (la première étant l'assyrien) provenant de Ninive. Comme cette deuxième langue était écrite avec les mêmes signes que les textes assyriens et babyloniens et comme des « syllabaires », dressés par des maîtres d'école assyriens pour leurs élèves, donnaient la prononciation de ces signes, on pouvait la « lire » phonétiquement et même en deviner la structure, mais on ne pouvait pas la comprendre. En fait, on était dans la situation où se trouvent la plupart d'entre nous devant un texte vietnamien, par exemple, écrit en caractères latins.

Une chose, toutefois, était certaine ; cette autre langue de Mésopotamie n'était ni sémitique, ni perse, ni élamite et, pour reprendre la même comparaison, elle différait autant de l'assyrien ou du babylonien que le vietnamien diffère du français. En 1852, Sir Henry Creswicke Rawlinson, l'un des grands pionniers anglais de l'assyriologie, se fondant sur la structure grammaticale apparente de cette langue mystérieuse, l'attribuait aux Scythes ou aux « Touraniens », terme sous lequel on regroupait alors presque tous les peuples d'Asie centrale. L'année suivante, il suggérait de l'appeler « akkadien » (du nom d'Akkad, partie de la Mésopotamie antique) et ne craignait pas d'affirmer que son système pronominal l'apparentait plus particulièrement au mongol et au mandchou.

Ce n'est que dix-sept ans plus tard, en 1869, que le grand assyriologue français Jules Oppert proposait de donner à cette langue le nom de « sumérien ». Il se fondait sur le titre « Roi de Sumer et d'Akkad » que s'attribuaient volontiers les monarques mésopotamiens. Son raisonnement était le suivant : selon certains textes découverts entre temps, le nom d'Akkad semblait s'appliquer à la région de Babylone, où la plupart des inscriptions étaient en babylonien ou dans une langue sémitique voisine mais un peu plus archaïque, qui méritait le nom d'akkadien. Le mot « Sumer » devait donc désigner la Mésopotamie du Sud, où prédominaient justement les briques éparses écrites dans cette autre langue qui, à son avis, avait des affinités avec le turc, le finnois et le hongrois. Ainsi

---

161 Cette assertion est incontestable mais comme le disait si bien Julian Reade (« Sumerian origins »), ce n'est pas parce qu'un problème est difficile voire de peu d'intérêt en apparence qu'il faut le laisser de côté.

se posait pour la première fois, avec le problème de la nature exacte de cette langue insolite, celui de l'origine du peuple qui l'écrivait et, vraisemblablement, la parlait. Et cela, bien avant qu'on eût fouillé aucun des nombreux « tells » du pays de Sumer, ni tenu en main un seul objet d'art provenant de cette région. Bien que Rawlinson et Oppert n'aient fait que suggérer des « affinités » linguistiques, un certain nombre de personnes se demandaient déjà si les Sumériens ne venaient pas d'Asie centrale, lieu commun d'origine des Mongols, Mandchous, Turcs et Finno-Ougriens.

De là à l'affirmer, il n'y avait qu'un pas que franchirent allègrement beaucoup de journalistes et vulgarisateurs de l'époque. Cette théorie, à laquelle on ne croit plus guère aujourd'hui, eut la vie dure, même parmi les experts. Un épigraphiste français de grand renom, Joseph Halévy, soutint avec acharnement, pendant un quart de siècle (1874 – 1900), que le « sumérien » d'Oppert n'était qu'une écriture secrète, une sorte de code inventé par les scribes assyro-babyloniens pour dissimuler quelque science ésotérique. Il finit par s'incliner, de mauvais gré, devant l'unanimité de ses confrères. À l'heure actuelle, grâce aux textes bilingues, à de véritables « dictionnaires » sur tablettes que nous ont laissés les scribes mésopotamiens et à des études exigeant autant de patience que de science et d'imagination, les experts lisent le sumérien sans trop de difficultés. Toutes les théories linguistiques échafaudées depuis 1852 (y compris la théorie « caucasienne » ou même « indo-européenne ») ont été abandonnées. On s'accorde à penser que si cette langue appartient bien, par sa structure, au vaste groupe des langues « agglutinantes » (dont l'aire de dispersion s'étend de l'Amérique à l'Afrique, à l'Asie centrale et à la Polynésie), elle ne ressemble morphologiquement à aucune autre langue connue, morte ou vivante.

La philologie n'est donc d'aucun secours pour résoudre le problème de l'origine des Sumériens. Huit ans devaient encore s'écouler entre la géniale « invention » des Sumériens par Oppert sur des bases purement linguistiques et leur découverte, au sens propre du terme, par un autre Français. C'est en 1877 qu'Ernest de Sarzec, consul de France à Bassorah, entama les fouilles de Tello, site d'une des plus importantes cités du pays de Sumer qu'on a longtemps appelée Lagash mais dont on connaît maintenant le vrai nom : Girsu. Ces fouilles et, à partir de 1899, les fouilles américaines de Nippur, quelque cent kilomètres au nord-ouest de Tello, ont livré des centaines de textes écrits uniquement en sumérien, ainsi que des temples, tombes, sculptures, vases, bijoux, sceaux-cylindres et objets divers du plus grand intérêt. Longtemps inconnus (car contrairement aux Assyriens et aux Babyloniens, il ne figuraient ni dans la Bible, ni dans les auteurs grecs), les Sumériens devenaient brusquement réels, presque vivants.

Non seulement ils entraient dans l'histoire, mais on devait bientôt apprendre qu'ils la « créaient », étant les auteurs des plus anciennes inscriptions connues. Mais, du même coup, le problème de leur origine se posait en des termes nouveaux car ce peuple était perçu d'emblée comme « étranger » à la Mésopotamie, où il était pourtant fermement implanté. Non seulement les Sumériens formaient une sorte d'îlot linguistique dans un vaste monde hamito-sémitique qui s'étendait d'Addis-Abeba à Babylone et les entourait presque entièrement (leurs seuls autres voisins étant les Élamites, à l'est), mais ils n'avaient, croyait-on, ni le même aspect physique, ni les mêmes coutumes vestimentaires que les Assyriens et les Babyloniens. C'était un autre peuple, une autre race. En 1906, l'historien allemand Eduard Meyer avait insisté sur ce point. Aux Assyriens chevelus et barbus, à la tête longue, au nez gras et busqué, aux lèvres charnues, il opposait les Sumériens à la tête ronde, au nez saillant mais fin, aux lèvres minces, au crâne et au menton rasés[162]. En outre, tandis que les Assyriens portaient de longues robes ornées de broderies, les Sumériens n'étaient vêtus que d'une jupe de laine grossière ou, tout au plus, d'une sorte de manteau drapé sur une épaule et laissant l'autre nue. De toute évidence, ces derniers étaient venus d'ailleurs et, ajoutait Meyer, ils étaient arrivés en Mésopotamie après les Sémites dont ils avaient adopté les dieux barbus. Mais d'où venaient-ils ?

---

162 Nous avons vu plus haut la nuance de cette affirmation.

D'autres historiens, comme King (1910) et Jastrox (1916), répondaient que les Sumériens n'avaient pu venir que d'un pays montagneux, car ils utilisaient le même signe KUR pour « pays » et « montagne » et leurs temples comportaient des tours à étages (ziggurats) prouvant que leurs anciens lieux de culte devaient être situés sur des hauteurs. Or la Mésopotamie est entourée de montagnes sur trois côtés : l'Amanus et le Liban à l'ouest, le Taurus au nord et la longue chaîne du Zagros qui, à l'est, la sépare du plateau iranien. C'est vers cette dernière qu'on se tournait de préférence, parce qu'elle est plus proche de la Mésopotamie que les autres montagnes et que les fouilles effectuées dans le sud-ouest de l'Iran (notamment à Suse) avaient révélé une importante et très ancienne civilisation : celle de l'Élam. Mais si les Sumériens avaient pu facilement venir d'Iran à pied (ou à dos d'âne), n'auraient-ils pu aussi venir d'autres pays montagneux beaucoup plus éloignés mais toujours situés à l'est : le Baloutchistan, par exemple, ou l'Afghanistan, ou même l'Altaï, dans cette Asie centrale qui avait tenté les linguistes ? Ils seraient alors venus par mer, s'embarquant sur le golfe d'Oman après un voyage terrestre plus ou moins long, puis remontant le golfe Persique.

Cette théorie « maritime » reposait essentiellement sur le fait que les Sumériens semblaient s'être d'abord établis dans l'extrême Sud de l'Irak, « vers l'embouchure du Tigre et de l'Euphrate », fleuves dont on savait que, dans l'Antiquité, ils se jetaient séparément dans le Golfe, quelque trois cents kilomètres au nord de l'embouchure actuelle de leur effluent commun, le Shatt-el-Arab. Et puis, il y avait la légende que rapportait Bérose. Bérose était un prêtre babylonien qui vivait au IIIe siècle avant notre ère dans un pays hellénisé par les successeurs d'Alexandre, et qui avait écrit en mauvais grec une histoire de son pays intitulée Babyloniaca, dédiée au souverain séleucide Antiochos Ier (281 – 260 avant J.-C.). Cet ouvrage est perdu, mais des fragments de l'abrégé qu'en avait fait, au Ier siècle de notre ère, l'écrivain Alexandre Polyhistor ont été préservés par l'historien juif Flavius Josèphe, son contemporain, et par l'évêque Eusèbe de Césarée, au IVe siècle. Or, au début de ses Babyloniaca, Bérose racontait qu'à l'origine, les habitants de la Babylonie vivaient « sans lois, tout comme des animaux sauvages ».

Mais voici qu'un être étrange, mi-homme mi-poisson, nommé Oannès, était sorti de la mer Érythrée (nom qu'on donnait alors au Golfe Persique aussi bien qu'à la mer Rouge), « en un lieu adjacent à la Babylonie », et avait vécu quelques jours avec ces sauvages. Il leur apporta la connaissance des lettres, des sciences et de toutes sortes de techniques. Il leur apprit aussi à fonder des cités, établir des temples, promulguer des lois et mesurer les terrains. Il leur révéla également l'agriculture et la cueillette des fruits et, en général, donna aux hommes tout ce qui est lié à la vie civilisée. Puis il replongea dans la mer, où il avait d'ailleurs passé toutes ses nuits, car il était amphibie. Cette histoire fantasmagorique ne recelait-elle pas une part de vérité ? N'était-elle pas le reflet, déformé et enveloppé de mystère, d'une lointaine tradition selon laquelle des hommes venus par mer auraient un jour débarqué pour introduire la civilisation dans une Mésopotamie encore préhistorique, ce qu'avaient fait, précisément, les Sumériens ?

On en était là de ces spéculations lorsque survint la Première Guerre mondiale. Interrompue pendant six ans, la recherche archéologique au Proche-Orient reprit en 1920 et s'étendit à de nombreux pays jusque-là peu explorés, notamment la Syrie, la Turquie et la vallée de l'Indus. En Mésopotamie, les fouilles se multiplièrent, devinrent de plus en plus scientifiques et, en une quarantaine d'années (1920 – 1960), bouleversèrent complètement notre connaissance des civilisations de l'Euphrate et du Tigre en même temps que beaucoup d'idées reçues.

Tout d'abord, bien d'autres cités sumériennes que Girsu et Nippur ont été explorées, notamment Ur et son célèbre cimetière royal ruisselant d'or, la grande ville d'Uruk, patrie du héros Gilgamesh, qui devait livrer les plus beaux temples pré-sumériens et les plus anciens textes connus, et la petite ville d'Eridu, sur laquelle nous reviendrons. Autres fouilles importantes en dehors de Sumer : Kish, Mari et les sites de la vallée de la Diyala (Tell Asmar, Khafadjé, Aqrab). Ces fouilles ont révélé la profonde influence qu'a exercée la civilisation sumérienne sur toute la Mésopotamie et bien au-delà. Elles ont réduit à néant la notion d'une race sumérienne en nous montrant des Sémites de Mari et de la Diyala au crâne rasé et portant la jupe de laine, ainsi qu'un mélange, dans les tombes de Sumer, de crânes brachycéphales et dolichocéphales. Elles nous ont appris que les ziggurats, relativement tardives, dérivaient des plates-formes sur lesquelles reposaient les anciens temples, simplement pour élever les dieux au-dessus des mortels. Enfin, les épigraphistes ont pu établir, entre mille autres choses, que le signe « montagne » (KUR) ne s'appliquait qu'aux pays étrangers, le pays de Sumer étant désigné par le signe KALAM. En un mot, les théories échafaudées sur des bases dont la fragilité nous étonne aujourd'hui, étaient sérieusement remises en question.

Mais le plus grand mérite de ces fouilles a été de faire apparaître toute une préhistoire et une protohistoire mésopotamiennes jusque-là inconnues. Depuis la grotte de Shanidar, au Kurdistan irakien, d'époque moustérienne (- 80 000 à - 40 000 ans), jusqu'à l'aube de l'histoire au pays de Sumer, une série de cultures néolithiques puis chalcolithiques s'étaient succédé entre le Tigre et l'Euphrate, cultures auxquelles on donna, faute de mieux, le nom des sites où elles avaient été identifiées pour la première fois : Jarmo, Hassuna, Halaf, Obeïd, Uruk, Jemdat Nasr. Chacune de ces cultures était caractérisée par des éléments spécifiques dont le plus typique était la poterie, tantôt grossière (Jarmo), tantôt peinte (Hassuna, Halaf, Obeïd, Jemdat Nasr), tantôt non décorée (Uruk). L'aire de dispersion de ces céramiques était soit relativement étroite (Jarmo, Hassuna, Jemdat Nasr), soit limitée au nord de la Mésopotamie (Halaf), soit étendue à l'ensemble de cette région (Obeïd, Uruk). Or, c'est la poterie, jointe à des débris d'architecture religieuse, qui nous a révélé que l'occupation de la Mésopotamie méridionale était bien plus ancienne qu'on ne l'avait cru jusque-là. Et c'est aux fouilles d'Éridu que l'on doit cette révélation. Comparée à Ur, dont elle n'est distante que d'une quinzaine de kilomètres, Éridu n'a jamais été une grande cité, mais elle a tenu une place de premier plan dans la tradition sumérienne.

En effet, selon la grande Liste Royale Sumérienne publiée en 1939 par le sumérologue Thorkild Jacobsen, c'était la plus ancienne de toutes les villes mésopotamiennes, celle où « la royauté était descendue du ciel » pour la première fois, bien avant le Déluge, et les noms de ses deux souverains, Alulim et Alalgar, sont cités par Bérose, sous une forme déformée et grécisée (Aloros et Alaparos), comme étant ceux du « premier roi du pays » et de son fils. Autre point notable : d'autres textes indiquent clairement qu'Éridu était située « sur le rivage de la mer ». L'anglais Seton Lloyd et l'irakien Fuad Safar, qui fouillèrent à Éridu de 1946 à 1949, mirent au jour un cimetière, un grand bâtiment baptisé « palais » et les restes d'une ziggurat construite sous la Troisième Dynastie d'Ur (2112 – 2004 avant J.-C.). Mais, sous un angle de cette ziggurat, ils découvrirent une impressionnante série de dix-huit temples bâtis l'un au-dessus de l'autre, ce qui témoignait à la fois d'une très longue occupation du site et d'une très ancienne dévotion au même dieu. Si l'on en juge par les nombreux restes d'offrandes de poissons dans chacun de ces temples, ce dieu pourrait être Enki, le dieu sumérien des eaux, ou au moins son équivalent[163]. La poterie permettait de dater les cinq temples les plus superficiels du début de la période d'Uruk (vers 3500 avant J.-C.) et les six temples suivants de la période Obeïd (4500 – 3500 avant J.-C.), mais les sanctuaires les plus profonds contenaient des céramiques peintes assez différentes de celles d'Obeïd.

La céramique des niveaux quatorze à douze était identique à celle que les archéologues allemands qui fouillaient Uruk avaient déjà trouvée à Qala'at Hajji Mohammed, près de cette ville, tandis que celle des niveaux dix-huit à quinze, particulièrement élégante, n'avait alors pas d'équivalent. On la baptisa donc « céramique d'Éridu ». Nous savons maintenant que la céramique d'Éridu est limitée à une petite zone aux alentours de ce site, alors que la céramique de Hajji Mohammed se retrouve jusqu'à Ras el-Amiyah, au nord de Kish, soit à deux cent quarante kilomètres d'Éridu. Il est très important de noter que Hajji Mohammed et Ras el-Amiyah ne sont pas des « tells », des collines artificielles, mais des sites découverts par hasard (éboulement d'une falaise de l'Euphrate,

---

163 Il s'agissait plutôt d'un lieu de vie commune, une sorte de « *mudhif* » fortifié. Voir aussi à ce sujet : Jean-Louis Huot « Les premiers villages de Mésopotamie ; Du village à la ville » 1994. Armand Colin. p.116

creusement d'un canal) au-dessous du niveau actuel de la plaine mésopotamienne, comme d'ailleurs les niveaux profonds d'Éridu. Notons également que la céramique d'Éridu présente certaines affinités avec celle de Halaf et pourrait, de par sa position stratigraphique, dater comme cette dernière d'environ 5000 avant J.-C. Ainsi donc, aux très hautes époques, toute la Mésopotamie a été habitée par des peuples divers dont nous ne saurons jamais les noms ni l'histoire, car ils ne nous ont laissé aucun texte.

Ce n'est que vers 3400[164] avant J.-C., dans la couche 4b du niveau culturel d'Uruk, à Uruk même, qu'apparaissent les premières tablettes d'argile portant des signes cunéiformes archaïques. Malheureusement, ces premiers textes (les plus anciens du monde) sont uniquement formés de « logogrammes » (dessins représentant un mot) et dépourvus de signes à valeur phonétique utilisés comme particules grammaticales. Nous ne pouvons donc pas être certains qu'ils sont rédigés en sumérien. D'ailleurs, le très grand sumérologue que fut Benno Landsberger a démontré, en 1943 – 1945, que les textes authentiquement sumériens contiennent des mots qui ne sont ni sumériens ni sémitiques, notamment certains noms de villes et de fleuves, dont l'Euphrate (Buranun) et le Tigre (Idigna) et de nombreux noms de métiers et d'objets usuels. Il semble donc que les Sumériens ont emprunté ces mots à un peuple X qui les a précédés en Mésopotamie. Malgré toutes ces découvertes, le problème de l'origine des Sumériens restait toujours obscur. Il se compliquait même et se doublait maintenant d'un problème chronologique : si les Sumériens étaient arrivés en Mésopotamie avant 3000 avant J.-C., comme c'était probable, avaient-ils été porteurs de l'une de ces cultures préhistoriques, et laquelle ? Et d'où venaient-ils ? Les savants étaient perplexes sur les réponses à donner à ces questions.

D'une façon générale, les archéologues (Seton Lloyd, Frankfort), impressionnés par la continuité de culture dont témoignent les temples superposés d'Éridu, étaient enclins à penser que l'arrivée des Sumériens avait coïncidé avec le début de la période d'Obeïd (4500 – 3500 avant J.-C.) ou même d'Éridu. Les philologues Speiser et Kramer, quant à eux, se fondaient sur l'apparition assez tardive de l'écriture, sur une tradition, dans la littérature sumérienne, d'un « âge héroïque » analogue à celui d'autres peuples conquérants (Grecs, Germains et Hindous) et sur le remplacement d'une poterie peinte (Obeïd) par une poterie non peinte (Uruk) pour dater l'arrivée des Sumériens du début de l'époque d'Uruk (vers 3500 avant J.-C.) sinon plus tard. Mais le point de départ des Sumériens était toujours aussi mystérieux : les nombreuses fouilles effectuées dans tout le Proche-Orient, ainsi qu'en Inde, au Pakistan, en Afghanistan, au Caucase et en Asie centrale pendant ces années 1920 – 1960, n'avaient, en effet, rien fourni qui ressemblât, de près ou de loin, à ce que nous sav[i]ons de la civilisation sumérienne.

On en restait donc aux vieilles théories. En 1951, l'assyriologue américain Speiser concluait un long article en affirmant, sans en apporter la moindre preuve, que les Sumériens, entrés en Mésopotamie à l'époque d'Uruk, « étaient venus de l'Est, probablement par mer, bien que leur pays d'origine semble avoir été une région montagneuse ». Et de spéculer : Transcaucasie, Transcaspienne, Haute-Asie ? Seul, André Parrot, en France, penchait pour l'Anatolie, centre traditionnel de la céramique unique, comme l'Iran était celui de la céramique peinte. Pour lui, les Sumériens étaient arrivés du Nord, au début de l'époque d'Uruk, en suivant la vallée de l'Euphrate. Théorie originale mais qui, comme la théorie « maritime », ne reposait sur aucune preuve tangible. Ce golfe Arabo-Persique sur lequel les Sumériens auraient navigué, tels des Vikings, avant de conquérir la Mésopotamie, qu'en savait-on vers la fin des années cinquante ? Peu de choses en vérité, en dehors de ce qu'en disaient certains textes. Ces textes - des inscriptions royales et des tablettes administratives surtout nombreuses entre 2300 et 1800 avant J. C. - évoquaient des vaisseaux venus de pays appelés Dilmun, Magan et Meluhha, s'amarrant dans les ports fluviaux d'Ur et même d'Agadé, non loin de Babylone, après avoir vogué sur la « mer Amère » (ou « Inférieure » ou « du Soleil Levant ») comme on nommait

---

164 La datation conventionnelle en vigueur est établie à 3300 avant J.-C.

alors le Golfe. De Meluhha ils apportaient de l'or, la « précieuse cornaline », des objets d'ivoire, diverses essences d'arbres, tandis que de Magan provenaient le « cuivre noble » et cette belle pierre noire, la diorite, dans laquelle les sculpteurs sumériens ont taillé les statues de Gudéa, prince de Girsu, qu'on peut admirer au Louvre.

Quant à Dilmun, il semble avoir servi surtout de comptoir par où transitaient ces marchandises. Nous ne savons pas très bien ce que les Mésopotamiens donnaient en échange. Sans doute des céréales, des peaux, des tissus, des objets manufacturés. Commerce florissant, en tout cas, que les souverains mésopotamiens, de Manishtusu, roi d'Akkad (2269 – 2255 avant J.-C.), à Sargon II, roi d'Assyrie (721 – 705 avant J.-C.), semblent avoir été périodiquement tentés de monopoliser en s'emparant de ces contrées ou en étendant sur elles leur tutelle. Or, ces trois pays, nous pouvons maintenant les identifier avec une quasi-certitude. Meluhha est très probablement la vallée de l'Indus où fleurissait, à la fin du troisième millénaire, une très remarquable civilisation. Il semble de plus en plus certain que Magan soit l'Oman actuel, riche en minerai de cuivre et en roches éruptives ; et l'on s'accorde à reconnaître l'ancien Dilmun dans l'île de Bahreïn. Mais, à l'exception, justement, de cette île, constellée de milliers de tumuli dont quelques-uns avaient été fouillés en 1906 et en 1925 sans révéler grand-chose, toute la côte ouest du golfe Arabo-Persique, ainsi que l'Oman restaient, dans les années cinquante, terre incognita pour les archéologues.

Le pétrole a changé tout cela. En conférant la richesse, puis l'indépendance aux pays riverains du Golfe, il a éveillé, chez leurs dirigeants, un sentiment national assez puissant pour qu'ils encouragent, financent et même suscitent des recherches visant à retrouver le lointain passé de ces États tout neufs. Après Bahreïn, fouillé avec beaucoup de succès par les Danois à partir de 1953, ce furent l'île de Failaka, appartenant au Koweït, puis le Qatar, les Émirats Arabes Unis, les provinces orientales de l'Arabie Saoudite, l'Oman enfin. À l'heure actuelle, plusieurs missions américaines, anglaises, danoises, françaises, sont à l'œuvre dans cette partie du Proche-Orient trop longtemps négligée, effectuant des surveys, creusant des tells, ouvrant des tombeaux. Il est certes trop tôt pour tenter de brosser un tableau d'ensemble des résultats de ces travaux, de cette authentique « révolution archéologique » dont on s'étonne que le grand public ne soit pas mieux informé, mais quelques points émergent déjà qui méritent d'être soulignés.

Dès le IIIe millénaire avant notre ère, Bahreïn, certaines parties de la côte du Golfe et l'Oman avaient leur propre culture, tantôt modeste, tantôt assez impressionnante, et étaient en rapports étroits avec la Mésopotamie, l'Iran oriental, le Baloutchistan et la vallée de l'Indus. Enfin, les rapports commerciaux et, peut-être politiques, avec la Mésopotamie remontent à une époque beaucoup plus lointaine que ne le suggéraient les textes, puisqu'on retrouve la céramique de Jemdat Nasr (vers 3100 avant J.-C.) jusqu'au cœur de l'Oman, et la poterie d'Obeïd, voire de Hajji Mohammed, tout le long de la côte d'Arabie Saoudite jusqu'à Bahreïn et au Qatar. C'est aussi au pétrole qu'on doit d'autres recherches, celles-ci dans les domaines de la géologie et de la géophysique, mais ayant parfois des retombées sur l'histoire, la préhistoire et l'archéologie du Golfe et des pays voisins. De ces recherches, nous ne retiendrons ici que les sondages sous-marins effectués en 1964 – 1965 par les géologues du navire océanographique allemand Meteor, parce qu'elles ont un rapport direct avec notre sujet. En effet, ces sondages ont permis de confirmer et surtout de dater ce que l'on connaissait déjà depuis longtemps, à savoir que le niveau du golfe Arabo-Persique a fluctué considérablement pendant tout le Pléistocène et le début de l'Holocène, selon que se formaient ou fondaient les énormes calottes glaciaires qui, à quatre reprises, ont recouvert tout le Nord de l'Europe et de l'Amérique. Ainsi, on a pu établir que vers 70 000 avant J.-C., l'intervalle chaud entre les deux dernières glaciations (Riss et Würm), le niveau du Golfe était supérieur de quelque huit mètres au niveau actuel, ce qui implique que les eaux recouvraient alors une grande partie de la plaine mésopotamienne. Le niveau baissa ensuite, à mesure que le climat devenait plus froid et que les glaciers se reformaient, pour atteindre son point le plus bas (- 120 m) à l'acmé de la glaciation de Würm, vers 14 000 avant J.-C. Le Golfe tout entier était alors une large plaine traversée par le Tigre et l'Euphrate (ou l'équivalent de l'actuel Shatt el-Arab), qui se jetaient directement dans le golfe d'Oman. Puis, la calotte glaciaire reculant, le niveau du golfe Arabo-Persique remonta, très lentement d'abord, ensuite plus vite. Le sommet du Golfe se situait à l'est de la péninsule de Qatar vers 12 000 avant J.-C., à mi-chemin entre Koweït et Bahreïn vers 10 000 avant J.-C. environ, cent kilomètres plus au nord 8000 avant J.-C., à la latitude de Koweït vers 6000 avant J.-C. et à son emplacement actuel vers 4000 avant J.-C. Une dernière montée des eaux, vers 3500 avant J.-C. aurait encore élevé le niveau d'environ trois mètres, assez pour submerger une partie de la Basse-Mésopotamie, et c'est l'alluvionnement progressif par des fleuves désormais à faible pente qui aurait fait reculer la mer, la ville d'Ur se situant à vingt ou trente kilomètres du rivage vers 2800 avant J.-C.

Il est donc possible de penser qu'entre 14 000 et 4000 avant notre ère, ce qui est aujourd'hui le fond du Golfe était une large vallée arrosée par un ou deux grands fleuves et leurs affluents, parsemée aussi de lacs et, semble-t-il, habitable. Et l'on ne peut s'empêcher de rêver que cette vallée, à partir d'une certaine époque qui reste à définir, a pu être habitée par les Sumériens ou tout au moins leurs ancêtres. Cette hypothèse, qu'on ose à peine formuler à voix basse, aurait l'avantage de résoudre certains problèmes. Elle fournirait un semblant de base rationnelle à la légende racontée par Bérose. L'homme-poisson Oannès personnifierait ce peuple reculant devant la montée des eaux, littéralement « sortant de la mer », pour s'installer autour d'Éridu, puis dans toute la Basse-Mésopotamie. Ensuite, si l'on admet que les Pré-Sumériens ont été les vecteurs des poteries peintes d'Éridu, de Hajji Mohammed et d'Obeïd, cette hypothèse serait compatible avec la présence de cette céramique au Qatar, à Bahreïn et le long de la côte nord-ouest du Golfe, ainsi qu'à l'extrême sud de l'Irak. Enfin, elle rendrait compte d'un concept sumérien dont la raison d'être est loin d'être évidente : celui de « Dilmun, paradis perdu », concept auquel se réfère sans doute la fin du plus ancien récit mésopotamien du Déluge, lorsque Ziusudra, le Noé sumérien, sort de l'arche, offre un sacrifice, est transfiguré en dieu et est installé « dans le pays de passage, le pays de Dilmun, là où se lève le soleil ». Mais le texte le plus explicite à cet égard est un long poème, assez bien conservé malgré quelques lacunes, qui porte le nom de « Mythe d'Enki et Ninhursag ».

Ce mythe, bizarre et compliqué, est essentiellement un mythe de création sexuelle ayant pour théâtre Dilmun et pour protagonistes le dieu des eaux Enki et la déesse-terre Ninhursag, son épouse. On y voit Enki faire surgir de l'eau douce à Dilmun pour arroser prairies et vergers, féconder ensuite son épouse et même, successivement, sa fille et ses petites filles, donnant ainsi naissance à des déesses, enfin se faire dérober sa semence par Ninhursag pour produire huit plantes probablement magiques. Mais il les mange, et, maudit pour ce geste par la déesse-terre, tombe gravement malade. Pourtant, Ninhursag, qui s'était enfuie, revient, prend pitié de lui et crée huit divinités guérisseuses (une pour chaque partie de son corps dont il souffre) auxquelles Enki assigne certaines fonctions divines ou attribue certains territoires. Notons ici que Magan est donné au dieu Nintulla et Dilmun au dieu Enshag (qui peut aussi s'écrire Enzak ou Inzak). Or, on lit le nom d'Inzak sur des inscriptions datant du début du IIe millénaire, découvertes à Bahreïn et dans l'île de Failaka.

Mais la partie la plus intéressante du mythe pour notre propos est la description de Dilmun qui ouvre le récit. Pour citer son dernier traducteur, le professeur Kramer, de Philadelphie, Dilmun est un pays « pur », « propre », « brillant », un « pays des vivants » où ne règne ni la maladie ni la mort. Bref, un pays de rêve, véritable Paradis, comme le deviennent volontiers, dans la mémoire des hommes, les lieux qu'ils ont dû quitter il y a très longtemps, sans espoir de retour. Les Sumériens (ou tout au moins leurs ancêtres) seraient-ils donc venus de Dilmun, c'est-à-dire de l'île de Bahreïn ou, au sens large du terme, de la partie du Golfe située entre cette île et le Koweït et aujourd'hui recouvert par les eaux ? Gardons-nous de répondre par l'affirmative, de nous enfermer dans un mythe à l'instar des fanatiques de l'Atlantide. Si attrayante que puisse paraître l'hypothèse d'un « Sumer préhistorique » enfoui au fond du golfe Arabo-Persique, elle se heurte à de multiples objections d'ordre chronologique, géologique et archéologique qui la rendent peu crédible. Ainsi, à la latitude de Bahreïn le fond du Golfe a été sec de 14 000 à 10 000 avant J.-C., période qui correspond au Paléolithique supérieur (d'ailleurs attesté par de nombreux silex taillés au Qatar) et trop reculée pour concorder avec une culture protohistorique. En outre, selon le géographe Vita-Finzi, la rareté des sédiments fluviatiles au fond du Golfe et l'absence de véritable delta à son entrée (sans doute à cause de la très forte pente du ou des fleuves à ces époques reculées) en auraient fait « une dépression généralement privée d'eau et contenant quelques zones marécageuses ». Autre point notable : on n'a pas trouvé de céramique d'Éridu (pourtant la plus ancienne) à Bahreïn, au Qatar ni sur la côte du Golfe, et la majorité de la céramique d'Obeïd qu'on y a recueillie est tardive. Au reste, l'hypothèse « sous marine » est entachée d'un défaut majeur : elle est invérifiable.

Car, que peut-on espérer retrouver aujourd'hui, sur le plancher terrestre du Golfe ? Des huttes de roseaux et des maisons de torchis et de briques crues qui constituaient l'habitat ordinaire des Sumériens et de leurs prédécesseurs ? Et puis, elle n'est pas nécessaire pour expliquer le mythe d'Enki et Ninhursag. On peut très bien imaginer que des Pré-Sumériens, qu'ils soient venus de l'est ou de l'ouest (c'est-à-dire de Mésopotamie), ont pu séjourner ou créer des colonies ou des comptoirs le long de la côte du Golfe et à Bahreïn, puis les abandonner ou les perdre au profit d'autres peuples. Les Sumériens auraient alors transposé plus tard dans ces pays lointains « où le soleil se lève » leur mythe d'un Paradis perdu comme les Hébreux établis en Canaan ont situé le leur dans le jardin d'Éden, entre le Tigre et l'Euphrate. Rien jusqu'à présent n'a démontré un mouvement ethnique d'est en ouest à travers le Golfe.

En revanche, l'hypothèse d'une « origine » mésopotamienne des Sumériens semble de plus en plus probable et mérite d'être examinée. À nos yeux, le principal mérite des nombreuses fouilles effectuées sur les sites protohistoriques d'Irak au cours des vingt dernières années a été de confirmer que la civilisation suméro-akkadienne était, comme toutes les civilisations anciennes ou modernes, un amalgame d'éléments divers fusionnés dans le même creuset, coulés dans le même moule. L'apparition de chacun de ces éléments – qu'il s'agisse de techniques, d'arts ou d'architecture – peut désormais être localisée dans le temps et dans l'espace et, s'il est incontestable que certains ont été empruntés à des pays voisins, la plupart ont, en Mésopotamie même, des racines si profondes qu'on peut les considérer indigènes à cette région. Nous savons maintenant, grâce à ces fouilles, que les plus anciennes cultures préhistoriques de Mésopotamie ont été en partie contemporaines et qu'il n'existe entre elles aucun hiatus, le passage, par exemple, d'une céramique à l'autre sur le même site se faisant presque toujours progressivement. Il est en outre extrêmement probable que le remplacement de la poterie peinte d'Obeïd par la poterie non peinte d'Uruk a été dû à une innovation technique, le tour du potier, permettant une production de masse, et qu'il n'y a plus lieu d'évoquer un changement brusque de population. De toutes ces cultures, seule celle de Halaf semble avoir été importée, toute faite, en Mésopotamie, sans doute d'Anatolie orientale ou d'Arménie, mais sa diffusion limitée, son apparition et sa disparition graduelles suggèrent une infiltration pacifique plutôt qu'une conquête.

Ces recherches archéologiques relativement récentes nous ont aussi révélé une nouvelle culture protohistorique qu'il faut insérer entre la culture de Hassuna et celles, contemporaines entre elles, de Halaf dans le Nord et d'Éridu (Obeïd I) dans le Sud, que le carbone 14 permet de dater d'environ 5500 avant J.-C. Cette culture porte le nom de Samarra parce que la très élégante céramique peinte qui la caractérise a été découverte, dès 1912, dans un cimetière sous-jacent au niveau médiéval de cette ville, mais son site-type est Tell es-Sawwan (le tell « des silex »), situé sur la rive gauche du Tigre, non loin de Samarra, et fouillé par une mission irakienne entre 1963 et 1969. L'épicentre de cette culture paraît correspondre au Moyen-Tigre, entre Mossoul et Baghdad, mais on retrouve la céramique de Samarra jusque sur le Moyen-Euphrate et le Khabur, à l'ouest, et les contreforts du Zagros, à l'est. Essentiellement agriculteurs et éleveurs de bétail, les habitants de Tell es-Sawwan semblent avoir été les premiers en Irak à pratiquer une forme primitive d'irrigation, en utilisant les crues du Tigre pour arroser leurs champs où poussaient le blé, l'orge, l'avoine et le lin. Ils ont aussi été les premiers dans cette région à entourer leur ville d'un fossé et d'une muraille. Leurs maisons, spacieuses et construites en briques crues, contenaient, outre la belle poterie de Samarra, des vases de marbre translucide très habilement taillés. Enfin, leurs tombes, situées sous les demeures, ont livré des statuettes en terre cuite ou en albâtre de personnages debout ou accroupis, le plus souvent des femmes. Certaines des figurines de terre cuite avaient des yeux faits d'une pastille d'argile fendue « en grain de café » et des crânes très allongés – yeux et crânes fort semblables à ceux des figurines de la culture d'Obeïd. Par contre, les yeux d'autres statuettes de terre cuite ou d'albâtre, largement ouverts, incrustés de coquillage et surmontés d'épais sourcils en bitume. Or, non seulement ces yeux, mais l'attitude même des personnages (coudes pliés, mains jointes devant la poitrine), et leur bonnet pointu ressemblent étonnamment à ceux des statuettes sumériennes archaïques qui, elles, datent de 2800 – 2500 avant J.-C.

Autre découverte notable, l'archéologue anglaise Joan Oates a trouvé à Choga Mami, à l'est de Bagdad, des figurines d'argile aux yeux en grain de café semblables à celles de Tell es-Sawwan, ainsi qu'une céramique de style transitionnel entre la céramique de Samarra et celles d'Éridu (Obeïd I) et de Hajji Mohammed (Obeïd II), toutes trois, d'ailleurs, également présentes sous leur forme pure sur le même site. Tell es-Sawwan et Choga Mami nous offrent donc un exemple remarquable de continuité culturelle entre les « Samarriens », les « Obeïdiens » et même, semble-t-il, les Sumériens d'époques historiques. Nous ne pensons pas qu'on puisse en conclure que les « Obeïdiens » étaient des « Samarriens » émigrés dans le Sud, ni que les « Obeïdiens » étaient incontestablement les ancêtres des Sumériens, mais ces découvertes ne peuvent que renforcer l'hypothèse selon laquelle les Sumériens feraient partie des diverses populations établies depuis longtemps en Mésopotamie et qui se sont sans doute mêlées et ont fusionné au cours des siècles, comme l'ont fait nos propres ancêtres. Dans cette hypothèse, l'origine des Sumériens se perdrait dans la nuit des temps, car nous ne savons et ne saurons jamais rien de précis sur les mouvements des populations néolithiques et paléolithiques qui se sont succédé au Proche-Orient, en Europe ou en Asie. Vouloir à tout prix trouver aux Sumériens un « berceau d'origine », quitte à le chercher jusqu'au fond de la mer, échafauder des théories sur des bases qui se dérobent dès qu'on les examine de près, n'est-ce pas se nourrir d'illusions ou, comme l'a si bien dit Frankfort, « poursuivre une chimère » ?[165]

Peut-être poursuivons-nous une chimère. Peut-être notre étude aboutira-t-elle à la conclusion que les pré-Sumériens constituaient une population néolithique, ayant évolué isolée de toutes les autres avant l'arrivée des sémites, ce qui est fort probable. Voilà où nous en sommes, sachant que la réponse d'une origine néolithique, bien qu'insatisfaisante, serait déjà une réponse. De plus, vous verrez que nos prochains arguments, bâtis parfois sur de minuscules détails qui, à notre connaissance, ont échappé aux auteurs plus anciens, préciseront davantage les contours flous de cette origine, quelle qu'elle soit. Sans plus tarder, remontons dans le temps une dernière fois afin de déterminer si les pré-sumériens étaient encore une population relativement uniforme avant l'arrivée des Sémites, ou si, en fin de compte, nous poursuivons bel et bien « une chimère ». Nous nous intéresserons ensuite à la génétique des populations de certains pays dont les rapports avec les Sumériens sont avérés et/ou sur lesquels les soupçons se sont portés au fil des études, avant de conclure.

En 2020, Marc Azéma et Laurent Brasier publient un ouvrage intitulé « La fabuleuse histoire de nos origines » sur lequel nous nous baserons pour écrire cette avant-dernière sous-partie. Les Hommes sont sortis d'Afrique plusieurs fois tout au long de l'histoire de notre lignée, sans doute de façon plus ou moins continue, et avec de possibles retours en arrière, irriguant ainsi un processus de peuplement de la planète beaucoup plus ancien et beaucoup plus complexe qu'on ne l'imaginait autrefois, écrivent-ils. Pour ce qui est d'Homo sapiens, on pensait ainsi que sa « sortie d'Afrique » s'était accomplie autour de 60 000 ans en une vague unique. Mais les découvertes s'accumulent qui

---

165 Roux 1982

remettent en cause ce scénario classique simpliste. Au Proche-Orient, où l'on savait déjà que Homo sapiens s'était établi voici 100 000 ans, une demi-mâchoire mise au jour dans la grotte de Misliya, sur le mont Carmel, a pu être datée à environ 180 000 ans en 2018. Elle démontre que les incursions de Sapiens ont été précoces. Cela est conforté par la génétique, qui situerait des premiers croisements avec Néandertal dans cette région entre 220 000 et 460 000 ans... et donc la présence de Sapiens archaïques, possiblement attestée par le « crâne de Galilée », trouvé sur le site de Mugharet el-Zuttiyeh, en Israël, peut-être vieux de 200 000 ans. Autre indice de poids : 47 dents humaines provenant de la grotte de Daoxian, dans le sud de la Chine, qui d'après leur description dans la revue *Nature* en 2015 pourraient avoir 120 000 ans. Elles appartiennent pourtant à des Sapiens et sont par-dessus le marché résolument modernes...

Comment expliquer ces premières migrations hardies d'*Homo sapiens*, alors qu'on pensait qu'il ne s'était aventuré en Europe que vers 45 000 ans ? Des découvertes récentes laissent penser que le climat lui a offert d'autres portes de sortie que le corridor du Nil, qu'il s'est empressé d'emprunter lorsqu'il trouvait des conditions favorables. C'est le cas de la péninsule Arabique et de la voie maritime : des pierres taillées de différents sites balisent en effet un parcours possible du Soudan à Oman, via la mer Rouge, alors à son niveau le plus bas, il y a environ 120 000 ans. La voie fluviale a pu également jouer un rôle important : voici environ 100 000 ans, le Sahara aurait engendré trois cours d'eau temporaires suffisamment importants pour forcer leur chemin vers la Méditerranée à travers le désert et fixer la végétation, créant ainsi des corridors verts. Pour *Homo sapiens*, la route était toute tracée pour gagner la zone humide favorable du Chott Melghir, en Algérie, et de là, la côte de la Méditerranée, jusqu'au Levant...

Vers 100 000 ans, au Proche-Orient, *Homo sapiens* et Néandertal se mettent à enterrer leurs morts. Les premières sépultures marquent une rupture dans l'histoire de l'humanité : pour la première fois, des hommes au mode de vie nomade prêtent une attention particulière à certains de leurs défunts en les inhumant. Auparavant, seules des boîtes crâniennes très bien préservées semblent avoir été conservées intentionnellement dans l'habitat par des proches. Les quelques dizaines de sépultures attestées entre 100 000 et 35 000 ans se rapportent à la grande culture du Paléolithique moyen, le Moustérien. Elles se concentrent au Proche-Orient et en Europe : la grotte de Shanidar en Irak, celle de La Ferrassie dans le Périgord, et celles de Mugharet es-Skhul et de Djebel Qafzeh, en Israël, les plus anciennes (100 000 ans et 92 000 ans). Les hommes qui ont enterré leurs morts étaient des *Homo sapiens* anatomiquement modernes aussi bien que des Néandertaliens. Pour cette période, sont inhumés aussi bien des hommes que des femmes, des immatures que des adolescents ou des adultes, mais les Néandertaliens montrent une préoccupation particulière vis-à-vis des plus jeunes (40 % des dépôts funéraires concernent des enfants de moins de trois ans).

Le plus souvent, les corps sont déposés dans des fosses, couchés sur le côté en position fœtale, généralement seuls, même si on connaît quelques tombes multiples. Dans quelques cas, des offrandes sont faites au défunt ; mandibule de suidé (Skhül), massacre de cervidé (Qafzeh), cornes de bouquetins (Techik-Tach, Ouzbékistan). Ces comportements funéraires évolueront peu au Paléolithique supérieur : le dépôt d'objet se généralise au Gravettien (29 000 – 22 000 ans), les sépultures sont plus nombreuses au Magdalénien (17 000 – 12 000 ans), peut-être parce que la croissance de la population augmente la probabilité pour les archéologues de retrouver ces indices de comportements face à la mort. Ce n'est qu'après la fin de l'ère glaciaire que les rites funéraires se développeront et se complexifieront dans diverses régions, et au Néolithique qu'apparaîtront les premiers monuments funéraires.

Depuis trente ans, l'étude des gènes fossiles livre des informations importantes sur les espèces disparues. Mais en mars 2010, un nouveau cap fut franchi avec la surprenante découverte, par l'analyse génétique seule, d'une nouvelle population d'hominidés appartenant au genre *Homo*, les Dénisoviens. Découverts en 2008, dans une grotte des monts Altaï (Sibérie du Sud), leurs restes se résumaient alors à un morceau de phalange d'auriculaire, vieille de 52 000 à 76 000 ans, complété par un os d'orteil et deux dents. C'était maigre pour décrire l'anatomie et la morphologie de ces nouveaux venus... mais l'ADN qui a pu en être extrait s'est heureusement révélé plus loquace : la comparaison d'une séquence d'ADN mitochondrial avec celles de six Néandertaliens et d'une soixantaine d'hommes modernes a révélé que Dénisoviens, Néandertaliens et hommes modernes étaient des populations génétiquement distinctes. L'ADN nucléaire a ensuite révélé une proximité plus étroite entre Néandertaliens et Dénisoviens, qui auraient divergé entre 470 000 et 380 000 ans (en 2018, on a même découvert qu'un fragment osseux de Denisova avait appartenu à une adolescente d'environ 13 ans, hybride d'une mère Néandertalienne et d'un père Dénisovien !).

Il a aussi montré qu'entre 3 et 5 % de l'ADN des populations mélanésiennes et aborigènes actuelles proviennent de Dénisoviens. Ceux-ci se seraient hybridés avec des hommes modernes qui se dirigeaient vers l'Australie il y a 50 000 à 100 000 ans. Depuis, un autre fragment de phalange est venu compléter le premier, si bien que le célèbre ossement est désormais entier. Les paléoanthropologues se sont aussi demandé s'il n'existait pas déjà des fossiles dénisoviens dans les collections... c'est ainsi qu'en 2019, une demi-mandibule vieille de 160 000 ans qui avait été découverte en 1980 dans une grotte près de Xiahe, en Chine centrale, s'est avérée appartenir à un Dénisovien, grâce à l'analyse des protéines extraites d'une de ses molaires. Une autre mandibule, trouvée en mer entre Taïwan et la Chine, pourrait elle aussi être Dénisovienne, ainsi qu'un crâne trouvé à Harbin, dans le nord de la Chine, et vraisemblablement d'autres fossiles chinois anciens encore. Il est en tout cas désormais certains que les Dénisoviens ont eu une aire de répartition très étendue en Asie, dont l'Altaï constituait plutôt une marge que le centre. La génétique nous apprend par ailleurs qu'ils s'étaient scindés en au moins deux branches principales depuis près de 350 000 ans : l'une est celle de fossiles des Hommes de Denisova et sans doute des Dénisoviens chinois, la seconde est plus méridionale, vierge de fossiles, mais génétiquement plus présente chez les Aborigènes australiens ou les Mélanésiens actuels. Ces deux branches furent sans doute morphologiquement assez différentes.

Nous avons (presque) tous hérité d'une fraction du génome de Néandertal. C'est là le fruit d'une rencontre qui se serait produite il y a quelque 50 000 ans – et peut-être encore avant. En mai 2010, la nouvelle a fait l'effet d'un coup de canon : un à quatre pour cent du génome de certains hommes actuels – Européens et Asiatiques, mais pas Africains – provient de celui des Néandertaliens. Explication : notre espèce, après sa sortie d'Afrique pour conquérir l'Eurasie, s'est croisée avec Néandertal. L'événement a probablement eu lieu au Proche-Orient, il a de cela 50 000 à 80 000 ans. Ces résultats publiés dans la revue *Science* par l'équipe de Richard E.Green, de l'Institut Max-Planck d'anthropologie évolutionnaire de Leipzig (Allemagne), ont été obtenus en comparant des séquences d'ADN nucléaire néandertalien (extrait de trois individus de la grotte croate de Vindija, datés de 38 000 à 44 000 ans) avec celles de différentes populations actuelles. Ils marquaient un tournant dans un feuilleton génétique ponctué jusque-là d'études contradictoires et ouvraient de nouvelles et riches perspectives. En 2014, le génome de l'Homme de Ust'-Ishim, le plus ancien homme moderne alors connu en Eurasie hors du Proche-Orient, daté de 45 000 ans, venait entériner l'idée que Néandertaliens et Sapiens avaient eu des rapports plus que cordiaux et précisait l'intervalle de leur rencontre : entre 50 000 et 60 000 ans. La même année, des généticiens américains comparaient les génomes de 665 individus actuels d'Europe et d'Asie de l'Est et montraient que, collectivement, plus de 20 % du génome de Néandertal étaient encore présents dans notre ADN. Une autre équipe comparait le génome de Néandertal avec ceux de 1004 individus actuels et montrait que les gènes néandertaliens conservés avaient pu conférer un avantage utile aux *Homo sapiens* dans l'adaptation à leur nouvel environnement eurasiatique, moins ensoleillé et plus froid, ou pour lutter contre diverses maladies. Enfin, en 2017, l'ADN mitochondrial d'un fémur néandertalien nommé HST, trouvé en 1937 dans la grotte de Hohlenstein-Stadel en Allemagne, révélait qu'un groupe de Sapiens avait croisé les Néandertaliens installés en Europe il y a plus de 220 000 ans... un résultat demandant confirmation mais qui montrait incidemment que des migrations ponctuelles hors d'Afrique avaient pu se produire très tôt. Si les deux espèces ont eu des interactions biologiques, la probabilité de trouver d'hypothétiques hybrides restait jusqu'à il y a peu assez faible. Certains ossements étaient interprétés comme ceux d'individus hybrides, comme l'enfant de Lagar Velho, au Portugal, un squelette daté de 24 500 ans qui présente certains traits néandertaliens. Mais le premier véritable individu hybride reconnu a été trahi par son ADN. Il s'agit d'un jeune homme, dont les ossements datés d'environ 40 000 ans ont été trouvés à Peştera cu Oase, « la caverne aux ossements », en Roumanie. En 2015, les analyses génétiques ont révélé qu'il avait hérité environ un dixième de son ADN d'un ancêtre néandertalien ayant vécu quatre à six générations seulement auparavant !

Avec le Natoufien, les sociétés du Levant s'engagent dans la transition vers un mode de vie sédentarisé, marqué par de nombreuses innovations culturelles. Au Proche-Orient, du Taurus jusqu'au Sinaï, entre 14 500 et 11 500 ans avant le présent, des populations s'engagent dans de premières expériences de sédentarisation, annonçant les changements profonds qui caractériseront le Néolithique. Ils appartiennent au Natoufien, une culture du Levant nommée d'après le site de Wadi El Natouf en Cisjordanie. Le Natoufien fait le lien entre le Paléolithique et le Néolithique et entre deux modes de vie. C'est sur les sites natoufiens, que l'on retrouve dans tout le Levant (ou, pour certains auteurs, dans une aire plus circonscrite entre la Jordanie, la Palestine et Israël), qu'apparaissent les premiers villages occupés de façon permanente. Les lames de faucilles en silex ainsi que divers outils de broyage montrent que ces populations, favorisées par des conditions climatiques clémentes, subsistent grâce à la cueillette et au stockage de céréales sauvages telles que l'engrain ou l'amidonnier, qui complètent les produits de la chasse (gazelles, bœufs et sangliers) et de la pêche. Les Natoufiens entretiennent de premiers échanges commerciaux régionaux (coquillages de la Méditerranée, de la mer Rouge et du Nil, obsidienne d'Anatolie, pierres semi-précieuses de Jordanie et de Syrie).

Ils utilisent la technique du polissage de la pierre, possèdent une industrie osseuse importante (harpons) et domestiquent le chien, sans doute pour la chasse. Autre caractéristique majeure de leur culture, la présence en nombre de sépultures, qui contraste avec leur rareté antérieure. Avec des camps fixes, la problématique de la gestion des morts est plus aiguë. Toutefois, les pratiques mortuaires variées semblent d'abord frustes, et ce n'est qu'à la fin de la période que de premiers rituels funéraires semblent vraiment apparaître, avec la coutume de séparer le crâne du reste du corps, ainsi que de véritables cimetières. La fin du Natoufien est marquée par une détérioration des conditions climatiques (Dryas récent), qui conduit à l'interruption, durant un millénaire, du processus de sédentarisation. Lorsqu'il reprendra, il conduira les sociétés du Levant à bâtir les premières cités.

La sédentarisation progressive des groupes humains, encouragée par l'avènement de l'agriculture, s'accompagne de l'apparition des premières maisons et des premiers villages. Avec les conditions plus clémentes de l'Holocène et la disponibilité tout au long de l'année de ressources alimentaires diversifiées, des groupes de chasseurs-collecteurs du Proche-Orient commencent à fréquenter les mêmes sites sur des périodes de temps plus longues. Leur passage progressif à un mode de vie agricole entérinera leur sédentarisation, qui s'accompagne de la nécessité de bâtiments d'habitation et de stockage durables. Du regroupement de ces structures vont naître les premiers villages. Mallaha, site natoufien dans la vallée du Jourdain, est l'un de ceux-là. Neuf structures circulaires et semi-circulaires semi-enterrées de 3,5 à 5 mètres de diamètre y ont été bâties vers 12 500 ans avant notre ère. Ces bâtiments permanents parmi les plus anciens connus ont été construits en terre, avec un muret de pierre, et étaient probablement recouverts d'une toiture soutenue par des poteaux dont des traces sont conservées. Ce village aurait pu abriter de façon permanente deux cents personnes, vivant encore de la chasse et de la cueillette (légumineuses, céréales, amandes). Avec le développement de la sédentarisation dans tout le Croissant Fertile, les habitats se perfectionnent et les villages se structurent petit à petit. À partir de 10 000 ans avant notre ère, le Khiamien, qui marque la transition entre le Natoufien et la première période du Néolithique, entre environ 10 000 à

9 500 ans avant notre ère, voit apparaître des maisons qui ne sont plus enterrées, mais construites à même la surface du sol. À Nahal Oren (Israël), dix-sept maisons rondes aux murs de pierre et pourvues d'un foyer central s'organisent sur quatre terrasses étagées. Au IXe millénaire, des premières constructions rectangulaires, destinées au stockage, sont bâties dans le village de Mureybet, en Syrie. À Jéricho, l'agglomération, vieille d'environ 11 000 ans, est ceinte d'un mur de quatre mètres de haut. Enfin, la spectaculaire agglomération de Çatal Höyük, en Turquie, voit l'apparition de maisons à étage en adobe, qui ont conservé une grande partie de leur aménagement et de leur décoration.

Il y a 12 000 ans, différents groupes humains sédentarisés à travers le monde adoptent un nouveau modèle de subsistance basé sur l'agriculture et l'élevage : c'est un tournant décisif dans l'histoire de l'humanité. Le « Néolithique » (du grec « nouveau » et « pierre »), qui désigne littéralement le « nouvel âge de la pierre », est un terme qui fut proposé en 1865 par le préhistorien John Lubbock (1834 – 1913) pour distinguer cette période charnière de l'histoire de l'humanité de la précédente, le Paléolithique. Le Néolithique se caractérise par l'essor des premières sociétés agricoles sédentaires qui, par opposition aux sociétés antérieures de chasseurs-collecteurs, vont prendre le contrôle du monde vivant pour le transformer et devenir de véritables producteurs. Cette rupture fondamentale du mode de vie et de pensée des groupes humains se traduit dans les archives archéologiques par la généralisation de l'outillage en pierre polie (qui apparaît en fait au Paléolithique et n'est qu'un des outils de la panoplie des outils de pierre) en lien avec les besoins de défrichage, la poterie (elle aussi apparue avant), la domestication des espèces animales et végétales (dont il existe des formes transitoires bien plus anciennes), l'apparition des premiers villages et des bâtiments publics, et de nouvelles formes sociales marquées par une plus grande complexité et des organisations hiérarchiques plus affirmées.

Ces mutations, loin d'être aussi rapides qu'on avait pu l'envisager, au point de parler de « révolution néolithique », selon l'expression de l'archéologue australien Vere Gordon Childe (1892 – 1957), s'inscrivent en fait dans un temps long, plus ou moins régulier et progressif, et surviennent selon les régions à des époques parfois bien différentes – quand elles surviennent –, si bien que la chronologie du Néolithique dépend étroitement de l'aire géographique concernée. Le foyer de néolithisation le plus ancien se situe dans le Croissant fertile, au Moyen-Orient, où la domestication s'amorce il y a approximativement 12 000 ans. Ce processus essaimera ensuite vers l'Europe et le pourtour méditerranéen, tandis que d'autres régions du monde connaîtront des processus totalement indépendants (Chine, Andes, Mexique, Mississippi, Nouvelle-Guinée, Afrique...).

Il y a environ 10 000 ans, au Proche-Orient, les populations préhistoriques ont commencé à cultiver les céréales qui poussaient à l'état sauvage. Leur domestication prendra plus d'un millénaire. Les humains ont d'abord consommé des quantités significatives de plantes cueillies dans la nature. Cette cueillette date d'au moins 23 000 ans (Ohalo II, Israël). Puis ils ont commencé à ensemencer des champs pour cultiver et moissonner des plantes sauvages, devenues progressivement domestiques sous l'effet de la sélection. Au Proche-Orient, de nombreux sites ont livré des restes végétaux carbonisés pouvant être datés par le carbone 14, ce qui permet aux archéologues de déterminer à quelle époque chaque plante a été cultivée et sous quelle forme, sauvage ou domestique (l'examen de l'axe de l'épi au microscope permet de voir si la « couche d'abscission », qui maintient les grains solidaires de l'épi, est devenue incassable : cela signifie que la plante a perdu la capacité de sa forme sauvage à disperser ses grains sur le sol).

Ces vestiges montrent qu'une agriculture pré-domestique a débuté il y a au moins 11 500 ans. Puis il y a 10 500 ans apparaissent les premières formes de céréales domestiques véritables (blé en grain, blé amidonnier, orge, seigle). Ce processus a donc pris au moins un millénaire et fut beaucoup plus long que ce que l'on pensait auparavant. Par ailleurs, céréales domestiques et sauvages cohabiteront pendant encore longtemps (la continuation de la cueillette et les grains perdus lors de la récolte, qui germent l'année suivante alors qu'ils sont peu adaptés à l'agriculture, ralentissent le processus de domestication). Cette domestication a eu lieu quasiment en même temps mais indépendamment au Levant, en Anatolie centrale, au Zagros (Iran) et même à Chypre.

Vers 5500 ans dans le sud de la Mésopotamie, l'économie néolithique favorise l'apparition des premiers centres urbains. Ces premières sont le siège d'une nouvelle forme de pouvoir politique. Dans cette région du sud de la Mésopotamie, on assiste en effet depuis le VIIe millénaire avant notre ère à une lente mutation, entamée avec la sédentarisation puis la maîtrise de l'agriculture. Avec la culture d'Obeïd, les agglomérations s'étendent et apparaissent alors de grands bâtiments collectifs. Celle d'Uruk, qui recouvre le IVe millénaire, est la première civilisation vraiment urbaine du monde. Les premières véritables cités-états qui se constituent alors se dotent de l'écriture ; la Mésopotamie bascule dans l'Histoire. Ces nombreuses cités ont une organisation sociale hiérarchisée. La cité d'Ur, l'une des plus anciennes et des plus importantes, est ainsi dirigée par un roi, à la tête d'une véritable organisation politique et religieuse. Délimitée par des remparts, elle contrôle un territoire sur lequel les activités agricoles et artisanales se déploient.

À l'intérieur de ses murs, c'est un nouveau mode de vie qui s'installe, avec ses équipements collectifs et ses installations offrant un certain confort, du moins pour les élites, mais aussi son cortège de désagréments (épidémies, violences et stress). Cette urbanisation du sud de la Mésopotamie s'explique par la présence d'une vaste plaine où coulent le Tigre et l'Euphrate, deux fleuves qui ont pu être domestiqués. Dans le mouvement d'expansion de la néolithisation, qui s'est opéré aux alentours de 6500 avant notre ère hors de sa zone originelle du Levant, les communautés paysannes ont trouvé là une oasis leur permettant de croître en nombre et en densité. À la différence d'autres régions, comme en Europe, où les communautés paysannes peuvent s'éparpiller librement sur un vaste territoire, celle de Sumer, coincée entre les déserts et le golfe Persique, contraignait les nouveaux venus à se fixer et croître dans un même espace limité. Seul un état inégalitaire et hiérarchisé pouvait maintenir durablement la cohésion nécessaire de cette nouvelle civilisation urbaine[166].

Dans son ouvrage intitulé « L'érotisme sacré », Jean Bottéro déclare que les Sumériens n'ont guère apparu sur le théâtre mésopotamien avant la dernière moitié du IVᵉ millénaire. Leur pays d'origine nous est toujours inconnu, indique-t-il. Si l'on en juge au nombre de traits qui figurent, çà et là, parmi leurs légendes épiques, leurs plus anciens représentants paraissent avoir entretenu des relations étroites avec les habitants d'une contrée orientale, sur le plateau iranien, non encore localisée et que l'on appelait Aratta. D'un autre côté, une légende, vraisemblablement très ancienne, même si elle ne nous est conservée que par un auteur babylonien du IVᵉ siècle avant notre ère, Bérose, nous orienterait vers le golfe Persique et le Sud. Mais, d'où qu'ils soient venus et quel qu'ait été le type de culture qu'ils véhiculaient à leur arrivée, il est manifeste que leur entrée dans le pays mésopotamien et leur jonction, à la fois ethnique et culturelle, avec les habitants d'alors, a eu pour résultat un essor extraordinaire, une prodigieuse avancée de la civilisation. En quelques siècles, le pays de Sumer a atteint des sommets, tant sur le plan de la puissance politique que de la prospérité économique, et produit quantité de ses réussites les plus étonnantes, dans l'« industrie » et la technique, dans l'art, l'architecture, la vie intellectuelle et la réflexion religieuse, avec toute une tradition orale de mythes, de légendes héroïques et de poèmes sacrés.

Le plus antique roi de Sumer dont il nous soit rapporté quelque chose régnait à Kish, au tout début du IIIe millénaire : il portait le nom d'Etana, et dans la Liste Royale Sumérienne, document dont la rédaction doit être plus récente de quelque mille ans, le mérite lui est reconnu d'avoir « stabilisé tous les pays », d'où l'on peut inférer que son pouvoir s'étendait donc aux contrées attenantes. Assez peu de temps, semble-t-il, après cet Etana, un autre roi, nommé Meskiagsher, fonda une dynastie dans la ville d'Uruk, et étendit sa mainmise depuis la Méditerranée jusqu'aux montagnes du Zagros. Son fils, Enmerkar, pour ramener du métal et des pierres, conduisit une expédition jusqu'au pays d'Aratta,

---

166 Brasier & Azéma 2020

dont les rois et les dieux, à en croire nos légendes épiques en sumérien, portaient bel et bien des noms propres en cette même langue que l'on y aurait donc parlée couramment. C'était un centre réputé de production et de travail particulièrement raffiné d'objets de cuivre, d'argent et de pierres fines[167]. Est-ce la raison pour laquelle le terme d'*aratta* fut introduit dans le vocabulaire sumérien pour désigner ce qui est « admiré », « honoré », « célébré » ?

Il dit encore que la présence archaïque, en Mésopotamie du Sud, d'une population pré-sumérienne, non moins que pré-, ou en tout cas non sémitique, quel que soit le nom qu'on lui donne : « Obeïdiens » ou ce qu'on voudra, est démontrée, sur le plan linguistique, par le fait que la plupart des toponymes, même importants, dans ce territoire, ne sont explicables, ni par le sumérien, ni par le sémitique : ainsi les noms des villes de Lagash, Ur, Larsa, Isin, Adab, Nippur, Kish, et ceux de l'Euphrate (Buranun) et du Tigre (Idigna). C'est le même cas en France où, ni Briançon, ni Gap, ni l'Isère, ni la Dordogne ne sont analysables à partir de l'indo-européen ; ni Autun, ni Lyon, ni le Rhin ou le Rhône, à partir du latin. Cela posé, rien ne nous permet d'imaginer une cohérence, ethniquement, linguistiquement et culturellement, pour cette population pré-sumérienne et non-sémitique.

Nous venons de voir comment et pourquoi il est délicat et illégitime de se baser uniquement sur des caractères anatomiques pour déterminer de façon certaine l'appartenance ethnique d'une population. Explorons dès lors la génétique de quelques pays autour du golfe persique en se préoccupant autant que possible des populations les plus ancestrales, à commencer par le Qatar :

VII.2 - Génétique des populations proche-orientales : exemples choisis

VII.2.1 - Le Qatar

Le Qatar occupe une superficie relativement petite de 11 521 km² sur la côte ouest du golfe Persique. Le Qatar partage sa frontière sud avec l'Arabie saoudite et une frontière maritime avec Bahreïn, les Emirats arabes unis et l'Iran et compte environ 2,8 millions d'habitants. Le pays est situé à une intersection historique de migrations et de mélanges anciens et récents (Arauna et al., 2017 ; Hellenthal et coll.,2014). À l'instar d'autres pays de la région, il est connu pour sa structure de population unique qui se caractérise par un taux de consanguinité élevé et une prévalence accrue de maladies génétiques rares (Al-Gazali et al., 2006 ; Anwar et coll., 2014 ; Hunter-Zinck et coll., 2010 ; Rodriguez-Flores et coll., 2014, 2016 ; Scott et coll., 2016). Des études génétiques récentes ont identifié les arabes autochtones comme les descendants directs des premières populations eurasiennes établies par les premières migrations hors d'Afrique (Bentley et al., 2017). De plus, des proportions importantes de la population ont des ancêtres persans et africains plus récents (Harkness et Khaled, 2014).

Pour saisir la diversité génétique de la population qatarie et comprendre sa relation avec les populations du monde dans les temps modernes et anciens, les auteurs de l'étude ont identifié six ancêtres principaux : les Arabes généraux (QGP_GAR,38%), les Arabes péninsulaires (QGP_PAR,

---

167 Certains chercheurs identifient Aratta au centre de la culture de Jiroft en Iran d'où les vases en chlorite(s) souvent incrustés de pierres semi-précieuses trouvés en Mésopotamie mais aussi dans la péninsule arabique et au Pakistan étaient fabriqués. Il se trouve que Jiroft était également un centre d'extraction (et/ou de transit) du cuivre et de transit du lapis-lazuli depuis l'Afghanistan. Si des objets en métal ont été trouvés, il n'est fait nulle mention à notre connaissance du métal argenté mais plutôt du bronze. D'autre part, Youssef Madjizadeh a indiqué que l'avènement de cette culture extrêmement riche et complexe remontait à 5000 ans avant notre ère, son essor se situant aux alentours du IIIe millénaire, c'est-à-dire contemporaine de celle de Sumer. Le doute est permis mais rien n'est certain quant à l'entérinement de cette identification.

17%), les Arabes d'Eurasie occidentale et de Perse (QGP_WEP, 22%), les Arabes d'Asie du Sud (QGP_SAS, 1%), les Arabes africains (QGP_AFR, 3%), et les Arabes mélangés (QGP_ADM, 19%), (Razali et al., 2021). Ces groupes génétiques ont des signatures distinctes en termes d'haplogroupes Chr-Y (Razali et al., 2021). notamment, l'haplogroupe J1a2b Chr Y, vu précédemment dans le sud de l'Arabie, a été observé chez 1419 mâles, ce qui en fait le plus grand ensemble d'individus jamais séquencé pour cet haplogroupe. Les chercheurs ont identifié 29 nouveaux sous-haplogroupes de J1a2b où les individus étaient principalement d'ascendance QGP-GAR et QGP_PAR (Razali et al., 2021). Dans leur présente étude, la majorité des individus QGP_PAR sont des descendants d'une tribu originaire de la patrie historique des anciennes tribus arabes du sud de l'Arabie. Ces résultats suggèrent la richesse en termes de diversité génomique de la population, qui peut représenter l'ensemble de la région du Moyen-Orient.

VII.2.2 – Le royaume de Bahreïn

Bahreïn, ex-Dilmun, occupe une place de choix dans les récits mythologiques sumériens comme nous avons pu le voir. L'étude génétique de ce petit archipel du golfe Persique aidera à préciser les données. Noora Al-Snan et al. publient en 2020 un article intitulé « Geographical structuring and low diversity of paternal lineages in Bahrain shown by analysis of 27 T-STRs » dans lequel ils déclarent que la prédiction des haplogroupes a indiqué diverses origines de la population avec une prédominance des haplogroupes J2 et J1, tous deux typiques de la péninsule arabique, mais aussi des haplogroupes tels que B2 et E1b1a probablement originaires d'Afrique, et H, L et R2 probablement indicatifs de la migration en provenance d'Asie du Sud. Les fréquences des haplogroupes différaient significativement entre les régions, J2 étant significativement plus fréquent dans la région du Nord que dans la région du Sud, peut-être en raison du tassement différentiel des Baharna et des Arabes. L'étude montre que la structure de la population de la lignée paternelle peut exister même sur de petites échelles géographiques, et que des outils génétiques hautement discriminants sont nécessaires lorsque des expansions rapides sont produites au sein de populations étroitement limitées.

La population de Bahreïn s'élevait à environ 1,6 million d'habitants en 2019, dont moins de la moitié sont des citoyens bahreïnis, répartis principalement sur les îles principales de Bahreïn, Muharraq, Umm al-Naasan et Sitra (Hitti et Murgotten 1916). Son emplacement côtier dans le golfe Persique, ses terres fertiles et l'abondance d'eau douce ont attiré de nombreux migrants, ce qui a donné lieu à une société ethniquement diversifiée ayant des origines à la fois dans la péninsule arabique et dans des endroits plus éloignés comme l'Iran et l'Inde (Holes 2001). La population préislamique de Bahreïn se composait d'Arabes chrétiens, de Perses (zoroastriens), de juifs et d'agriculteurs de langue araméenne (Lawson, 1989) et comprend maintenant quatre groupes ethniques principaux : les Arabes, les Baharna (peuples autochtones putatifs) et les Perses (Huwala et Ajam) qui sont répartis de manière inégale entre les quatre gouvernorats (capitale, Muharraq, Nord et Sud) (al-Khūrī 1980 ; Fuccaro, 2009). Les Arabes ont traditionnellement vécu dans des régions telles que Zallaq, les îles Hawar, Riffa (toutes dans le gouvernorat du Sud) et Muharraq. Les Ajam, qui sont des Perses ethniques (McCoy 2008), et les Baharna, les descendants arabisés de la population préislamique, forment de grandes communautés dans le gouvernorat de la capitale, Muharraq et dans certaines parties du gouvernorat du Nord.

Muharraq et Riffa comptent également un nombre importants de Huwala, descendants d'Arabes migrants dont beaucoup avaient voyagé de la péninsule arabique à l'Iran au XVIII ou XIXe siècle, revenant en grande partie entre 1850 et 1900, ainsi que des Bahreïnis d'origine Baloutche et d'autres d'origine est-africaine (Lawson 1989). On peut s'attendre à ce que cette organisation géographique et sociale ait un effet sur les modèles de diversité génétique, en particulier si l'on considère la région spécifique au mâle du chromosome Y, qui tend à montrer une variation géographique prononcée (de Knijff et al., 1997 ; Roewer, 2009 ; Ballantyne et Kayser, 2012). A ce jour, les études génétiques de la population bahreïnie ont été limitées et peu a été fait pour caractériser la structure de la population dans le Royaume. Un réseau de jonction médiane basé uniquement sur les différences de longueur des allèles parmi les haplotypes des 562 mâles bahreïnis présente plusieurs branches distinctes. Une correspondance presque parfaite a été notée entre celles-ci et les prédictions d'haplogroupe. La prédiction de l'haplogroupe suggère que l'haplogroupe J2 est le plus commun dans la population bahreïnie englobant 27,6 % de l'échantillon, suivi de J1 (23,0 %), E1b1b (8,9 %), E1b1a (8,6 %) et R1a (8,4 %), avec d'autres haplogroupes prédits (G,T,L,R1b, Q, R2, B2, E2, H et C) se produisant à des fréquences progressivement plus basses. Les profils de 20 hommes se sont vu attribuer une faible aptitude à l'haplogroupe (< 25) par le logiciel NevGen, et ont également reçu une forte probabilité de mauvaise affectation de l'haplogroupe (> 97,5 %) parce qu'il n'y avait pas d'haplotypes étroitement correspondants d'haplogroupes connus dans le modèle de prédiction NevGen ; ceux-ci ont donc été désignés comme imprévu (UP). Le rapport de l'haplogroupe J1 à J2 montre des différences claires entre les sous-populations (test exact de Fisher P = 0,012). L'haplogroupe J1 est plus fréquent dans le gouvernorat du Sud (27%) où de nombreux arabes Huwala migrants se sont réinstallés, et il diminue à sa fréquence la plus faible dans les gouvernorats du Nord et de la capitale (21 % et 19%). en revanche, les gouvernorats du Nord et de la capitale où les Baharna et les Ajam sont les plus représentés montrent des fréquences plus élevées d'haplogroupe J2 (34 et 31%) que dans Muharraq et le gouvernorat du Sud (17% chacun).

AMOVA a été utilisé pour explorer la différenciation des populations avec des distances génétiques par paires visualisé par mise à l'échelle multidimensionnelle (MDS), entre les quatre gouvernorats de Bahreïn et les échantillons de population voisins pertinents obtenus à partir de YRHD Release R61. Les comparaisons ont été effectuées en utilisant uniquement les loci d'YFiler, car les données d'YFilerPlus n'étaient pas disponibles pour l'Iran, la région d'où provient une proportion importante de la population bahreïnie. Muharraq présente un plus grand degré de similitude avec l'Iran alors que les populations du Sud, du Nord et de la capitale étaient plus proches des populations émiraties et saoudiennes, ce qui était corrélé avec les résultats obtenus par comparaison avec les profils autosomiques dérivés des mêmes individus (Al-Snan et al.2019).

Situé au carrefour de l'Europe, de l'Asie et de l'Afrique, le paysage génétique de Bahreïn a été façonné par des migrants de nombreuses autres régions. Avant l'ouverture en 1986 d'une chaussée de 25 km vers l'Arabie saoudite, tous les contacts internationaux s'étaient faits par des routes maritimes passant par le golfe Persique. Contrairement à ses voisins immédiats, l'Arabie saoudite et le Qatar, où l'haplogroupe J1 prédomine (71 % et 58 % respectivement (Cadenas et al., 2008 ; Iacovacci et al. 2017), la fréquence de cet haplogroupe à Bahreïn n'est que de 23 %, étant la plus élevée dans le gouvernorat du Sud, en grande partie désertique, où les Arabes ethniques sont les plus communs et en déclin dans les zones urbaines où les Ajam persans et les Baharna indigènes sont les plus nombreux. La composition diversifiée des haplogroupes fait allusion à la variété des peuples qui ont laissé leur marque sur Bahreïn avec B2, E1b1a et E2 originaires d'Afrique et H, L et R2 indiquant la migration de l'Asie du Sud, tandis que les haplotypes R1b peuvent résulter de la période de domination portugaise de 1521 à 1602.

Les auteurs de l'étude ont observé que les haplotypes prédits appartenaient aux deux branches primaires de R1b, à savoir R1b1a-L754 (n=10) et R1b1b-PH155 (n=5) : alors que R1b1a est de loin le plus commun au monde et reflète probablement le contact européen, les cinq exemples prédits appartenant à l'haplogroupe basal très rare R1b1b-PH155 portaient tous un allèle intermédiaire distinctif de 25,1 à DYS481, montrant que des variantes distinctives mondialement rares peuvent atteindre localement des fréquences élevées et soulignant la pertinence de bases de données régionales appropriées. En conclusion, les auteurs ont relevé un degré élevé et significatif de différenciation entre les quatre gouvernorats de Bahreïn (Nord, Sud, Muharraq et Capitale), ce qui reflète probablement les différences de composition ethnique, en particulier les contributions passées de la péninsule arabique, de l'Afrique et de l'Asie du Sud.

VII.2.3 – Le Koweït

Étudions maintenant le génome des Koweïtiens. Nous baserons nos conclusions sur celles de Gaurav Thareja, Sumi Elsa John et Osama Alsmadi, entre autres, auteurs de l'article « Sequence and analysis of a whole genome from Kuwaiti population subgroup of Persian ancestry ». La péninsule arabique, située au carrefour de l'Afrique, de l'Europe et de l'Asie, a été impliquée dans les premières routes de migration humaine hors d'Afrique et dans les premières routes commerciales intercontinentales. L'État du Koweït est situé à la pointe nord-ouest du golfe Persique et est bordé par l'Irak et l'Arabie saoudite. La population koweïtienne est composée des premiers colons de différentes régions de la péninsule arabique et de ses environs, à savoir la Perse, l'Arabie saoudite et les déserts en bordure de la péninsule. Les caractéristiques génétiques caractérisent la population koweïtienne dans ces trois sous-groupes migratoires. Le sous-groupe persan est composé de personnes d'origine asiatique occidentale (en particulier iranienne). L'Iran, situé au centre du continent asiatique, a servi pendant des siècles de porte d'entrée pour le mouvement de la population humaine à travers diverses sphères d'Asie et d'Europe. L'Iran abrite l'une des principales civilisations antiques et possède une riche diversité culturelle et sociale. La population iranienne se compose de divers groupes ethniques et linguistiques, à savoir les Arabes, les Arméniens, les Assyriens, les Azéris, les Baluchis, les Gilaks, les Mazandarani, les Kurdes, les Lurs, les Perses, les Turkmènes et les Zoroastriens. Les études sur l'haplogroupe du chromosome Y ont également placé l'Iran au carrefour de la migration humaine tri-continentale et en tant que destinataire constant du flux génétique des trois continents.

Le sous-groupe persan de la population koweïtienne a migré au Koweït depuis le sud-ouest de l'Iran et s'est installé bien avant l'établissement du Koweït moderne, le premier groupe arrivant vers la seconde moitié du XVIIIᵉ siècle. Le projet 1000 Genomes a montré que jusqu'à 53 % des variants rares (à une fréquence d'allèle mineur, MAF (Minor allele frequency : fréquence à laquelle on observe la présence du deuxième allèle le plus fréquent) inférieur ou égal à 0,5%) sont observés uniquement dans des populations individuelles, et que 17 % des variants à basse fréquence (à MAF de 0,5 % à 5%) sont observés dans les groupes d'ascendance unique. Ainsi, il est essentiel de séquencer diverses populations mondiales, telles que celles qui sont sous-représentées (par exemple, la péninsule arabique) dans les enquêtes mondiales à l'échelle du génome, pour élargir nos connaissances sur la diversité du génome humain. Kuwait Genome Project (KGP) est une initiative visant à séquencer les génomes individuels de trois sous-groupes génétiquement distincts de la population koweïtienne avec une couverture élevée.

Dans cet article, les chercheurs rapportent la séquence complète du génome d'un individu du sous-groupe persan de la population koweïtienne. Un participant de sexe masculin âgé de 70 ans a été sélectionné au hasard dans le sous-groupe persan. La lignée du nom de famille du participant fait remonter son ascendance à une région du sud de l'Iran et est donc conforme au regroupement génétique. La famille du participant est installée au Koweït depuis au moins 5 générations. Le participant a en outre été vu regroupé avec des exomes d'origine asiatique occidentale de l'État du Qatar. Le participant appartient à l'haplogroupe du chromosome Y L1c et à l'haplogroupe mitochondrial HV14 [HV1a2]. Les trois sous-groupes de L (L1a (M76), L1b (M317) et L1c (M357)) sont présents en Iran et au Pakistan. L1a est le sous-groupe le plus courant trouvé en Inde et L1b (M317) est le plus rare des trois en Asie du Sud. L'haplogroupe L1c est observé, bien qu'à de faibles fréquences (2-4%), dans la partie nord du Moyen-Orient (Iran, Turquie, Arménie, Kurdistan, Liban).

Il a été observé chez 1,6 % des 938 participants masculins recrutés pour étudier la variation du chromosome Y dans l'Iran moderne. Cet haplogroupe est également observé chez les tribus pachtounes d'Afghanistan. L'haplogroupe mitochondrial HV a une origine eurasienne occidentale et se trouve dans toute l'Asie occidentale et l'Europe du Sud-Est, y compris l'Iran, l'Anatolie (Turquie actuelle), les montagnes du Caucase du sud de la Russie et la République de Géorgie.

Ainsi, les haplogroupes identifiés du chromosome Y et des mitochondries sont cohérents avec l'ascendance persane du participant. Cette étude, dans le cadre du Kuwait Genome Project (qui prévoit de dériver des séquences génomiques de référence pour les différents sous-groupes de la population koweïtienne), analyse le génome d'un participant koweïtien dont l'origine remonte aux tribus perses d'Iran. Ce sous-groupe génétique distinct d'ascendance persane a également été signalé dans d'autres états de la péninsule arabique, comme le Qatar. La présence des Perses au Koweït remonte aux XVIIe et XVIIIe siècles, mais en raison de l'absence de frontières jusqu'au milieu du XXe siècle, il n'y a pas de documents historiques disponibles. La théorie push-pull de Myron a souvent été utilisée pour expliquer la migration perse du sud-ouest de l'Iran vers le Koweït. Au cours de la période de la fin du XIXe siècle au début du XXe siècle, le sud-ouest de l'Iran connaissait des difficultés économiques et politiques. Ces difficultés ont agi comme des facteurs d'incitation à la migration perse vers des endroits tels que Dubaï, Sharjah, Abu Dhabi, Al-Doha, Bassorah et Manamah. Au Koweït d'aujourd'hui, jusqu'à 20 à 30 % des indigènes sont d'origine persane.

VII.2.4 – Le Moyen-Orient en général

Un article publié en août 2021 dans la revue scientifique *Cell* [168] nous en apprend davantage sur le génome des populations moyen-orientales : l'un des faits saillants est que l'ascendance eurasienne et africaine chez les Arabes minimise leur ascendance néandertalienne. En effet, si l'étude n'a détecté aucune trace génétique d'expansions précoces hors d'Afrique dans les populations actuelles, elle constate néanmoins que les Arabes ont une ascendance eurasienne basale élevée qui dilue leur ascendance néandertalienne. Après avoir fusionné l'ensemble de données avec celles des populations mondiales, fineSTRUCTURE a identifié des grappes génétiques qui concordent avec la géographie et a montré que les populations auto-marquées formaient généralement des grappes distinctes. Les populations du Levant et d'Irak (libanais, syriens, jordaniens, druzes, bédouins et arabes irakiens) se sont regroupées, tandis que les kurdes irakiens se sont regroupés avec les populations iraniennes centrales. Les populations arabes (émiraties, saoudiens, yéménites et omanais) se sont regroupées avec les bédouins du HGDP (Human Genome Diversity Project). Au sein de la population émiratie, les auteurs ont identifié des sous-populations présentant des ascendances iraniennes et sud-asiatiques excédentaires.

Ils ont également trouvé des sous-populations abritant une ascendance africaine relativement plus élevée (saoudiens, émiratis). Les auteurs de l'étude ont ensuite analysé leurs échantillons dans le contexte d'anciennes populations régionales et mondiales. L'analyse en composantes principales montre que les Moyen-Orientaux se situent entre les anciens chasseurs-cueilleurs levantins, les levantins néolithiques, les européens de l'âge du bronze et les anciens iraniens. Les Arabes et les Bédouins sont situés à proximité des anciens Levantins, tandis que les Levantins actuels sont proches des Européens de l'âge du bronze. Les arabes irakiens, les kurdes irakiens et les assyriens semblent relativement plus proches des anciens iraniens. Ils ont constaté que la plupart des Moyen-Orientaux actuels peuvent être modélisés comme tirant leur ascendance de quatre populations anciennes :

---

168 Almarri et al., 2021

Levant néolithique, iraniens néolithiques, chasseurs-cueilleurs de l'Est et un africain de l'Est âgé de 4500 ans.

Almarri et son équipe ont observé un contraste entre le Levant et l'Arabie : les levantins ont une ascendance EHG (« Eastern Hunter-Gatherer ») excédentaire, dont ils précisent qu'elle était arrivée au Levant après l'âge du Bronze avec des personnes portant une ancienne ascendance anatolienne et d'Europe du sud-est (Haber et coll., 2017, Haber et coll., 2020). Un autre contraste entre le Levant et l'Arabie est l'excès d'ascendance africaine dans les populations arabes. Ils ont constaté que la source la plus proche d'ascendance africaine pour la plupart des populations de leurs ensembles de données est les locuteurs bantous du Kenya, en plus des contributions des locuteurs nilo-sahariens d'Éthiopie. Nous estimons que le mélange africain au Moyen-Orient s'est produit au cours des 2000 dernières années, la plupart des populations montrant des signes de mélange datant d'il y a environ 500 à 1000 ans, en accord avec des études antérieures (Hellental et coll., 2014). En plus de l'ascendance locale des peuples épi-paléolithiques/néolithiques, ils ont trouvé une ascendance liée aux anciens iraniens qui est omniprésente aujourd'hui chez tous les moyen orientaux. Les auteurs ont testé si les habitants du Moyen-Orient d'aujourd'hui ont des ancêtres issus d'une expansion humaine précoce hors d'Afrique en comparant les temps de dédoublement des populations avec des échantillons phasés du HGDP. En utilisant un taux de coalescence croisée relative de 0,5 comme estimation heuritisque du temps de fractionnement, ils ont constaté que les Levantins, les Arabes, les Sardes et les chinois Han partagent le même temps de fractionnement, et en outre le même schéma progressif de séparation, de Mbuti il y a 120 000 ans.

Ces résultats suggèrent collectivement que les populations actuelles du Moyen-Orient ne portent aucune trace significative d'une expansion antérieure hors d'Afrique, et descendent toutes de la même population qui s'est étendue hors du continent il y a 50 ou 60 000 ans selon les auteurs de l'étude. Ils ont ensuite comparé les temps de séparation des populations au Moyen-Orient et constaté que les temps de divergence les plus anciens étaient entre l'Arabie et le Levant/Irak. Les émiratis se sont séparés des Kurdes irakiens autour de 10 000 avant le présent, et plus récemment autour de 7000 avant le présent des Jordaniens, des Syriens et des Arabes irakiens. Le temps de séparation des saoudiens des mêmes populations semble plus récent, autour d'il y a 5-7000 ans, tandis que les courbes de séparation yéménites sont intermédiaires entre les courbes émiratie et saoudienne. Les temps de séparation entre l'Arabie et le Levant sont antérieures à l'âge du Bronze, en accord avec leur modélisation phylogénétique selon laquelle, si une expansion de l'âge du Bronze en Arabie s'est produite, elle n'a pas entraîné un remplacement complet de l'ascendance.

Pour conclure cette étude, les auteurs répètent qu'ils n'ont trouvé aucune preuve qu'une expansion précoce des humains hors d'Afrique ait contribué génétiquement aux populations actuelles de la région. Cette découverte s'ajoute au consensus croissant selon lequel tous les humains modernes non africains descendent d'une seule expansion hors d'Afrique, rapidement suivie d'un mélange avec les Néandertaliens, avant de peupler le reste du monde (Mallick et coll., 2016 ; Bergström et al., 2020). Ils ont ensuite constaté que les populations du Moyen-Orient ont très peu d'ADN néandertalien propre à la région, la grande majorité étant partagée avec d'autres eurasiens. Leurs résultats suggèrent en outre que les Arabes pourraient avoir tiré leur ascendance de populations locales de chasseurs-cueilleurs de type natoufiens au lieu d'agriculteurs levantins. Une source supplémentaire d'ascendance nécessaire pour modéliser les Moyen-Orientaux modernes est liée aux anciens iraniens. Leurs test de mélange montrent que cette ascendance a d'abord atteint le Levant ensuite l'Arabie et l'Afrique de l'Est.

Voyons maintenant ce que disent les études du génome des anciens iraniens.

VII.2.5 – Les anciens iraniens

Un article de Kambiz Banihashemi et al. (« Iranian human genome project : overview of a research process among Iranian ethnicities »), publié en 2009 dans Indian Journal of Human Genetics, article hébergé par PubMed Central, nous apprend que la composition de la population au moment de l'échantillonnage, en juillet 2001, était la suivante : Fars 51 %, Azari 24 %, Gliaki et Mazandarani 8 %, Kurdes 7 %, Arabes 3 %, Lor 2 %, Baloch et Zabolies 2 %, Turkmènes 2 % et autres 1 %. Le dernier groupe était constitué de la principale population religieuse et anthropologiquement unique du sud de l'Iran. En plus des échantillons biologiques de sang, un ensemble minimal de données sociodémographiques a été recueilli de manière uniforme auprès de tous les individus et de toutes les populations. Au total, 1982 échantillons ont été prélevés dans toutes les ethnies iraniennes susmentionnées au cours de cette recherche. La complexité génomique du chromosome Y a été inférieure à celle des chromosomes autosomiques avec des marqueurs génétiquement utiles dans NRY et sont donc plus appropriés pour les recherches sur l'histoire génétique de l'humanité.

On peut considérer les quatre microsatellites DYS392, DYS393, DYS389I et DYS389II plus informatifs parmi tous ces marqueurs. En Iran, l'étude de ces microsatellites a montré une différenciation dans la fréquence d'expression mais n'aboutit pas à un polymorphisme pour le DYS 393 alors qu'il existe une différenciation polymorphe significative entre ces populations en considérant le DYS389II, et cette différenciation rend le marqueur très bon pour les études intra-population et la médecine légale. La variation génétique globale parmi ces populations appartient à l'ethnie Fars dans laquelle la plus grande diversité d'haplotypes a été trouvée. Les analyses de marqueurs polymorphes bi-alléliques tels que 92R7 et SRY465, Tat et P12F2 en tant que marqueur de la population du Moyen-Orient ont montré certaines différences entre les ethnies iraniennes.

La fréquence de mutation de P12F2 pour la population azari était de 4% tandis que la fréquence pour les ethnies Fars et Kurdes était de 0%. En outre, la fréquence de mutation de Tat a été différente entre Azari et les deux autres ethnies susmentionnées, bien que ni cette différence ni les fréquences différentes mentionnées ci-dessus ne se soient révélées statistiquement significatives. L'étude d'autres marqueurs du chromosome Y tels que Yap a également montré certaines différences entre l'ethnie Azari et les ethnies Kurde et Fars et on peut conclure que les ethnies Kurde et Fars ont été plus consanguines entre elles. Le même thème a été vrai pour M17, et l'étude a montré une variation significative entre les distributions de ce marqueur parmi l'ethnie Azari, établissant un lien hypothétique avec la migration arienne vers l'Asie centrale. Parmi les autres marqueurs importants, on peut considérer les SNP et les plus fréquents d'entre eux en Iran, qui conduisent à certains troubles communs. Dans l'IHGP, il a été défini qu'il existe des allèles hétérozygotes pour P53 parmi l'ethnie Mazandrani, mais le moins chez les Kurdes, ce qui a été établi par les susceptibilités du nord de l'Iran à certains cancers. En outre, il y a eu des similitudes génotypiques entre les tribus iraniennes et celles du nord de l'Inde pour des marqueurs comme GSTP1, ce qui peut donner un indice sur ces mariages mixtes de population et ces migrations à travers différentes périodes de l'histoire.

VII.2.6 – La Vallée de l'Indus

Un autre article publié dans AJHG le 6 décembre 2018 par Ajai K.Pathak et al., intitulé « The Genetic Ancestry of Modern Indus Valley Populations from Northwest India » informe que la vallée de l'Indus a été la toile de fond de plusieurs mouvements de populations historiques et préhistoriques entre l'Asie du Sud et l'Eurasie occidentale. Cet article rapporte les données du génotype à l'échelle du génome pour 45 individus modernes de quatre populations indiennes du Nord-Ouest, y compris les Ror, dont l'occupation à long terme de la région remonte aux premières écritures védiques. Les résultats suggèrent que, bien que l'architecture génétique de la plupart des populations indiennes du Nord-Ouest corresponde bien au cline génétique plus large de l'Inde Nord-Sud, des groupes culturellement distincts tels que les Ror se distinguent par le fait qu'ils s'apparentent génétiquement davantage aux populations vivant à l'ouest de l'Inde ; ces populations comprennent des individus anciens préhistoriques et historiques de la vallée de Swat, près de la vallée de l'Indus.

Les auteurs soutiennent que cette affinité est plus probablement le résultat d'une continuité génétique depuis les migrations de l'âge du Bronze de la ceinture de steppe que le résultat d'un mélange récent. Les modèles observés de relations génétiques avec les Eurasiens occidentaux modernes et anciens suggèrent que le Ror peut être utilisé comme substitut d'une population descendant de la population ancestrale des Indiens du Nord (ANI). Des études antérieures ont révélé une affinité eurasienne occidentale plus élevée parmi les populations indiennes du Nord-Ouest et pakistanaises que chez les Indiens du Sud et de l'Est. En outre, certaines études récentes sur l'ADN ancien ont suggéré que les principales contributions génétiques de l'Eurasie occidentale en Asie du Sud proviennent des Iraniens néolithiques et des populations de steppes du début de l'âge du Bronze. D'autres études suggèrent des contributions de populations de steppes de l'âge du bronze moyen et tardif en Asie du Sud, ainsi qu'un scénario de mélange chalcolithique ou de l'âge du Bronze en Asie centrale. Néanmoins, malgré des percées majeures dans la capacité à tester des modèles de l'histoire génétique des populations avec un ADN ancien, le manque de données pangénomiques du nord-ouest de l'Inde entrave la compréhension de la variation génétique actuelle dans la région de la vallée de l'Indus. Pour combler cette lacune, les auteurs ont effectué une étude à l'échelle du génome de 45 échantillons de quatre groupes ethniques indiens du nord-ouest dont la présence à long terme dans la vallée de l'Indus a été historiquement attestée ; leurs noms - Ror, Gujjar, Jat et Khamboj – sont explicitement mentionnés dans les anciennes écritures védiques.

En outre, les auteurs ont utilisé des données génomiques publiées précédemment pour 20 individus de la population Khatri du Pendjab. À partir des populations nouvellement échantillonnées, ils ont généré des données sur l'ADNmt (190 individus) et le chromosome Y (248 individus). Après contextualisation des données avec 1984 génomes eurasiens modernes et 661 génomes eurasiens anciens provenant de sources publiées, ils ont ensuite entrepris d'évaluer l'étendue de l'hétérogénéité génétique parmi les populations PNWI (Pakistani and Nortthwest Indian) en ce qui concerne les ancêtres génétiques distincts, ainsi que la quantité de partage d'ascendance plus récente (haplotype) au sein et entre les régions voisines. En outre, ils ont également étudié les relations entre les groupes PNWI, un ensemble d'anciens ouest-eurasiens et les sources récentes d'ADN ancien provenant d'Asie du sud. Tous les sujets, qui ont volontairement participé à l'étude, étaient des adultes en bonne santé qui ont été sélectionnés au moyen d'entrevues soigneusement conçues pour que des personnes non apparentées soient choisies. Pour évaluer les affinités génétiques des groupes PNWI avec les populations sources anciennes, les auteurs ont fusionné l'ensemble de données modernes avec 661 génomes anciens, principalement d'Eurasie occidentale et d'Asie du Sud, qui sont géographiquement et temporellement pertinents dans le contexte de la contribution de l'Eurasie occidentale aux Asiatiques du sud modernes.

Les données du génotype à l'échelle du génome et les marqueurs uniparentaux ont révélé que les indiens du Nord-Ouest (à l'est de l'Indus) étaient intermédiaires entre les Pakistanais (à l'ouest de l'Indus) et les populations indo-européennes (IN_IE (« Indian indo-europeans »)) du nord de l'Inde de la plaine gangétique. De plus, le partage génomique entre les populations NWI et les populations NI_IE de la plaine gangétique, renforcé à la fois par les résultats des analyses effectuées et par leur niveau similaire de partage d'allèles avec les sources les plus anciennes établit une affinité génétique notable entre NWI et leur voisins contemporains de part et d'autre de la Vallée de l'Indus. Cela contraste avec les observations antérieures basées sur les données de l'ADNmt et du chromosome Y.

D'une manière générale, ces résultats pourraient être compatibles avec les preuves archéologiques suggérant que les gens avaient une grande mobilité dans la région pendant la préhistoire et l'histoire. Cette mobilité pourrait inclure la migration du peuple de l'Indus vers la plaine gangétique après la disparition de la vallée de l'Indus, ce qui est suggéré par des preuves archéologiques. D'autre part, les données révèlent également une hétérogénéité intra-régionale importante. Par exemple, les peuples Ror et Jat, ainsi que les Pathan pakistanais, partagent une ascendance génétique indiquant leur lien possible avec les Asiatiques centraux. La parenté génétique des Khatri et des Sindhi peut concorder avec le fait que les deux peuples ont été reconnus comme des communautés marchandes vitales du début de l'Inde moderne. Parmi les populations de NWI, la similitude élevée des Gujjars avec les populations indiennes locales et leur affinité plus faible avec les Eurasiens occidentaux peuvent être liées à leur affinité historiquement documentée avec diverses communautés ethniques sud-asiatiques existantes. Une forte différenciation génétique entre les populations indiennes du Nord-Ouest suggère une structure de population à long terme dans la région. Parmi les populations existantes, les groupes Kalash et Ror se distinguent parce qu'ils ont les proportions les plus élevées de la composante ANI, qui peut être modélisée comme un mélange d'ancêtres du néolithique iranien et de la steppe de l'âge du Bronze intermédiaire récent (dans le cas des Kalash) ou de l'intermédiaire tardif (dans le cas des Ror). Les auteurs rapportent que les Ror sont la population moderne la plus proche des premiers échantillons anciens préhistoriques et historiques d'Asie du Sud près de la vallée de l'Indus, et ils abritent également la plus haute ascendance anatolienne liée à la steppe, à l'EHG (European Hunter-Gatherer) et au néolithique. Un niveau plus élevé d'ascendance européenne chez les Ror et les Jat comparativement aux autres sud-asiatiques font de ces deux populations des valeurs aberrantes dans le paysage plus vaste du nord-ouest de l'Asie du Sud. Cela pourrait indiquer soit un possible flux génétique récent d'une population liée à l'Europe, soit un afflux ancien lié à l'Eurasie occidentale, ce qui concorderait avec les études antérieures sur l'adaptation, dans lesquelles les Ror et les Jat se sont distingués par leur fréquence élevée de l'allèle de persistance de la lactase et de la variante du gène de couleur de peau claire. Cependant, par rapport à d'autres groupes voisins, les Ror montrent moins d'affinités avec les Iraniens néolithiques. Parmi les groupes sud-asiatiques, les Ror ont la plus grande affinité avec les Anatoliens néolithiques et les Européens du Nord.

Parmi les groupes Gujjar, Kamboj et Jat, celui qui possède le plus d'affinités avec l'Iran_N est celui des Kamboj, vient ensuite le groupe Gujjar et enfin le Jatt. Parmi tous les groupes étudiés, celui qui possède le plus d'affinités avec les Iran_N sont les Sindhi (près de 50%). Le groupe Jatt est davantage lié au Steppe_MLBA (~ 80%) (« Middle to Late Bronze Age (Yamnaya) »), suivent les Gujjar et Kamboj presque à égalité avec environ 50%), la troisième ascendance est celle des Onge, un peuple andamanais dont l'ascendance est sans doute la couche la plus profonde du plateau tibétain et contribue à 45 % de l'ascendance des Jomons du Japon.

Parmi les anciens peuples proto-austronésiens de Taïwan, il représentait 14 % de l'ascendance. Des travaux antérieurs sur l'Asie du sud-est ont indiqué que même avant l'expansion des agriculteurs austro-asiatiques hors du sud de la Chine, ceux-ci s'étaient mélangés à une lignée basale d'Eurasie orientale liée aux Onges[169]. Une analyse des lignées paternelles indique que tous les Onges portent l'haplogroupe ADN Y D (en provenance d'Afrique orientale). Bien que cette ascendance soit la plus mineure des trois, elle reste tout de même nécessaire pour expliquer la formation génétique des peuples anciens de l'Inde. Selon l'article « Archaelogical and anthropological studies on the harappan cemetery of rakhigarhi, India » par Vasant S.Shinde et al., publié sur PubMed Central en février 2021, la civilisation harapéenne a été formée à l'origine à la suite du développement progressif des communautés agricoles indigènes.

---

169 Chuan-Chao

Une étude publiée en 2014 sur le site PubMed Central intitulée « Tamil Merchant in Ancient Mesopotamia » détaille qu'une analyse des anciens génomes mitochondriaux mésopotamiens ont suggéré un lien génétique entre le sous-continent indien et la civilisation mésopotamienne. Pour identifier la population source indienne montrant un lien avec les anciens Mésopotamiens, les auteurs ont examiné un total de 15 751 ADN mitochondriaux (11 432 de la littérature et 4319 de cette étude) représentant toutes les principales populations de l'Inde. Les résultats suggèrent que le sud de l'Inde (Tamil Nadu) et le nord-est de l'Inde ont servi de source à l'ancien pool génétique de l'ADNmt mésopotamien[170]. Witas et ses collègues (Witas HW, Tomczyk J, Jedrychowska-Danska K, Chaubey G, Ploszaj T (2013) dans « mtDNA from the early Bronze age to the Roman period suggests a genetic link between the Indian subcontinent and Mesopotamian cradle of civilization » ont analysé l'ADN mitochondrial (ADNmt) obtenu à partir de restes squelettiques situés dans la moyenne vallée de l'Euphrate et ont fait valoir que les personnes vivant dans l'ancienne Mésopotamie portaient des haplotypes d'ADNmt correspondant aux haplogroupes M65a, M49 et/ou M61. Il est important de noter que ces haplogroupes d'ADNmt se trouvent couramment dans les populations appartenant au sous-continent indien, mais sont absents chez les personnes vivant en Syrie.

Cette observation a soulevé une question pertinente : savoir si les individus portant les haplogroupes M65a, M49 et/ou M61 étaient des descendants d'anciens migrants qui auraient pu fonder des groupes mésopotamiens régionaux ou s'ils étaient des marchands qui parcouraient ces régions pour le commerce. Pour résoudre ces problèmes, la présente étude génétique a été réalisée de manière plus exhaustive sur un vaste ensemble de données d'ADNmt. Les résultats de cette étude soutiennent très clairement cette dernière proposition, suggérant que les anciens Mésopotamiens portant les haplogroupes M65a, M49 et/ou M61 pourraient avoir été les marchands de l'Inde. Les correspondances de la région de contrôle de l'ADNmt-I pour les anciens individus mésopotamiens MK 13G 117, TQ 28F 112, TQ 28F 256 et MK 11G 107 ont été recherchées à partir des ensembles de données publiées en Asie du Sud. Il convient de noter que les séquences MK 13G 117, TQ 28F 112 et TQ 28F 256 ont des sites polymorphes liés tels que 16 223 et 16 234, ce qui indique qu'elles sont probablement les descendantes de l'haplogroupe M49 de l'ADNmt d'Asie du Sud. Sur la base des informations de la région de contrôle de la sous-clade M49, les auteurs ont remarqué que les anciennes lignées mésopotamiennes MK 13G 117, TQ 28F 112 et TQ 28F 256 appartenaient au sous-haplogroupe M49c.

Ils ont ensuite séquencé quatre génomes d'ADNmt appartenant à cet haplogroupe et identifié une nouvelle variante, et révisé la nomenclature en M49c en M49c1. L'analyse phylogénétique affinée basée sur les observations ci-dessus suggère que les anciennes lignées mésopotamiennes MK 13G 117, TQ 28F 112 et TQ 28F 256 pourraient appartenir aux sous-groupes M49c1 et M49c1a. La date estimée pour l'ancêtre commun le plus récent des lignées M49c descendantes de M est de 21 900 ans. L'haplogroupe M49c se retrouve chez les populations de l'Assam, de l'ouest du Bengale, du Tibet, de Myanmar, de l'Odisha et de l'Uttar Pradesh. L'haplogroupe M49c1 seulement chez les cinq premières et le M49c1a chez celles de l'Assam, du Myanmar, du Tibet et de l'ouest du Bengale. Le motif HVS-I 16 223-16 234, 16 223-234-270, 16 223-234-16 311 des haplotypes M49c1 et M49c1a présents dans les anciens échantillons mésopotamiens - MK 13G 117, TQ 28F 112 et TQ 28F 256   se trouve principalement chez les Indiens de l'est et du nord-est (de l'Odisha, du Bengale occidental, de l'Assam, de l'Aruchanal Pradesh et du Tripura) ainsi que dans les populations du Bangladesh, du Myanmar et du Népal. Il est intéressant de noter que les relations commerciales entre l'Inde et la Mésopotamie au cours du IIIe millénaire avant notre ère ont joué un rôle crucial dans la fourniture de bois pour la construction navale, principalement du bois de teck du nord-est et du Myanmar. Au cours de la négociation sur une longue période de temps, il est possible que certains des commerçants du nord-est de l'Inde se soient rendus en Mésopotamie et aient contribué aux lignées

---

170 Palanichamy et al. 2014

M49c1 dans l'ancien pool génétique mésopotamien. La séquence génomique de l'ancien individu MK 11G 107 présentait des substitutions dans les sites de la région codante témoin et diagnostique, ce qui indique que cet individu pourrait provenir du sous-haplogroupe indien M65a.

Cinq haplotypes différents de l'ADNmt M65a détectés par Witas et al. ont été classés en deux sous-haplogroupes, M65a2 et M65a3. La lignée M65a2 est largement répandue à travers l'Inde. Outre l'Inde, on la trouve également dans les populations du Pakistan, du Myanmar et du Tibet. L'haplotype M65a3 a été observé dans des populations du nord de l'Inde, du Népal et du Pakistan. Au contraire, M65a1 se trouve exclusivement dans le sud de l'Inde, la lignée MK 11G 107 appartenant à ce dernier sous-haplogroupe. Prises ensemble, les analyses de ces chercheurs montrent que les ADNmt de ces anciens mésopotamiens provenaient probablement de marchands indiens. Ceci exclut donc l'hypothèse selon laquelle ces échantillons comprennent une composante ancienne (Paléolithique supérieur) du macro-haplogroupe M impliqué dans la fondation de la civilisation mésopotamienne. Par conséquent, la présente étude jette de nouvelles perspectives sur la compréhension des origines des anciennes lignées mésopotamiennes du macro-haplogroupe M et de l'influence des marchands indo-tamouls sur le patrimoine génétique mésopotamien pendant le commerce transocéanique. Une carte dans l'article présente l'itinéraire des marchands indiens vers la Mésopotamie ; en passant par le golfe d'Aden, posant pied à terre au Sinaï et poursuivant leur route vers la moyenne vallée des deux fleuves. C'est là une première explication à la découverte de traces de sumériens à Assur[171]. Mais ce n'est pourtant, toujours pas, suffisant. Cette dernière étude s'est intéressée à des populations mésopotamiennes vieilles au mieux de 2500 ans avant J.-C., âge trop récent pour expliquer de manière convaincante et scientifique l'origine des Sumériens plus anciens, par exemple ceux du Dynastique archaïque, vers 2900 avant J.-C.

Si l'on en croit les données les plus pertinentes, les ancêtres des plus anciens sumériens provenaient d'une région située vers la vallée de l'Indus et ont ensuite migré vers l'Iran avant de longer la zone côtière et d'aboutir dans le golfe Persique. Nous avons également mentionné plus haut la possibilité de migrations de populations présentes dans le golfe asséché dès avant 5000 avant J.-C., ce qui pourrait expliquer de manière rationnelle la fascination sumérienne pour Dilmun et traduire l'émergence hors de la mer des Sept sages du mythe éponyme. Si la population ancestrale est dravidienne comme l'a insinué M.Margueron (1970), il n'existe vraisemblablement qu'une seule solution humaine et géographique au problème ; une population dravidienne habitant au plus près à l'est de l'Iran moderne. Il se trouve que ce peuple présentant un exemple de rétention culturelle à la suite d'un remplacement majeur de la population existe, en l'espèce des Brahuis. Une étude de 2017 sur cette population (« An ethnolinguistic and genetic perspective on the origins of the dravidian-speaking Brahui in Pakistan ») fut conduite par Luca Pagani et Vincenza Colonna. Nous citons ci-après leurs conclusions :

Les Brahuis sont la seule population parlant le dravidien au Pakistan, où ils sont entourés de locuteurs indo-européens, et sont bien séparés de toutes les autres populations de langue dravidienne existantes qui résident actuellement dans le sud de l'Inde et dans certaines parties du Sri Lanka. Cette population de langue dravidienne réside dans la province du Baloutchistan dans le sud-ouest du Pakistan, à proximité de Mehrgarh, le premier exemple de culture néolithique subcontinentale. Le chromosome Y, l'ADNmt et certaines études à haute résolution sur la variation de l'ADN ont montré qu'ils étaient génétiquement similaires à leurs voisins du Pakistan, qui présentent des proportions variables d'ascendance asiatique occidentale et sud-asiatique qui s'étend dans un continuum le long d'un gradient nord-est à sud-ouest. Un modèle montre que les Brahuis sont un groupe de langue dravidienne dont les ancêtres étaient présents dans la région avant l'arrivée des locuteurs indo-européens. Les analyses s'accordent à montrer que l'affiliation linguistique des Brahui n'est pas un bon prédicteur de leur position génétique et qu'ils sont génétiquement similaires aux locuteurs indo-

---

171 Mossé et al., 2020

européens du Pakistan. Les résultats présentés plus loin indiquent que les génomes des Brahuis ne partagent aucun composant excédentaire avec les locuteurs dravidiens du sud de l'Inde. Ils sont comparables à la plupart des populations indo-européennes qui habitent actuellement le Pakistan et les seules traces de mélange génétique sont compatibles avec la traite négrière documentée d'Afrique de l'Est et les contacts étroits avec d'autres populations indiennes. Le scénario le plus plausible pour expliquer la présence de locuteurs dravidiens au Pakistan est un remplacement génétique ou linguistique. Deux modèles pourraient être envisagés. Dans le modèle 1, les ancêtres du peuple Brahui étaient un groupe préexistant de langue dravidienne au Pakistan, qui a été progressivement assimilé par les migrants indo-européens, arrivés il y a environ 3000 ans, tout en préservant leur langue. Dans le modèle 2, les ancêtres Brahui étaient des locuteurs indo-européens, qui ont ensuite adopté une langue dravidienne. Aucune donnée historique ou linguistique ne prend en charge le modèle 2, de sorte que le modèle 1 fournit la meilleure explication des caractéristiques uniques du groupe Brahui.

Voyons une autre étude plus locale et plus précise que nous passerons le reste de notre présente étude à décortiquer le plus finement possible avant, nous l'espérons, de conclure de manière ferme et définitive sur l'origine des Sumériens. En octobre 2011, des chercheurs publient une étude en ligne sur le site de PubMed Central intitulée « In search of the genetic footprints of Sumerians : a survey of Y-chromosome and mtDNA variation in the Marsh Arabs of Iraq » qui se base sur le fait que la partie sud de la Mésopotamie, habitée par les anciens sumériens, est le lieu où leurs descendants les plus proches génétiquement parlant habiteraient eux aussi. En cela, les Arabes des marais sont considérés, selon les auteurs de l'étude, comme la population ayant le lien le plus fort avec les sumériens. La tradition populaire, cependant, considère les arabes des marais comme un groupe étranger, d'origine inconnue, qui est arrivé dans les marais lorsque l'élevage du buffle d'eau a été introduit dans la région. Pour faire la lumière sur l'origine paternelle et maternelle de cette population, la variation du chromosome Y et de l'ADN mitochondrial (ADNmt) a été étudiée chez 143 arabes des marais et dans un large échantillon de témoins irakiens. Les analyses des haplogroupes et sous-haplogroupes observés chez les Arabes des marais ont révélé une composante autochtone répandue du Moyen-Orient pour les pools de gènes mâles et femelles, avec de faibles contributions en Asie du Sud-ouest et en Afrique, plus évidentes dans l'ADNmt. La preuve d'une stratification génétique attribuable au développement sumérien a été fournie par les données du chromosome Y où la branche J1-Page08 révèle une expansion locale, presque contemporaine de la période sumérienne de la cité-état qui caractérisait le sud de la Mésopotamie. Dans l'ensemble, les résultats indiquent que l'introduction de l'élevage de buffles d'eau et de la riziculture, très probablement du sous-continent indien, n'a affecté que marginalement le patrimoine génétique des peuples autochtones de la région. En outre, une ascendance moyen-orientale répandue de la population moderne des marais du sud de l'Irak implique que si les Arabes des marais sont des descendants des anciens Sumériens, les Sumériens étaient très probablement autochtones et non d'ascendance indienne ou sud-asiatique.

Cela serait un très net argument en faveur de l'origine Dilmunienne des Sumériens, ainsi que la localisation d'Eridu. Les auteurs de l'étude suggèrent eux aussi que la civilisation mésopotamienne est née autour du IVe millénaire et que les poteries d'Obeïd et d'Eridu sont dues à un peuple plus ancien que les Sumériens et les Sémites, ces derniers étant arrivés plus tard et en plus grand nombre. Les peuples Sémites, plus nombreux au nord, et les Sumériens, plus représentés au sud, après avoir adsorbé les populations préexistantes, fondent leurs cultures en jetant les bases de la civilisation occidentale. Bien que les empreintes de leur grande civilisation soient encore évidentes dans les sites archéologiques importants situés sur les bords des marais, tels que les anciennes villes sumériennes de Lagash, Ur, Uruk, Eridu et Larsa, l'origine des Sumériens est encore un sujet de débat. Sur cette question, deux scénarios principaux ont été proposés : selon le premier, les Sumériens d'origine étaient un groupe de populations qui avaient migré du « sud-est » (région de l'Inde) et emprunté la route côtière à travers le golfe persique avant de s'installer dans les marais du sud de l'Irak. La deuxième hypothèse postule que l'avancement de la civilisation sumérienne a été le résultat des migrations humaines de la région montagneuse du nord-est de la Mésopotamie vers les marais du sud de l'Irak, avec l'assimilation subséquente des populations précédentes. Au fil du temps, les nombreuses expéditions historiques et archéologiques qui ont été menées dans les marais ont constamment rapporté de nombreux parallélismes entre les modes de vie modernes et anciens des peuples des marais. Des détails tels que l'architecture de la maison (bâtiments en roseaux voûtés en particulier), la collecte de nourriture (pâturage des buffles d'eau, piégeage des oiseaux et harponnage des poissons, culture du riz) et les moyens de transport (minces bateaux en bois couverts de bitume) sont documentés comme étant toujours pratiqués par la population localement nommée « Ma'dan », ou « Arabes des marais ». Ce mode de vie villageois, inchangé depuis sept millénaires, suggère un lien possible entre les habitants actuels des marais et les anciens Sumériens.

Afin de faire la lumière sur l'origine des populations de marais mésopotamiennes anciennes et modernes, qui reste ambiguë malgré toutes les théories mentionnées ci-dessus, la variation génétique d'un échantillon d' « Arabes des marais » a été étudiée à la fois pour l'ADN mitochondrial transmis par la mère (ADNmt) et la région spécifique mâle du chromosome Y (RMD). L'échantillon se compose de 143 mâles sains non apparentés, provenant principalement des marais d'Al-Hawizah (la seule zone marécageuse du sud de l'Irak non drainée). À titre de comparaison, un échantillon de 154 sujets irakiens représentatifs de la population irakienne générale et donc désignés tout au long du texte comme « irakiens » a été étudiée pour les marqueurs de l'ADNmt et du chromosome Y. Cet échantillon, préalablement analysé à basse résolution, est principalement composé d'Arabes vivant le long du Tigre et de l'Euphrate. En outre, la distribution des sous-clades J1 de l'haplogroupe du chromosome Y (Hg) a également été étudiée dans quatre échantillons du Koweït (N=53), de Palestine (N=15), de Druzes israéliens (N=37) et du Khuzestan (Sud-Ouest de l'Iran, N=47) ainsi que chez plus de 3700 sujets de 39 populations, principalement d'Europe et de la région méditerranéenne, mais aussi d'Afrique et d'Asie.

Le dépistage de 45 SNP, plus un identifié dans cette enquête, chez les Arabes des marais et les Irakiens a identifié 28 haplogroupes distincts, 14 dans l'échantillon des marais et 22 dans l'échantillon de contrôle irakiens avec huit haplogroupes partagés par les deux groupes. Plus de 90% des deux pools de gènes du chromosome Y peuvent être attribués à des composants de l'Eurasie occidentale : le Hg J-M304 du Moyen-Orient, le Hgs G-M201, E-M78 et E-M123 du Proche-Orient, tandis que les Hgs I-M170 et R-M207 eurasiens sont rares et moins communs chez les Arabes des marais que dans l'échantillon témoin. Des contributions en provenance de l'Asie orientale, de l'Inde et du Pakistan, représentées par les Hgs L-M76, Q-M378 et R2-M124, sont détectées chez les Arabes des marais, mais à une fréquence très faible.

1) En remontant les divisions de ces trois derniers gènes, nous constatons pour Hgs L-M76 que : L-M76 s'est détaché de L-M2357 environ 15 000 ans avant J.-C., l'ancêtre commun le plus récent de la lignée L-M76 étant né vers 12 000 avant J.-C. Les descendants individuels de cet haplogroupe L-M76 proviennent de l'Inde, de l'Arabie Saoudite, des Émirats Arabes unis et de 29 autres pays[172]. L'haplogroupe père L-M2357 s'est détaché de l'ancêtre L-M22 environ 17 000 ans avant J.-C., les individus descendants de L-M2357 proviennent de l'Inde, de l'Arabie Saoudite, de la Russie (en république de Chechnya et de 42 autres pays). L-M22 s'est lui-même détaché de L-M20 22 000 ans avant J.-C., les descendants du L-M22 proviennent de l'Inde, de l'Arabie Saoudite et de 69 autres pays. L-M20 s'est détaché de LT-L298 il y a environ 40 000 ans, ses descendants sont issus de l'Inde, de l'Arabie Saoudite, de la Turquie et de 79 autres pays. Cet haplogroupe (LT-L298) s'est détaché de

---

172 FamilytreeDNA (en ligne)

l'ancêtre K-M9 environ 43 000 avant J.-C. et ses descendants, cette fois, proviennent en priorité de l'Arabie Saoudite, des Émirats arabes unis, de l'Irak et de 119 autres pays. L'histoire évolutive de LT-L298 prouve par là que son descendant L-M76 est plus ou moins revenu à son point d'origine via l'Asie orientale. D'autre part, si L-M22, ancêtre de L-M2357 ainsi que de L-M317, possède des descendants humains parmi les populations de l'Inde, les premiers appartenant à L-M317 et de L-M22 étaient originaires d'une région située dans le sud-ouest oriental de la Turquie (nord-ouest de la Syrie), quelque part entre Şanlıurfa à l'est et Karaman à l'ouest[173].

2) En ce qui concerne Q-M378, une Heatmap du site Phylogeographer développée par Hunter Povyn et Thomas Krahn montre que le foyer fréquentiel le plus conséquent de ce gène se situe au nord de la Mer Noire, c'est-à-dire à l'emplacement géographique des Yamnayas dont on a parlé plus haut. D'autres foyers, moins larges, se situent au sud de l'Inde, au nord du Pakistan, aux Émirats Arabes Unis, dans la moyenne vallée des deux fleuves mésopotamiens, à l'ouest du Turkménistan, dans la péninsule du Sinaï et deux autres au nord de l'Algérie et du Maroc. Q-M378 s'est séparé, 7800 ans avant notre ère, de l'ancêtre Q-NGQ1. Les descendants majeurs de Q-M378 se trouvent en Pologne, Allemagne et Ukraine ainsi qu'en 55 autres pays. Même observation pour l'ancestral Q-NGQ1, qui s'est lui-même séparé de Q-L275 autour de 13 000 avant notre ère. Ce dernier se trouve également en Pologne, Allemagne, Ukraine et en 59 autres pays. Le paragroupe[174] Q-M378* quant à lui se trouve principalement au Kazakhstan. Q-M378 se trouve maintenant à N=13 en Arabie Saoudite, N=11 en Ukraine, en Chine et en Pologne. Ce sont là les quatre grands groupes de cet haplotype. Ce que nous devons en conclure ici, est que cet haplogroupe a contribué de manière mineure à la construction du génome Arabe des marais mésopotamiens.

3) R2-M124 quant à lui s'est détaché de l'ancêtre R-M479 autour de 13 000 avant J.-C. Le plus récent ancêtre commun de cette lignée 124 est estimé être né vers 8600 avant J.-C. et les plus récentes origines des populations concernées proviennent d'Inde, de l'Arabie Saoudite, du Koweït et de 60 autres pays. R-M479 s'est séparé de l'ancêtre R-M207 aux alentours de 26 000 avant J.-C. Les origines les plus récentes sont en Inde, en Arabie Saoudite, au Pakistan et dans 61 autres pays. R-M207 s'est détaché de P-P226 autour de 29 000 avant J.-C. et ses origines les plus récentes se situent en Irlande, en Angleterre, aux États-Unis et 194 autres pays. Le dernier de la lignée que nous verrons ici est P-P284, séparé de P-P226 vers 34 000 avant J.-C. Ses origines les plus récentes se situent en Irlande, en Angleterre, aux USA et dans 197 autres pays.

Poursuivons dès lors l'étude de l'article au sujet des Arabes des marais. Les chercheurs signalent que l'haplogroupe J originaire du Moyen-Orient représente 55,1 % de l'échantillon irakien et atteint 84, 6 % chez les Arabes des marais, l'une des fréquences les plus élevées signalées jusqu'à présent. Contrairement à l'échantillon irakien, qui présente une proportion à peu près égale de J1-M267 (56,4 %) et J2-M172 (43,6 %), presque tous les chromosomes J Arabes des marais (96 %) appartiennent au clade J1-M267 et, en particulier, au sous-haplogroupe J1-Page08.

Un article de l'Orientale au sujet de l'haplogroupe J nous apprend que que le clade J-M267 est à l'époque moderne le plus fréquent dans la péninsule arabique : Yémen (jusqu'à 76%), Arabie (jusqu'à 64%), Qatar (58%) et Daghestan (jusqu'à 56%). J-M267 est également généralement fréquent chez les Bédouins arabes (62%), les Juifs ashkénazes (20%), l'Algérie (jusqu'à 35 % : un peu plus en Kabylie), l'Irak (28%), la Tunisie ((en hausse) à 31%, en Syrie (jusqu'à 30%), en Égypte (jusqu'à 20%) et dans la Péninsule du Sinaï. Dans une certaine mesure, la fréquence de l'haplogroupe J-M267 s'effondre aux

---

173 Phylogeographer.com/Theoretical computed paths

174 Terme employé en génétique des populations pour décrire des lignées au sein d'un haplogroupe qui ne sont définies par aucun marqueur unique supplémentaire. Ils sont notés par le nom du haplogroupe principal suivi d'un astérisque.

frontières des territoires de langue arabe/sémitique avec des territoires principalement non arabophones/sémitiques, tels que la Turquie (9%), l'Iran (5%) et les musulmans sunnites (2,3%) et chiites du nord de l'Inde (11%). L'ISOGG indique que le J-M267 est originaire du Moyen-Orient. On le trouve dans certaines parties du Proche-Orient, de l'Anatolie et de l'Afrique du Nord, avec une répartition beaucoup plus clairsemée ailleurs.

Les haplogroupes E caractérisent 6,3 % des Arabes des marais, 13,6 % des Irakiens et est représenté par E-M123 dans les deux groupes. L'haplogroupe R1 est présent à une fréquence de 2,8 % chez les habitants des marais et à 19,4 % dans l'échantillon irakien et n'est présent que sous la forme R1-L23. Les autres haplogroupes rencontrés à basse fréquence chez les Arabes des marais, que nous avons vus plus haut, sont Q (2,8%), G (1,4%), L (0,7%) et R2 (1,4%). Un total de 233 haplotypes et 77 sous-haplogroupes ont été identifiés dans cette enquête. Selon leur origine géographique/ethnique connue ou supposée, en plus d'une forte composante ouest-eurasienne (77,8 % et 84, 1 % chez les Arabes des marais et les Irakiens, respectivement), il est possible de reconnaître les contributions de l'Afrique du Nord-Est et subsaharienne et de l'Asie de l'Est et du Sud. Presque tous les principaux sous-haplogroupes U et la branche K imbriquée ont été trouvés dans l'échantillon irakien, mais seul un sous-ensemble d'entre eux (K1, U3, U4, U5, en plus de l'Asie du sud-ouest U7) ont été observés chez les Arabes des marais. Le haplogroupe K niché, principalement K1, a été observé à une fréquence comparable dans les deux groupes (6,2 % dans les marais contre 4,6%). Les haplogroupes africains sont d'origine nord/orientale et subsaharienne et représentent des composants mineurs dans les deux groupes. La contribution de l'Afrique du Nord et de l'Est est principalement représentée par le haplogroupe M1 qui représente 2,8 % des Arabes des marais et 1,2 % de l'échantillon irakien, ce dernier affichant également 0,6 % du haplogroupe U6. La composante de l'Afrique subsaharienne comprenait L0, L1, L2 et L3 et représentait 4,9 % dans les marais et 9,1 % de l'échantillon témoin, un seul (L2a1) était partagé entre les deux groupes irakiens.

La contribution asiatique était significativement plus élevée chez les Arabes des marais que dans l'échantillon témoin (11, 8 % contre 5,2%). Elle inclut des ADNmt appartenant aux haplogroupes M (M*, M33, M37e) et R2 d'Asie du Sud chez les Arabes des marais, et R5a et U2d dans l'échantillon témoin. L'haplogroupe U7, fréquent en Asie du Sud-Ouest, a été observé dans les deux groupes. L'haplogroupe B4 d'Asie de l'Est quant à lui a été détecté à une fréquence très faible dans les deux groupes irakiens. La variation du chromosome Y, comme celle de l'ADNmt, est très structurée géographiquement. Cependant, l'haplogroupe J du Moyen-Orient, qui représente la grande majorité des lignées paternelles de cette région et marque différents événements migratoires vers l'Europe, l'Afrique et l'Asie, ne présente pas, à l'heure actuelle, de signes de rétro-migrations. L'haplogroupe J, avec ses deux branches J1-M267 et J2-M172, est une lignée du chromosome Y datant d'environ 30 000 ans. Son lieu d'origine est encore en discussion, mais il est considéré comme un point de repère géographiquement lié à la région du Proche-Orient où la révolution agricole et la domestication animale sont apparues pour la première fois. En conséquence, la distribution de fréquence de l'haplogroupe J montre des clines radiales décroissantes vers la région du Levant, l'Asie centrale, le Caucase, l'Afrique du Nord et l'Europe à partir de points focaux de fréquence élevée au Proche-Orient.

Bien que les deux clades (J1-M267 et J2-M172 aient évolué *in situ* et participé à la révolution néolithique, leurs distributions géographiques différentes suggèrent deux histoires distinctes. Alors que J2-M172 a été lié au développement et à l'expansion de l'agriculture dans la zone nord plus humide et est également considéré comme le marqueur du chromosome Y pour la propagation de l'agriculture en Europe du Sud-Est. J1-M267 a été associé au pastoralisme dans la zone semi-aride de la péninsule arabique. Malgré cette prétendue association initiale, aucune preuve de pastoralisme n'a été signalée dans la zone marécageuse où l'une des valeurs les plus élevées de J1-M267 (81,1%) a été observée. Lorsque les deux sous-clades J1-M267, J1-M267* et J1-Page08 sont considérées, des tendances différentielles en matière de fréquence apparaissent. Le J1-M267* moins représenté diffuse principalement vers le nord-est de la Mésopotamie et montre son incidence la plus élevée chez les Assyriens du nord de l'Irak et la Turquie. En revanche, J1-Page08 représente la grande majorité de la répartition de J1 dans le sud-ouest de la Mésopotamie, atteignant sa valeur la plus élevée (74,1 %) dans la zone marécageuse. En considérant les haplotypes STR associés aux deux branches, les valeurs de variance les plus élevées sont localisées dans le nord de la Mésopotamie (nord de l'Irak/sud-est de la Turquie).

Pour la lignée J1-Page08, des valeurs de variance élevées ont également été observées en Éthiopie, à Oman et dans le sud-est de l'Italie. Bien que les données actuelles ne soient pas adéquates pour définir la patrie de la sous-clade J1-Page08, certaines informations utiles peuvent être obtenues à partir de l'analyse du réseau d'haplotypes. Ainsi, la position périphérique des haplotypes éthiopiens et italiens du sud-est (européens) suggère que les valeurs élevées de variance enregistrées dans ces régions reflètent probablement la stratification de différents événements migratoires, dont certains se sont produits avant l'expansion et la diffusion de la lignée en dehors de la région du Moyen-Orient. La valeur de la variance chez l'Omanais est également affectée par la présence concomitante d'haplotypes périphériques et d'haplotypes à expansion centrale. Dans ce contexte, la faible variance (0,118) observée chez les Arabes des marais souligne une expansion récente impliquant peu d'haplotypes, qui occupent tous une position centrale dans le réseau J1-Page08. Dans le clade J1-M267*, moins fréquent, qui n'est que marginalement affecté par les événements d'expansion, les Arabes des marais partageaient des haplotypes avec d'autres échantillons irakiens et assyriens, ce qui corroborait un contexte local commun. Seule une faible proportion du patrimoine génétique de l'arabe des marais provient du flux génétique des régions voisines. Du côté paternel, les données phylogéographiques mettent en évidence certaines contributions spécifiques à l'Asie du Sud-Ouest, comme en témoignent les haplogroupes Q, L et R2, connus sous le nom de lignées sud-asiatiques du chromosome Y, principalement observées en Inde et au Pakistan.

Contrairement à l'échantillon témoin irakien, le patrimoine génétique des Arabes des marais présente un apport très rare du nord du Moyen-Orient (haplogroupes J2-M172 et dérivés, G-M201 et E-M123), pratiquement sans contributions de l'Eurasie occidentale (haplogroupes R1-M17, R1-M412 et R1-L123) et de l'Afrique subsaharienne (haplogroupe E-M2). D'autre part, l'absence dans les deux groupes irakiens de la branche nord-africaine E-M81, parle contre un flux génétique patrilinéaire important de cette région. Du côté maternel, une composante asiatique importante (Est/Sud-ouest) (11,8%) est présente chez les Arabes des marais, comme en témoignent les haplogroupes B4, M, R2 et U7. Les ADNmt B4 portent des motifs de région de contrôle observés en Iran, au Kirghizistan, en Sibérie occidentale, au Vietnam, en Corée attestant du contact avec l'Asie centrale et orientale. Cette observation est probablement due au flux génétique récent, bien qu'il soit intéressant de noter que l'ancienne route de la soie traversait la région irakienne de Bassorah à Bagdad. D'autre part, la majorité des ADNmt M, R2 et U7 présentent des motifs de région de contrôle observés en Asie du Sud-Ouest et en particulier en Inde. Une preuve supplémentaire des multiples relations avec l'Asie du Sud-Ouest provient de la présence d'un ADNmt M33, qui a été complètement séquencé. Cet ADNmt appartient au clade M33a2a et se regroupe avec trois séquences, de l'Uttar Pradesh, de l'Arabie Saoudite et de l'Égypte, respectivement. D'autre part, la présence en Irak de Hgs M1 (dans les deux groupes irakiens) et U6 (dans l'échantillon témoin) d'origine nord-africaine indique un flux génétique limité à partir de cette zone. La contribution subsaharienne (Soudan notamment) est plutôt représentée par les haplogroupes L0, L1, L2 et L3. Il atteint des valeurs conformes (8%) à celles rapportées pour les autres populations arabes du Moyen-Orient.

Par rapport à l'échantillon témoin, représentatif de la population irakienne générale, les Arabes des marais sont caractérisés par une importante hétérogénéité inférieure du chromosome Y alors que des valeurs similaires d'hétérogénéité ont été observées pour l'ADNmt. Cela est dû à la présence d'un haplogroupe prévalent du chromosome U, le J1-M267, qui caractérise à lui seul plus de 80 % du patrimoine génétique du chromosome Y des marais. Bien que des profils d'hétérogénéité plus faibles chez les mâles que chez les femelles aient été signalés dans de nombreuses populations et généralement attribués à la résidence patrilocale, un tel scénario ne peut expliquer qu'une partie de la grande différence observée dans la population de marais géographiquement isolée. Parmi les différents facteurs (par exemple, la polygamie, les taux de migration inégaux des hommes et des femmes et les processus sélectifs) qui peuvent affecter différemment l'étendue de l'hétérogénéité de l'ADNmt et du chromosome Y, les pratiques d'accouplement non aléatoires, courantes dans la région, associées à des croyances culturelles qui soutiennent la polygamie, peuvent avoir contribué à causer la différence observée chez les Arabes des marais.

Les analyses effectués sur l'ADNmt et le chromosome Y des Arabes des marais irakiens, une population vivant dans les marais du Tigre et de l'Euphrate, ont montré : (I) une composante autochtone prédominante du Moyen-Orient dans les pools génétiques mâles et femelles ; (II) la faiblesse des héritages d'Asie du Sud-Ouest et d'Afrique, plus évidente pour l'ADNmt ; (III) une homogénéité plus élevée chez les hommes que chez les femmes, principalement déterminée par la cooccurrence de facteurs socio-culturels et génétiques ; (IV) une stratification génétique, non seulement imputable à des événements récents. Le dernier point est bien illustré par les données du chromosome Y où la lignée J1-M267* moins représentée indique des contributions en Mésopotamie du Nord, tandis que la branche J1-Page08 la plus fréquente révèle une expansion locale récente il y a environ 4000 ans. Bien que les estimations de l'âge du chromosome Y méritent d'être prudentes, en particulier lorsque les échantillons sont si petits et les erreurs types grandes, il est intéressant de noter que ces estimations chevauchent la période de la cité-état qui caractérisait le sud de la Mésopotamie et sont attestées par de nombreuses anciennes villes sumériennes (Lagash, Ur, Uruk, Eridu et Larsa). En conclusion, les données des auteurs de l'étude montrent que les Arabes des marais modernes d'Irak abritent des ADNmt et des chromosomes Y qui sont principalement d'origine moyen-orientale. Par conséquent, certaines caractéristiques culturelles de la région, telles que l'élevage de buffles et la riziculture, qui ont probablement été introduites du sous-continent indien, n'ont affecté que marginalement le patrimoine génétique des peuples autochtones de la région. De plus, une origine ancestrale moyen-orientale de la population des marais du sud de l'Irak implique que, si les Arabes des marais sont les descendants des Anciens Sumériens, les Sumériens n'étaient pas non plus d'ascendance indienne ou sud-asiatique[175].

Fidji Berio révèle dans son article « L'évolution humaine au Moyen-Orient racontée par l'ADN » (2021) les résultats récents d'une analyse génétique à grande échelle des populations du Moyen-Orient. Elle écrit que la morphologie des restes fossiles au sein de la lignée humaine permet de comprendre de nombreuses étapes ayant eu lieu au cours de l'évolution de l'Homme. La forme du bassin, la position du *foramen magnum* (trou occipital), les proportions des membres antérieurs et postérieurs ainsi que la morphologie du larynx et de la mandibule permettent encore aujourd'hui d'attribuer un spécimen à l'une ou l'autre des espèces d'homininés. Les méthodes d'analyse d'ADN ancien mises au point ces dernières décennies sont de plus en plus accessibles pour de nombreux laboratoires. Des analyses ADN font l'objet d'une nouvelle étude parue dans la revue *Cell* qui reporte les résultats de l'examen de 137 génomes dans huit populations du Moyen-Orient (Syrienne, Kurde (Irak), Arabe (Irak), Jordanienne, Saoudienne, Émiratie, Yéménite et Omanaise). Le Moyen-Orient constitue en effet une région trop peu étudiée dans ce domaine au regard de son importance pour la compréhension des migrations humaines. Ce territoire est en effet situé entre l'Afrique, l'Europe et l'Asie, et y ont été découverts certains des premiers fossiles d'humains sortis d'Afrique (dont l'un est daté d'il y a au moins 177 000 ans au Proche-Orient) et des outils et traces de pas attribués à l'Homme qui remontent à 120 000 ans environ. Les résultats de la publication montrent tout d'abord

---

175 Al-Zahery et al., 2011

que les populations actuelles du Moyen-Orient proviennent de celle qui est sortie d'Afrique, il y a 50 000 à 60 000 ans.

Les auteurs de l'étude indiquent que les populations d'Arabie saoudite, du Yémen et des Émirats arabes unis ont connu une chute démographique il y a environ 6000 ans. Celle-ci coïncide avec un changement climatique dans la région qui a entraîné une transition depuis un environnement humide et « vert » vers un désert de sable sec. Cette sécheresse intense pourrait de plus être à l'origine de la chute des royaumes et empires au Moyen-Orient et en Asie du sud et se refléter au niveau de la diversité génétique quantifiée dans l'étude. Il est à souligner que les chercheurs n'ont d'ailleurs trouvé aucune preuve génétique selon laquelle une expansion récente des humains hors d'Afrique aurait contribué aux populations étudiées. Ce résultat est donc en accord avec le fait que tous les Hommes modernes actuels qui vivent hors d'Afrique descendent d'hommes qui sont sortis une seule fois de ce continent. Cette sortie d'Afrique a été suivie par des hybridations avec Néandertal et par des migrations à travers le monde. Les auteurs mentionnent toutefois que les populations du Moyen-Orient qu'ils ont échantillonnées présentent très peu d'ADN néandertalien spécifique à la région et que la majorité de leur ADN néandertalien est partagée avec les Eurasiens. Les populations d'Arabie saoudite, du Yémen et des Émirats Arabes Unis ont, de plus, une ascendance néandertalienne plus faible que celles de Syrie et de Jordanie, d'Europe et d'Asie de l'Est. Ceci pourrait notamment s'expliquer par de récentes hybridations avec des populations africaines.

Épilogue

Apprêtons-nous à conclure. Vous l'avez sans doute remarqué ; des indices concernant l'origine des sumériens jalonnent ce récit. Mais avant de se contenter de reprendre les arguments déjà cités, tentons d'en avancer d'autres dont certains, à notre connaissance, ont été délaissés pour x raison par les auteurs précédents. Pour commencer, intéressons-nous à une lettre assez spéciale qui devrait déjà confirmer certaines théories bien qu'elle n'infirmera point les autres. La lettre š (shin), appelée en linguistique « consonne fricative post-alvéolaire sourde » que l'on trouve en sumérien, se retrouve aussi dans les alphabets bosnien, croate, finnois, letton, lituanien, oudi (le fameux oude de Lenormant, langue nakho-dagestanienne), same skolt, serbe, slovaque, slovène, sotho du nord (une langue bantoue parlée au nord de l'Afrique du sud), tchèque, wakhi (langue indo-iranienne) ainsi que dans l'alphabet biélorusse. Autre chose : le ĝ (consonne nasale vélaire) se trouve dans le vocabulaire de l'espéranto (construit de toutes pièces) et de l'aléoute, langue eskimo-aléoute et l'une des 20 langues amérindiennes officielles de l'Alaska. Bien que cette lettre ne se retrouve pas dans la transcription de l'alphabet japonais, en pratique, les vieux locuteurs du japonais prononcent la lettre g « ĝ », dont on peut avoir une idée de la prononciation en écoutant Masaaki Tsukada né en 1938 et mort en 2014, voix japonaise du commandant Yamamoto dans le manga Bleach.
 Ces deux faits ne sont peut-être pas satisfaisants et révélateurs pour les lecteurs les plus tatillons et avides de preuves, moi y compris, alors poursuivons avec le caractère ergatif de la langue sumérienne, assez typique de cette langue ; outre le sumérien, les langues ergatives à travers le monde comptent le basque, la plupart des langues caucasiennes, le hourrite, l'urartéen, le kurde, le tibétain, les langues eskimo-aléoutes, les langues mayas, mixe-zoques et un grand nombre de langues aborigènes d'Australie.
 Autre fait : la langue sumérienne, par sa catégorie, est de type SOV (sujet-objet-verbe). Parmi les 144 langues (avant inclusion des langues faisant partie des groupes 1) bodique, 2) finno-volgaïque, 3) gyalrong, 4) japonique et 5) japonique insulaire, 6) mordve, 7) tani et 8) tibéto-birman et comprenant 9) la langue élamite) de ce type à travers le monde, 112, c'est-à-dire environ 78 %, sont asiatiques ou à ascendance asiatique (Asie, Océanie, langues amérindiennes, dravidiennes, indo-aryennes et inuits). L'indo-européen (groupes germanique et latin) et les groupes africains et sémitique se partagent les 32 restantes. Les huit groupes linguistiques susmentionnés sont à rattacher soit au groupe tibéto-birman, au groupe japonique ou à celui de l'ouralien. De ce total de 32 doivent toutefois être soustraites les langues fictives ou construites comme, au moins, le syldave créé par l'auteur Hergé, et le kotava.

Ci-dessous, une carte issue de l'article « L'homme et la terre » qui montre, en Basse-Mésopotamie, la présence de touraniens et de sémites chaldéens.

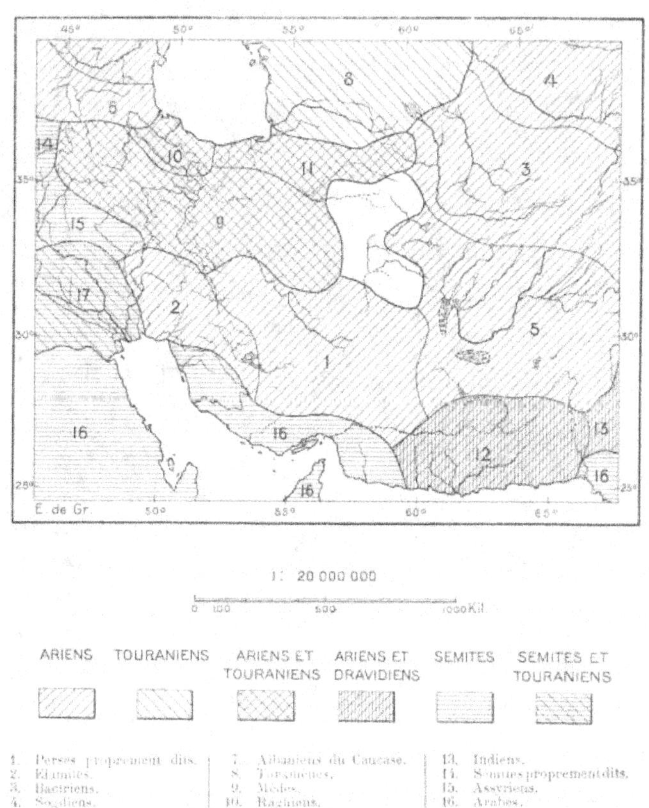

<u>Fig.4 : Distribution des groupes ethniques anciens au Proche-Orient.</u>

Ci-dessous une autre carte extraite de la même source bibliographique présentant le réseau routier mineur et le réseau routier majeur entre le plateau iranien et les autres contrées.

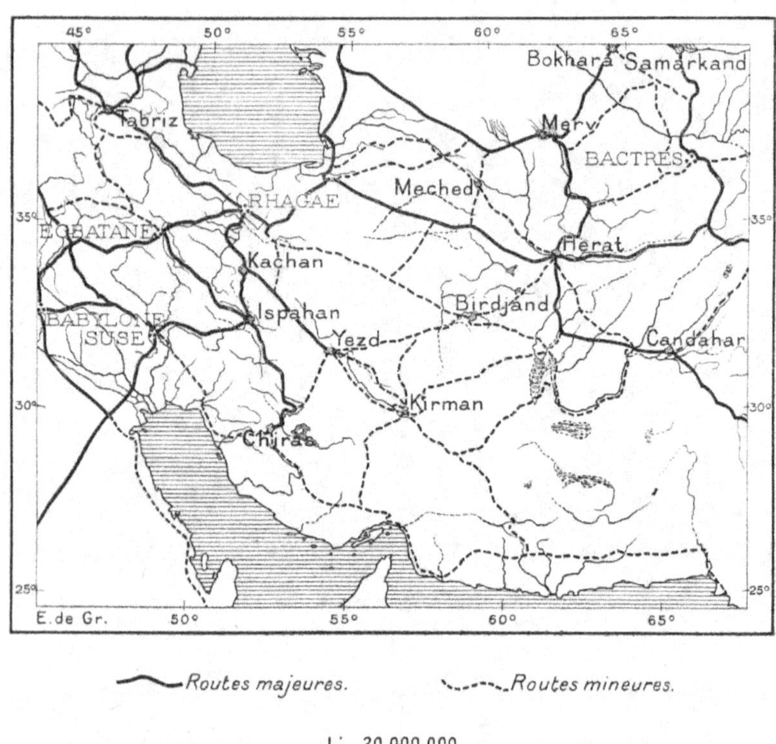

Fig.5 : Routes majeures et mineures à travers le Proche-orient ancien.

Dans « Les cités oubliées de l'Indus »[176] on lit que comme par ailleurs les plus anciennes poteries connues du Baloutchistan portaient des décors géométriques (style de Kili Gui Mohammad II et III) ou des représentations de capridés ou d'oiseaux (style de Togau A) offrant des parallèles avec les motifs des céramiques des sites du plateau iranien, on a tout naturellement attribué l'apparition des premiers établissements agricoles du Baloutchistan et de la vallée de l'Indus à des influences « civilisatrices » venues de l'Asie occidentale. Plus récemment, la découverte en Asie centrale méridionale d'un riche horizon néolithique et chalcolithique ancien (cultures de Djeitun et de

---

176 Amiet et al., 1988

126

Namazga I et II, VIe et Ve millénaire avant J.-C.), offrant de solides parallèles avec les sites du plateau iranien, a fourni une nouvelle source d'origine pour les influences qui se seraient exercées sur le Baloutchistan après 4000 avant J.-C. Avant la révélation de l'occupation néolithique de Mehrgarh, à la fin des années 70, il semblait donc que des « colons » venus soit directement d'Iran soit d'Asie centrale méridionale (aujourd'hui Turkménie soviétique), avaient atteint les frontières occidentales du sous-continent indo-pakistanais vers 4000 avant J.-C., époque où ils auraient d'abord fondé le site de Mundigak (Casai 1961), dans la région de Qandahar, avant de poursuivre leur migration vers le Baloutchistan et la vallée de l'Indus.

Ils auraient introduit dans ces régions vers 3500 avant J.-C. l'économie agricole, l'art de la céramique et les premiers rudiments de la métallurgie. La dispersion de ces « colons » dans le paysage très fragmenté du Baloutchistan aurait alors entraîné un isolement progressif des premières communautés agricoles sédentaires, vivant plus ou moins en autarcie. Ainsi s'expliquerait l'apparente diversité culturelle que semblaient montrer les recherches archéologiques dans ces régions. Dans un milieu jugé peu dynamique, l'apparition de traits nouveaux et les progrès techniques étaient, aux yeux de la plupart des spécialistes, le résultat de vagues successives d'influences « civilisatrices ». L'exemple le plus spectaculaire était la diffusion au Baloutchistan de la céramique du style de Quetta, vers 3000 avant J.-C. Cette poterie, avec ses motifs peints en forme de triangle ou de losanges crénelés ou de croix de Malte présente en effet d'incontestables ressemblances avec la céramique de Turkménie méridionale (style de Geoksyur-Namazga III). On a donc cru que de nouveaux colons, partis de Turkménie méridionale, avaient à leur tour progressé vers le Baloutchistan, en fondant au passage le site de Shahr-i Sokhta, au Séistan iranien, et en prenant le contrôle de Mundigak, avant de s'installer dans la région de Quetta.

Ainsi expliquait-on l'apparition vers 3000 avant J.-C. de traits que l'on croyait nouveaux aux Baloutchistan : architectures complexes, développement de la métallurgie, mise en place d'un système idéologique caractérisé par des figurines humaines et utilisation d'objets « administratifs » comme des sceaux-cachets (à ne pas confondre avec les sceaux-cylindres). Il poursuit plus loin : on constate que tous les éléments de comparaison du matériel archéologique des niveaux les plus anciens de Mehrgarh se font avec des sites d'Iran ou d'Asie centrale du 7ᵉ millénaire. Aussi une date vers 7000 avant J.-C. pour le début de l'occupation est aujourd'hui tout à fait admise, comme y encourage d'ailleurs une série de dates données par le carbone 14 qui se distinguent des résultats que nous avons jugés, pour des raisons que l'on peut naturellement discuter, soit trop anciens soit trop récents[177]. En parlant de l'exposition au Musée Guimet : ainsi, les objets et les documents présentés dans cette exposition montrent qu'il existe d'incontestables ressemblances sur le plan des techniques agricoles, des architectures, des artisanats et de l'idéologie (pratiques funéraires et figurines) entre Mehrgarh et les premiers établissements agricoles des piémonts du Zagros (Irak et Iran occidental) et de l'Iran septentrional. On considérait, il y a peu encore, que la poterie caractéristique de la période III de Mehrgarh, connue sous divers noms (style de Kili Gui Mohammad ou style de Togau A) avait été introduite au Baloutchistan au début du IVe millénaire par des colons venus d'Iran, responsables de la première mise en valeur agricole du Baloutchistan.

Aujourd'hui, à la lumière des travaux de Mehrgarh, une telle hypothèse doit être abandonnée et la très belle céramique du style de K.G.M.-Togau dont on peut suivre la naissance dès la première moitié du Ve millénaire, se rattache à une tradition prenant ses racines dans le Néolithique local. Les ressemblances entre les décors peints de la céramique du Baloutchistan à cette époque et ceux ornant les poteries des sites contemporains d'Iran (style de Sialk) ou d'Asie centrale méridionale (style de Namazga II et III en Turkménie) ont souvent été soulignées. Ces ressemblances, qu'il s'agisse de frises de bouquetins, d'oiseaux ou de motifs géométriques plus ou moins complexes, sont réelles mais ne peuvent plus servir à étayer, comme auparavant, des hypothèses de mouvements de population

---

177 Pour une discussion de cette question, voir Jarrige et Lechevallier 1980

d'Iran ou d'Asie centrale vers la vallée de l'Indus. Elles révèlent tout au plus, sur le plan de modes décoratifs cachant peut-être des données d'ordre symbolique ou idéologique, l'existence de traits partagés entre plusieurs des régions frontières indo-iraniennes. Il est en tout cas tout à fait significatif de trouver à partir de la fin du Ve millénaire les mêmes types de poteries, aussi bien dans la plaine de Kachi (à 150 m d'altitude) que dans les zones de montagne du Baloutchistan : la région de Kalat (à plus de 2000 m d'altitude), celle de Quetta et les vallées de la Zhob et de la Loralai. Aux IVe et Ve millénaires, ce sont les mêmes types de figurines humaines (cf.le texte de C.Jarrige), combinant souvent des attributs identiques, ou bien d'autres objets comme des sceaux-cachets tout à fait similaires, que l'on retrouve dans ces mêmes régions où alternent aires montagneuses et plaines alluviales. Cela signifie donc que les régions qui, aujourd'hui encore, sont exploitées dans le cadre de mouvements saisonniers d'une partie de la population (hiver dans la plaine et été en montagne) ont formé aussi dans le passé de véritables unités sur le plan de la culture matérielle, de l'idéologie (figurines humaines) et même peut-être du commerce et de l'administration.

Depuis Stuart Piggott, tous les archéologues ont rapproché avec de bonnes raisons les motifs géométriques du style de Quetta de ceux qui ornent la céramique du style de Geoksyur-Namazga III en Turkménie méridionale. À l'époque où l'on ne connaissait pas encore la longue séquence de Mehrgarh, ces ressemblances réelles servaient de support à l'hypothèse de colons venus d'Asie centrale méridionale qui auraient alors joué un rôle déterminant dans les transformations que l'on pouvait constater au Baloutchistan vers 3000 avant J.-C. Quelques similarités entre divers objets, notamment les figurines et les cachets de Turkménie et du Baloutchistan, encourageaient aussi une telle hypothèse. En fait la poterie du Baloutchistan est, dans la suite d'une tradition locale déjà ancienne, faite au tour dans une pâte fine à dégraissant minéral, alors que la céramique de Turkménie est façonnée à la main et possède une texture plus grossière avec souvent l'emploi d'un dégraissant végétal. Sur le site de Mundigak, on trouve d'ailleurs dans les mêmes niveaux des écuelles relativement grossières dans le style de la Turkménie et de très fins récipients dans le style dit de Quetta et du Baloutchistan. Il en est de même sur le site de Shahr-i Sokhta au Séistan iranien. Cela indique donc bien l'existence de contacts qui ont certainement joué un rôle très important dans la vie économique et culturelle des régions situées de part et d'autre de la grande barrière montagneuse de l'Hindu-Kush. Il est d'ailleurs intéressant de constater que c'est au moment même où ces contacts semblent les plus forts que Shahr-i Sokhta atteint la dimension d'une grande ville et que Mundigak se dote d'architectures monumentales, dont le « palais » (en fait un monument en terrasses ornées de pilastres, entouré d'impressionnantes fortifications).

À Mehrgarh, aucun véritable monument n'a été dégagé. En revanche on y remarque, dans la seconde moitié du IVe et la première moitié du IIIe millénaire, la présence de vastes unités architecturales divisées en petites pièces auxquelles on accédait par des portes basses (moins de 1m de haut comme à Mundigak) donnant souvent sur un rez-de-chaussée également très bas rempli de poteries et objets divers, avec au-dessus un étage reposant sur des poutres dont les traces étaient encore visibles. On note aussi l'aspect souvent monumental des fondations de ces bâtiments reposant sur de grands murs de soutènement à redans internes (dans la suite des traditions néolithiques) ou de vastes plates-formes de briques crues qui montrent que l'on a affaire à des architectures dont l'échelle dépasse celle de petites maisons individuelles. On voit sur la céramique datant de 4500 avant notre ère des décors de frise de capridés offrant de fortes ressemblances avec le style de la céramique d'Ismailabad ou de Sialk II du début du Chalcolithique sur le plateau iranien (Ve millénaire). Sur le marché des antiquités de Kaboul sont arrivées plusieurs statuettes en pierre de personnages assis, considérés comme des divinités, portant la robe de laine ou « kaunakès » caractéristique du monde mésopotamien (Pottier 1984, pl.XXXVIII, XXXIX). La partie inférieure d'une telle statuette a été trouvée dans le dépôt de Quetta (cat.n°162) et permet donc de dater ces représentations de la période autour de 2000 avant J.-C.

Suivant la chronologie mésopotamienne, le sceau originaire de l'Indus le plus ancien a été trouvé dans une habitation qui appartient à la période succédant à l'apogée de la dynastie d'Akkad, vers 2150 avant J.-C. Un autre provient d'une tombe du début de la IIIe dynastie d'Ur, soit 100 ans plus tard que le premier sceau. Un troisième sceau à Kish, dans le nord de la Babylonie, a été trouvé dans un contexte que l'on peut situer autour de 1700 avant J.-C. Pour finir, un dernier sceau a été découvert dans un niveau d'occupation de Nippur que l'on peut assigner à l'époque des Cassites, c'est-à-dire après 1500 avant J.-C. Une fois cette dernière date écartée comme beaucoup trop tardive, il nous reste la période entre les années 2150 et 1700 avant J.-C. pour situer l'époque où les contacts étaient florissants, du moins si l'on se fonde sur les indications fournies par les sceaux. Ces sceaux intrusifs partagent avec ceux de l'Indus le fait qu'il s'agit de cachets et non pas de cylindres comme en Mésopotamie. Leur ornementation est cependant très différente de celle des sceaux de l'Indus, aussi bien par leur facture que par les thèmes des représentations. Des sceaux dans le « style du Golfe » ont été souvent découverts en Mésopotamie, également dans des contextes qui correspondent aux dates que nous avons déjà mentionnées plus haut. Si l'on interprète ces données à la lumière des textes, qui font de fréquentes allusions au commerce maritime, apparemment florissant au début du IIe millénaire, entre le port d'Ur et « Dilmun », on commence alors à avoir une image plus claire de la situation. Les habitants de « Dilmun » et probablement ceux de « Magan » aussi, avaient pris l'habitude de se procurer les denrées recherchées sur les côtes du Golfe, en Oman et dans la région de l'Indus, puis de les expédier par bateau jusqu'aux entrepôts de Dilmun où les marchands de Mésopotamie venaient les chercher.

Le svastika est un des motifs géométriques les plus fréquemment représentés. Il est reproduit généralement vers la droite, plus rarement vers la gauche. C'est un motif connu au Proche-Orient depuis le Chalcolithique ancien. Largement répandu, il appartient aussi à une longue tradition dans l'Asie du sud-ouest, comme on peut le voir à Mehrgarh.

Fig.6 : fragment de statuette de taureau

Ci-dessus : (Références : MM1337 ; SD 767) fragment de statuette composite de taureau (arrière-train). Il est important de remarquer sur cet objet le décor en relief bi- et trilobé comparable à celui qui orne la tunique du « roi-prêtre ». A.Ardeleanu-Jansen a mené toute une étude qui tend à montrer que ce motif se retrouve sur plusieurs statuettes en Mésopotamie ou en Asie centrale qui pourraient avoir revêtu une importance symbolique particulière. Elle (Ardeleanu-Jansen) signale en particulier que le motif du trèfle orne deux taureaux décorant un fragment de vase en stéatite découvert à Ur par Woolley.

Dans son article « Une statuette sumérienne archaïque du Musée du Louvre » contenu dans Monuments et mémoires de la Fondation Eugène Piot (1940), pp.37-45, Georges Contenau signale que la théorie qu'il qualifie de simpliste selon laquelle les personnages glabres sont les Sumériens et que les personnages chevelus et barbus sont les Sémites n'est plus de mise aujourd'hui. Tantôt les Sumériens gardaient la barbe et les cheveux longs, tantôt la barbe mais la tête rasée, tantôt ni barbe ni cheveux (nous verrons la confirmation de cette assertion plus loin ndR). Il ajoute par contre que dès l'époque la plus haute, que l'on portât barbe et cheveux ou barbe seule, nous voyons sur les bas-reliefs des personnages tout-à-fait glabres. Il s'agit de personnages devant la divinité. Comme l'absence de barbe et de cheveux se remarque dans la majorité des représentations de Sumériens depuis l'époque archaïque, il est possible que, dans ce cas le port de la barbe et de la chevelure ait été réservé pour certaines occasions rituelles. Et ceci a son équivalent en Égypte avec les perruques cérémonielles. Il paraît bien qu'il en a été ainsi en Sumer.

Le Louvre possède une statue acéphale d'Ur-Ningirsu, fils de Gudéa, dont la tête est conservée dans une collection étrangère (G.Contenau, Musée du Louvre. Antiquité orientales, I, 1927, pl.XXIV, XXV)). Ur-Ningirsu est coiffé du turban qui ne permet pas de voir s'il a ou non des cheveux ; il est imberbe. Sur un buste du Musée de Berlin, Ur-Ningirsu est coiffé de même mais il porte une longue barbe en fer à cheval. Le fait est d'autant plus vraisemblable que Sir Leonard Woolley, dans une des tombes du cimetière royal d'Ur trouva le crâne du mort orné d'épingles et de bijoux, ce qui prouve que la tête portait chevelure ou coiffure ; dans un coin de la tombe d'autres épingles et bijoux de tête étaient disposés de même façon sur un support qui avait en grande partie disparu, et que l'examen a défini comme les restes d'une perruque de rechange. Ces faits sont vérifiés dans l'iconographie.

Voici maintenant quelques faits que nous devons mentionner dans l'optique de ne rien épargner :

1) Le port du panier sur la tête, pratique que l'on peut observer sur la plaque votive d'Ur-nanshe (XXVIe siècle) est commun chez les peuples d'Afrique et d'Inde : « une autre piste de lecture est la fable de la fontaine, Perrette et le pot au lait, non pas pour la morale qu'elle illustre, mais plutôt parce que, admise par l'auteur lui-même, elle tient sa source d'inspiration dans la Panchatantra, un ouvrage indien du IIIe siècle avant J.-C. dont les multiples traductions (arabe, latin, grec, espagnol, français etc.) et adaptations régionales témoignent modestement de la constance temporelle et de l'universalité du « portage céphalique ». Ce type de portage, si il est maintenant universel, est surtout pratiqué en Afrique (Gabon notamment), en Inde, au Tibet, au Népal (ces deux derniers étant situés directement au nord-est de l'Inde) et en Orient. On voit assez nettement l'origine de cette pratique sociale somme toute très peu instinctive. Elle est toutefois à prendre avec des pincettes car l'on ne peut s'appuyer que sur un exemple unique.

<u>Fig.7</u> : Plaque votive d'Ur-Nanshe (Milieu du IIIᵉ millénaire avant J.-C.)

2) Un concept religieux assez notable doit encore être mentionné : la place du bœuf dans la société mésopotamienne. Avant les Grecs et les Romains, les sumériens représentaient leurs divinités avec la fameuse tiare à cornes divine, dont le nombre de paires de cornes signifiait l'importance de la divinité représentée. On ne présente plus les nombreuses représentations mythologiques liées aux bovidés en Sumer. On pense notamment ici au Taureau Céleste terrassé par Gilgamesh et Enkidu, à l'aspect du croissant de Lune que les Mésopotamiens assimilaient à des cornes bovines ou encore à la vache fétiche de Sîn, GEME.SIN, aux bœufs tirants du char de la reine Pu'abi et au théonyme ᴰAMAR.UTU : « le veau du soleil » relatif au dieu Marduk. Si ces allusions se réfèrent au caractère agraire, à la fertilité et traduisent une certaine puissance physique, on ne peut ignorer que l'hindouisme vénère les vaches sous la forme de la « Mère Vache ». On ne peut ignorer encore que dans leur dictionnaire des symboles, Chevalier et Gheerbrant signalent que le bœuf est un auxiliaire précieux et respecté dans toute l'Asie orientale. Or ce même animal ne jouissait guère des mêmes faveurs en Anatolie chez les Hittites ou dans les cités phéniciennes. En revanche, dès 3000 avant J.-C., on voit apparaître dans l'art proto-élamite, c'est-à-dire avant la forte influence mésopotamienne du IIIe millénaire sur ces régions et pendant celle d'Uruk[178], des représentations de taureaux :

---

178 Le « phénomène » proto-élamite est différent par sa nature, ses acteurs et ses modalités répondent à des
problématiques qui ont peu à voir avec l'Uruk, il est nécessaire de s'écarter du modèle de l'étape proto-urbaine sud-

Fig. 8 : Taureau agenouillé en argent tenant
un récipient à bec (3000 avant J-C, période
proto-élamite) Metropolitan museum of art, New York

Si les représentations animales proto-élamites du Metropolitan Museum incluent aussi une antilope, un sanglier et ce qui ressemble soit à un suidé ou à un bœuf aux cornes brisées, ces dernières ne revêtent pas une importance cultuelle aussi forte que cette figurine en argent susmentionnée dont la facture paraît proprement iranienne antique : selon la description qu'en fait le Metropolitan Museum, les cailloux à l'intérieur de la figurine laissent penser qu'il pouvait s'agir d'un hochet cérémoniel, le contenant servait sans doute à verser des libations et les traces de tissus adhérant à la figurine suggèrent qu'elle a été enterrée intentionnellement, peut-être dans le cadre d'un rituel. On voit ici nettement la continuité culturelle entre l'Asie du sud, l'Asie du sud-ouest (Iran) et la Basse-Mésopotamie.

Mais il ne faut pas oublier non plus que dans toute l'Afrique du nord, encore, le bœuf est un animal sacré, offert en sacrifice, lié à tous les rites de labour et de fécondation de la terre. On sait la place du bœuf dans la mythologie égyptienne avec Apis, hypostase de Ptah et d'Osiris[179] et à Hathor. C'est en revanche uniquement en Mésopotamie et en Iran que les représentations des taureaux statufiés s'observent (taureaux androcéphales aux portes des palais) et que leur dimension spirituelle protectrice semble plus fortement mise en avant. On en voit également dans les temples de Shinto au Japon. Le taureau évoque le mâle impétueux, c'est le féroce Rudra du Rig-Veda dont la semence abondante fertilise la terre. Le taureau, ou plus généralement le bovin, représente les dieux célestes dans les religions indo-méditerranéennes. Chez les peuples altaïques et dans les traditions islamiques, le taureau appartient aussi au cycle des symboles supports de la création, les

mésopotamienne qui ne peut pas s'appliquer en Iran. À ce sujet voir l'article « Le phénomène proto-élamite et la construction archéologique de la révolution proto-urbaine en Iran du Sud-Ouest » par Hugo Naccaro dans « (R)évolutions : l'archéologie face au renouvellement des sociétés », Filet et al., 2017

179 Chevalier & Gheerbrant et al., 2021

cosmophores, comme la tortue. Incarnation des forces chthoniennes, le taureau, pour de nombreux peuples turco-tatars, supporte le poids de la terre, sur son dos ou sur ses cornes. Le symbolisme du taureau est également lié à celui de l'orage, de la pluie et de la lune. Le taureau et la foudre ont été de bonne heure (dès 2400 avant J-C) les symboles conjugués des divinités atmosphériques. Le beuglement du taureau a été assimilé, dans les cultures archaïques, à l'ouragan et au tonnerre (le rhombe ou le Bull-roarer chez les Australiens) ; or l'un et l'autre étaient une épiphanie de la force fécondante. Les divinités lunaires méditerranéo-orientales étaient représentées sous la forme d'un taureau et investies des attributs taurins.

C'est ainsi que le dieu de la lune d'Ur était qualifié de « puissant », « jeune taureau du ciel » ou « le puissant », « le jeune taureau aux cornes robustes ». En Égypte, la divinité de la Lune était le Taureau des étoiles. Osiris, dieu lunaire, fut représenté par un taureau. Sîn, dieu lunaire de Mésopotamie, avait aussi la forme d'un taureau. En Perse, la Lune était Gaocithra conservateur de la semence du taureau car, d'après l'ancien mythe, le taureau primordial déposa sa semence dans l'astre des nuits. En Asie centrale et en Sibérie, parmi les Mongols et les Yakoutes, se rencontre la croyance en un taureau aquatique, caché au fond des lacs, et qui mugit avant l'orage. Le taureau est donc généralement considéré comme un animal lunaire, mis en relation avec la nuit. La corne parfaite de Çiva est le croissant lunaire. Cette assimilation, très ancienne, est attestée en Égypte et en Babylonie. Toutefois le taureau est aussi attribué à Mithra, divinité solaire iranienne, où il symbolise le dieu mort et ressuscité ; mais il garde ici l'aspect lunaire de la mort[180]. Les diverses traditions liées au taureau sont les plus complexes en Asie et au Moyen-Orient et s'étendent d'une certaine manière plus ou moins aussi riche en Égypte. Le taureau montre toute son ambivalence et ses ambiguïtés au Proche-Orient (Sumer, Iran) et en Asie où il est tour à tour ouranien et chthonien, solaire et lunaire. Cette conception du taureau semble déterminante pour mieux orienter notre théorie mais somme toute insuffisante du fait de sa grande dispersion en Asie et au Moyen-Orient. Intéressons-nous donc dès lors à une partie anatomique cranio-faciale bien visible sur les sujets de la statuaire sumérienne la plus antique et la plus représentative[181] de ce peuple :

3) Il est vrai que les auteurs et chercheurs précédents ont porté leur intérêt sur le nez, les yeux, les lèvres et l'indice céphalique pour déterminer ou tenter de déterminer l'origine ethnique des Sumériens. Or, un détail semble être passé inaperçu jusqu'à présent, ou considéré comme peu digne d'intérêt. Il est vrai, aussi, que les études globales sur cette partie de l'anatomie cranio-faciale ne sont guère nombreuses et à vrai dire très rares. Nous avons cependant réussi à dénicher une étude sérieuse à ce sujet qui nous a fourni tous les éléments dont nous avions besoin pour conclure cette troisième partie. Dans l'édition de 1984 des Bulletins et Mémoires de la société d'anthropologie de Paris, figure un article intitulé « Variation mondiale des dimensions de l'oreille » écrit par M.C.Chamla (p.297 – 314) qui étudie la longueur et la largeur physionomiques de l'oreille de 251 séries de populations des grandes régions géographiques et concluant que les longueurs sont les plus faibles en Afrique subsaharienne, les plus grandes en Europe et en Océanie ; les largeurs les plus élevées en Europe, les plus faibles en Asie.

L'article de 1971 de Leguebe et Montagne a conclu que l'ensemble des caractères du pavillon est « extrêmement variable en fonction du sexe, de l'âge et de la race ». Du point de vue métrique, les deux dimensions principales du pavillon, longueur et largeur physionomiques, apparaissent fortement corrélées. En outre, on observe des variations durant l'âge adulte, avec, à partir de la soixantième année, un allongement parallèle à une légère augmentation de la largeur. C'est pourquoi il est important dans les études de populations, de ne retenir que les sujets âgés de moins de 60 ans. Selon Montagne, les dimensions du pavillon varient beaucoup d'un individu à l'autre à l'intérieur

---

180 Chevalier & Gheerbrant et al., p.1077, 2021
181 Manuel Histoire de l'Antiquité, Larousse, 2020

d'une même population. Les oreilles les plus courtes se rencontrent chez les races noires (55 mm de longueur), les plus grandes chez les races jaunes (plus de 65 mm), les Européens occupant une position intermédiaire. L'indice auriculaire (largeur x 100/ longueur), selon Topinard, a son minimum chez les races jaunes, son maximum chez les Noirs, les Européens ayant un indice moyen. La longueur et la largeur physionomiques sont celles définies par Martin :

- longueur : du point le plus élevé du bord supérieur de l'hélix à l'extrémité inférieure du lobe ;
- largeur : distance maximale entre le segment antérieur de l'hélix et son bord postérieur.

Des données ont été relevées sur 251 échantillons de populations dont : 37 séries européennes et 3 séries blanches d'Amérique ; 33 du Nord de l'Afrique, du Proche et du Moyen-Orient ; 58 séries d'Afrique subsaharienne et 7 groupes de Noirs américains et de métis ; 21 séries d'Amérindiens et d'Eskimos [Inuits] ; 61 groupes asiatiques ; 26 séries d'Océanie.

En Europe, la longueur moyenne générale est de 63,79 mm, avec des variations comprises entre 60,2 mm (Ukrainiens) et 67,7 mm (Tyroliens). La largeur moyenne est de 35,59 mm et les variations vont de 32, 8 mm (Biélorusses) à 38,1 mm (Roumains de la région de Batrina). Les écarts-types varient entre 3,5 et 5,2 pour la longueur et 2,1 et 3,7 pour la largeur.

En Afrique septentrionale et en Orient, la longueur moyenne générale est de 60, 41 avec des variations allant de 57,1 mm (Lurs de l'Iran) à 63,5 mm (Mhardeh de Syrie et An Nasiriya d'Irak). La largeur moyenne est de 34,32 mm, les variations inter-populationnelles vont de 31,7 mm (Algériens) à 37 mm (Kharga, Egypte) ; les écarts-types sont similaires à ceux des Européens, ainsi que les moyennes de l'indice auriculaire (pour les Européens : entre 50 et 62,5).

En Afrique subsaharienne, la longueur moyenne générale est de 57, 59 mm avec des variations allant de 47,9 mm (Bushmen) à 60,9 mm (Bushong du Congo, Antumbas du Mozambique, Pygmées Twa). La largeur moyenne générale est de 34,29 mm, avec un minimum de 27,9 mm (Bushmen) et un maximum de 40,6 mm (Bushong). Les écarts-type pour la longueur varient entre 3,2 et et 5,8 et pour la largeur entre 2,1 et 3,5.

En Amérique, les [Inuits] se séparent très nettement des Amérindiens par la longueur de l'oreille qui est particulièrement grande chez les 5 groupes figurant sur les tableaux (67, 5 à 73, 9 mm). Les largeurs sont aussi plus élevées, sauf chez une série. Chez les Amérindiens, la longueur générale est de 61,76 avec des variations allant de 58,8 mm (Tzotziles du Mexique) à 65,5 mm (Onas de la Terre de Feu). La largeur moyenne générale est de 34,24 mm, avec des valeurs comprises entre 31,3 mm (Kwaiker de Colombie) et 38,2 mm (Aymara de Bolivie). Les écarts-types ne diffèrent pas des précédentes populations ; les écarts entre maximum et minimum individuels varient entre 7 et 17 mm.

Chez les populations d'Asie, la longueur moyenne générale est de 61, 48 mm avec des variations minimale et maximale de 49 mm (Man du Vietnam) et 67, 8 mm (Mongols Kalmouks). La largeur générale est de 33,33 mm, les variations allant de 25 mm (Man) à 38,6 mm (Kalmouks). Les moyennes de l'indice auriculaire se situent entre 48,0 et 67,4.

En Océanie, la longueur moyenne est de 63,83 mm, les moyennes minimale et maximale de 56, 6 mm (Pygmées Ayom) et 68,2 mm (Marquisiens). La largeur moyenne est de 34, 35 mm avec un minimum de 28,8 mm (Papous de la Nouvelle-Guinée) et un maximum de 37,3 mm (Polynésiens en général). Les indices auriculaires varient entre 46,7 et 61,9.

Du point de vue des moyennes générales décrites dans le tableau donné que nous recopions ci-dessous, l'ensemble des populations d'Afrique subsaharienne se distingue donc par des oreilles sensiblement plus courtes que celles des autres populations, tandis que les Européens et les Océaniens et surtout les Inuits ont les oreilles plus longues. La largeur est la plus grande chez les Européens, la plus petite chez les populations d'Asie. Du point de vue relatif, le rapport largeur/longueur est le plus élevé chez les populations d'Afrique subsaharienne et le plus faible chez les Océaniens.

	Longueur			Largeur			Ind.auriculaire		
	Nbre de séries	M	E.T	Nbre de séries	M	E.T	Nbre de séries	M	E.T
Europe	37	63,79	1,88	37	35,59	1.20	37	56,00	2,21
Afr.Nord/Orient	33	60,41	1,75	31	34,32	1,56	33	57,43	3,36
Afr.Subsah.	58	57,59	2,00	58	34,29	2,28	58	59,79	3,46
Amérique :									
Inuit	5	67 à 74		5	31 à 40		5	51,8 à 54,6	
Amérindiens	21	61,76	1,96	21	34,24	1,59	21	55,49	2,83
Asie	61	61,48	3,54	59	33,33	2,07	59	54,47	3,35
Océanie	26	63,83	3,13	26	34, 35	1,91	26	53,63	4,12

<u>Fig.A : Moyennes générales de la longueur, la largeur de l'oreille et l'indice auriculaire selon les grandes régions géographiques.</u>

On remarque ici qu'il n'y a pas de différence significative pour la longueur entre : les Européens et les Océaniens ; les Asiatiques et les Amérindiens. Toutes les autres différences sont soit significatives, soit hautement significatives. Pour la largeur, les différences non significatives sont plus nombreuses[182]. Groupées selon la classification proposée par Martin (longueur uniquement), la quasi totalité des populations d'Afrique subsaharienne se classe dans la catégorie à oreilles courtes. Les dimensions de l'oreille, conclut Mme. Chalma, ne doivent pas être considérées comme un caractère négligeable du point de vue de la biométrie comparée des populations, et être étudiées au même titre que d'autres dimensions céphaliques.

---

182 Chamla 1984

En tenant compte du degré d'aplatissement de la face, plus élevé chez les populations d'ascendance asiatique (surtout Inuits et Mongols)[183], nous allons présenter ci-après quelques profils sumériens :

Fig.9 : Statuette d'adorant provenant du temple d'Ishtarat à Mari.
Dans « Cinq Millénaires d'art mésopotamien » Strommenger & Hirmer.

Cette statuette datée d'entre 2900 et 2640 avant J.-C. présente un crâne de type normal, un nez saillant et droit, une face aplatie avec des pommettes latérales saillantes. Les lèvres sont minces, les yeux arqués et les oreilles placées en position oblique et fort longues, presque disproportionnées. Si

183 « Aplatissement de la face et saillie des pommettes : relations » J.Ducros (1967) dans Bulletins et Mémoires de la
    Société d'Anthropologie de Paris (pp. 213-228)

elles sont très longues et que nous ne pouvons nous risquer à les mesurer, elles sont également étroites et ces deux détails biométriques paraissent assez significatifs.

Fig. 10 : 1) et 2) figure assise, consacrée au bénéfice du scribe Dudu (vers 2900 – 2460)
Dans « Cinq Millénaires d'art mésopotamien » Strommenger & Hirmer.

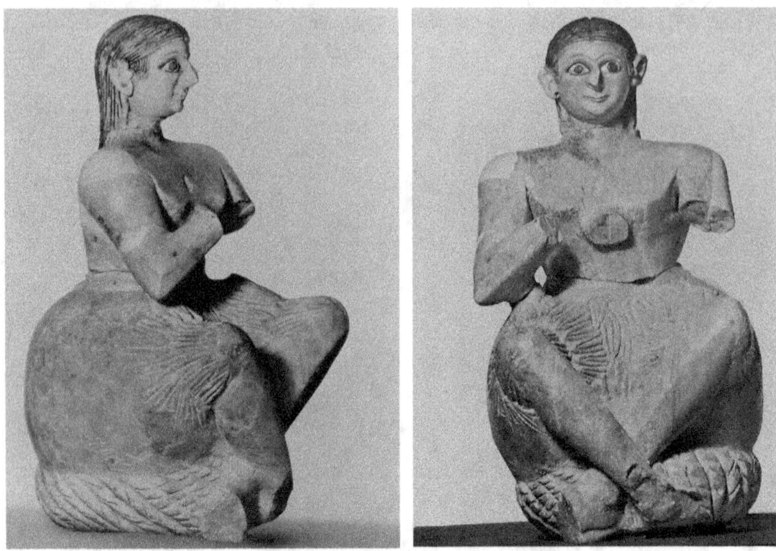

Fig. 11 : Statue assise du chanteur Ur-Nanshe, en provenance de Mari (vers 2900 – 2460)
Dans « Cinq Millénaires d'art mésopotamien » Strommenger & Hirmer.

Si ces trois dernières statues nous fournissent une attestation assez sérieuse des facteurs biométriques avancés plus haut, une certaine représentation statique est, d'après certains chercheurs, une représentation du pur type sumérien[184] ; il s'agit de la statue de l'intendant Ebih-Il :

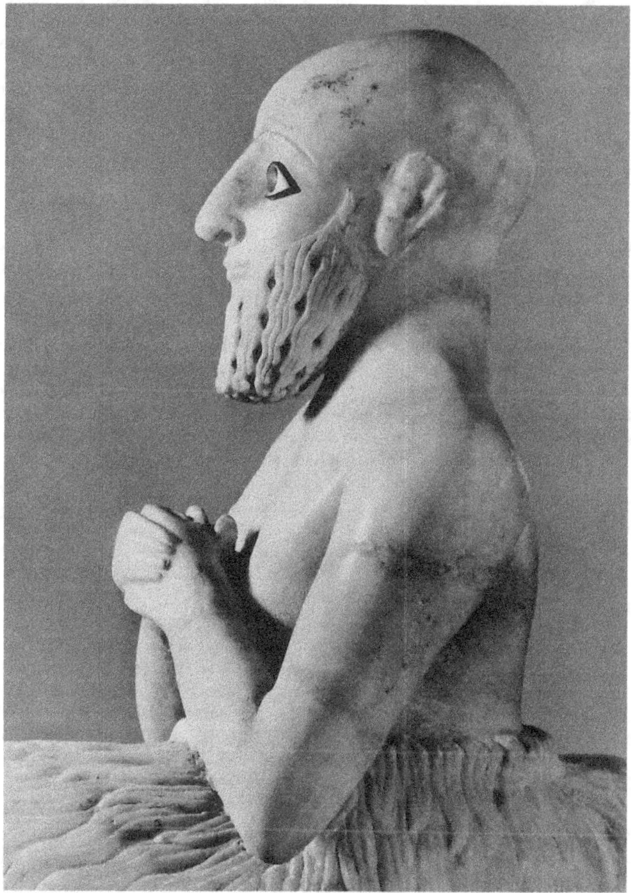

Fig 12 : Statuette assise d'Ebih-Il, provenant de Mari. Phase de Fara, vers 2900 – 2685 av.J.-C.
Dans « Cinq Millénaires d'art mésopotamien » Strommenger & Hirmer.

---

184 Mossé et al., 2020 p.24

Si l'on fait fi des parties molles, saillantes, que sont le nez et les lèvres, on peut, grâce à une règle, tracer un trait vertical et assez parallèle au plan depuis la ligne frontale jusqu'au début du menton. Tant bien que mal car la pointe en est dissimulée par la barbe aux poils ondulés. Il est *a priori* évident que la face d'Ebih-Il présente une absence de prognathisme voire un prognathisme fort peu conséquent, une oreille pointue dans la partie inférieure, un lobe charnu, caractéristiques qui le rapprochent davantage de la biométrie des populations asiatiques et peut-être de celles européennes mais qui le font s'éloigner de la majorité, sinon de toutes, les populations noires [africaines]. Mais : il n'est pas certain que l'on doive faire fi du bourrelet formant plus bas la lèvre supérieure, car il pourrait s'agir ici d'un prognathisme maxillaire supérieur, auquel cas l'on devrait tracer non pas une mais deux lignes ; l'une partant du front jusqu'au bord de la lèvre supérieure, la seconde partant de ce même bord jusqu'à la pointe du menton. Le prognathisme existe chez tous les groupes ethniques y compris les « blancs », même si la valeur de l'indice de ce prognathisme, calculé par le repère de la suture naso-frontale et le bord alvéolaire entre les deux incisives médianes doit résulter pour être valide d'un calcul effectué sur un crâne, c'est-à-dire sur l'os.

En ce qui concerne l'indice de prognathisme maxillaire supérieur, M.Topinard s'est intéressé à la question dans son article publié dans les Bulletins et Mémoires de la société d'anthropologie de Paris édité en 1873 (pp.205-213)[185] et a constaté que l'indice le plus faible se trouve chez les populations blanches (< 25), le plus haut chez les populations noires (> 35), les asiatiques occupant une position intermédiaire. Tandis que les Mongols, Mandchous, Tartares, Kalmouks et Bouriats ont des indices qui les rapprocheraient du groupe des races blanches ; les races jaunes du sud-est ont des indices qui les rapprochent des races noires, déclare M.Topinard dans cet article. Les asiatiques et les noirs sont donc des races prognathes (>25) tandis que les races blanches sont non prognathes (< 25) avance-t-il. Les valeurs données par M.Topinard dans le tableau d'indices démontre cependant que les indices moyens de prognathisme des populations asiatiques se rapprochent davantage de 25 (entre 24 et 28 pour la grande majorité (7 sur 8) ; 32 pour les néo-calédoniens) lorsque les moyennes des Nubiens, des « Noirs africains » et des Hottentots ne comporte aucune valeur en-dessous de 28.

On peut donc opérer une nouvelle classification prudente : 1) prognathisme absent à faible (populations blanches), 2) faible prognathisme à prognathisme marqué (asiatiques), 3) prognathisme marqué à très prononcé (noirs). D'après l'observation, les statues précédentes présentent un prognathisme absent à faible. Ebih-Il quant à lui présente un poil ondulé, des lèvres minces et un nez saillant mais dont le modelé des narines ne paraissent pas suivre le patron des nez noirs. Ajoutons que le type de la racine du nez (à la base du front) semble s'éloigner lui aussi du type noir. Le prognathisme nasal s'accroît, selon M.Topinard, du nord-ouest de l'Asie au sud-ouest, fait que l'on remarque grâce au tableau donné dans le même article (les Indo-chinois ont un indice de 25, 59, ce qui correspond à un squelette du nez très prognathe.) Les plus hautes valeurs se remarquent pour les Tasmaniens (30, 15), les Namaquois et Boshimans (30, 45) et les Néo-Calédoniens (30, 73). A ce titre, il n'existe pas de division nette qui permette d'établir une ligne de démarcation entre les trois ou quatre embranchements de l'humanité.

---

185 « Sur le prognathisme maxillaire supérieur », 1873

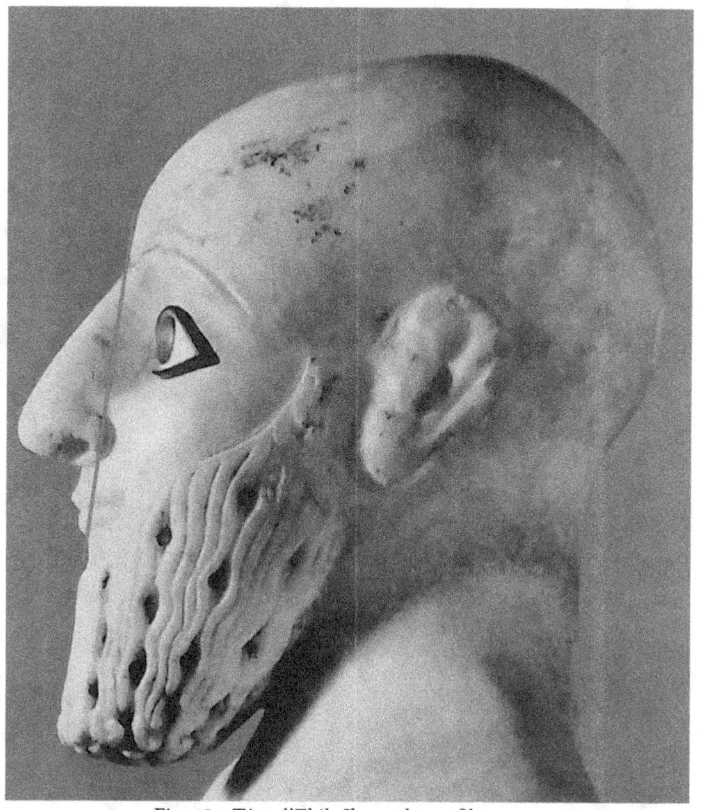

Fig. 13 : Tête d'Ebih-Il vue de profil
Dans « Cinq Millénaires d'art mésopotamien » Strommenger & Hirmer.

Poursuivons dès lors notre enquête avec cette dalle votive d'Eannatum, gouverneur de Lagash.

Fig. 14 : fragment d'une dalle votive d'Eannatum, gouverneur de Lagash. Vers 2550 avant J.-C. Phase d'Ur I, probablement mis au jour à Tello. Dans « Cinq Millénaires d'art mésopotamien » Strommenger & Hirmer.

Là encore, on retrouve une oreille de taille assez extraordinaire qui fait écho aux yeux en forme de poisson. On peut certes en déduire que les proportions délibérément exagérées de cet adorant traduisent l'écoute attentive et l'état de béatitude de l'individu face à la divinité poliade (voir plus loin). En revanche, si ces organes ont été fidèlement reproduits, tout comme ceux des précédentes statues, il est permis de croire qu'il s'agit là d'un sujet d'ascendance eurasiatique en raison des nombreux arguments susmentionnés. La ligne du menton remonte en ligne droite jusqu'à la base du nez, lequel organe prend racine à la base d'un front presque inexistant. Le crâne n'est ni brachycéphale, ni dolichocéphale autant que l'on peut en juger par les maigres informations fournies par la simple observation. Les ailes du nez sont fortement prononcées mais l'organe en lui-même semble droit et aquilin, peut-être un peu gros du bout si on extrapole le résultat que pourrait donner, de face, l'ensemble du nez. Du reste, cet organe est ici particulièrement imposant.

Fig. 15 : Tête de bronze vers 2400 avant J.-C. dite de Sargon d'Akkad. Période akkadienne impériale. Dans « Cinq Millénaires d'art mésopotamien » Strommenger & Hirmer.

Si l'art akkadien impérial atteint son apogée avec cette pièce, nous pouvons ici décrire un type sémitique radicalement différent des types « sumériens » précédents ; le nez est busqué, la bouche s'étire dans un léger sourire et les lèvres charnues présentent une facture assez éloignée de celle des statues précédentes. L'emplacement de l'oreille manquante est nettement inférieur dans ses dimensions à celles de la statuaire sumérienne. Si la ligne de la face est droite, le front l'est aussi. Pire, il est large et plat. La paupière est finement modelée et l'orbite vide épousant une forme en amande marque une rupture nette avec les orbites largement ouvertes vers le haut des Sumériens. Du reste, les yeux sont engoncés derrière l'arête du nez. La barbe est calamistrée, c'est-à-dire qu'un traitement spécial pour la faire boucler lui a été appliquée, nous ne pouvons dès lors dire quoi que ce soit de la nature originelle des poils. L'attitude presque flegmatique détone par rapport à celle, prétendue, des sumériens en état de béatitude face à leur divinité (rappelons que cette tête de bronze fut trouvée dans l'aire du temple d'Ishtar). Le nez présente une largeur assez nette au niveau des narines, tout comme celles des sumériens, bien que le modèle général en diffère quelque peu. Cela peut être dû à une adaptation climatique propre à la région, mais aussi à des origines ethniques distinctes car il est faux de penser que le climat seul fait aboutir diverses populations ethniques à un seul et même modèle phénotypique.

Fig.16 : Tête dite de Sargon vue de face
Source : Wikipédia

Revenons-en à nos sumériens. Le lecteur verra avec les deux dernières œuvres que nous présenterons, que le « type sumérien » est très spécial, et somme toute, assez semblable à au moins un autre provenant de l'est. Commençons avec ces deux statuettes datant de l'époque de Gudéa (vers 2290 avant J.-C.).

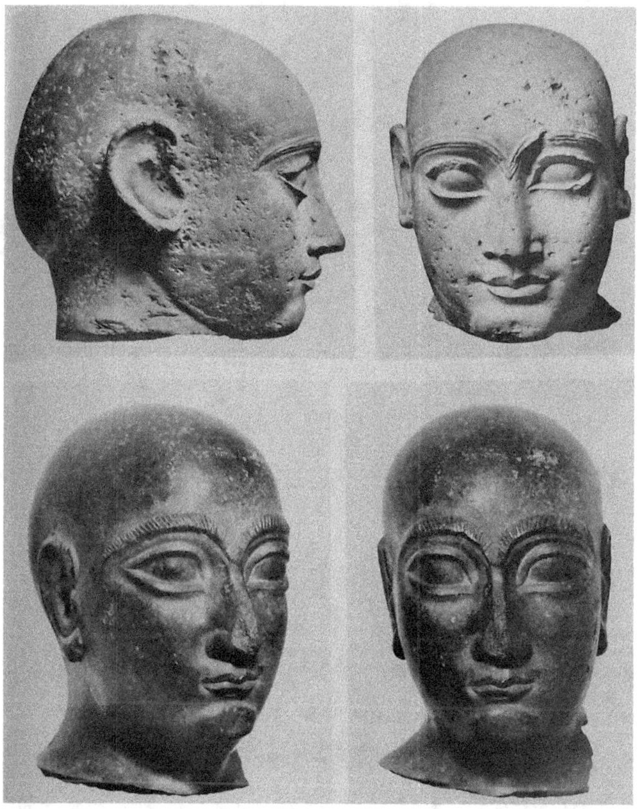

Fig. 17 : Deux têtes masculines datant de la période de Gudéa, en haut : pierre calcaire ; en bas : diorite. Dans « Cinq Millénaires d'art mésopotamien » Strommenger & Hirmer.

On remarque ici la face étroite, les oreilles longues et larges en ce qui concerne la figure supérieure, les orbites presque rectangulaires qui ne s'ouvrent plus en oblique vers le haut. La face est encore aplatie malgré l'absence de saillie des pommettes. Les bouches sont étroites avec une lèvre supérieure en « M ». Le front fuyant dans la continuité du nez est désormais bien marqué et observe une ligne courbe.

145

Fig.18 : Statuette de femme provenant de Tello. Période de Gudéa, vers le 23e siècle avant notre ère.
Dans « Cinq Millénaires d'art mésopotamien » Strommenger & Hirmer.

Cette statuette de femme présente une facture similaire aux deux précédentes. Elle est aussi très similaire au modèle général de l'art indien, himalayen, asiatique central, asiatique sud-oriental (dans une moindre mesure), et surtout à celui de l'art bouddhiste et hindou, ces deux derniers étant spécifiques à l'Inde et n'ayant subi des influences probables venues seulement du sud-est de l'Inde. On voit dans les arts sumériens ainsi que dans les autres susmentionnés, un modelé et des dimensions assez analogues en ce qui concerne les oreilles, la bouche, les arcades sourcilières et le nez.

<u>Fig.19 : Devata assis en délassement ; Afghanistan, vallée du Ghorband (Hindou kush), monastère du Fondukistan (7ᵉ siècle). Source : Site web du musée Guimet.</u>

On observe pour cette figure de Devata le délicat modelé de la bouche, la forme du nez, du visage et aussi des oreilles. On remarque aussi les bras dodus, assez conformes à ceux des statues sumériennes (scribe Dudu, Ebih-Il...). Les yeux présentent une fermeture qui leur donne une forme en amande, peut-être une transcription d'une réalité selon laquelle les sujets humains avaient des yeux bridés ? Rappelons que le bridage des yeux est dû à une mutation qui provoque la naissance d'un repli sus-orbital, appelé épicanthus, qui alourdit la paupière et tend à faire disparaître sous lui les cils. Notons aussi que ce trait est plus ou moins prévalent chez d'autres populations, comme les San d'Afrique du Sud, peuple très ancien, ou même les Irlandais[186].

---

186 Brasier 2019

Fig. 20 : « La reine Maya donnant naissance au futur Bouddha »
Népal, début du 19ᵉ siècle, Musée Guimet.

Encore une fois, l'ensemble paraît radicalement distinct et différencié des figures de la statuaire sumérienne mais l'on ne peut rester muet devant le tracé des arcades sourcilières, les oreilles, l'étroitesse de la bouche ainsi que la forme de cette dernière. De nombreuses autres statues d'origine asiatique offrent les mêmes caractéristiques et il ce serait une perte d'espace et de temps de toutes les illustrer. Nous invitons néanmoins le lecteur à chercher de son plein gré les statues telles que « le Bouddha Maravijaya » du Musée Guimet, où l'on voit encore les similitudes de traitement du torse en sablier, des bras, du nez, de la bouche et des arcades sourcilières entre l'art asiatique, bien que moderne, et l'art sumérien. Citons encore le Sho-kannon bosastsu provenant du Japon.

Une erreur à ne pas commettre après cet exposé sur la statuaire est de croire que les Sumériens sont un peuple issu d'un peuple asiatique bien déterminé ni que l'art sumérien n'a pas influencé l'art asiatique oriental plus tardif. Il semble plus cohérent de penser qu'il sont issus d'une population eurasiatique très ancienne, ayant migré vers l'ouest à une époque reculée. Mais nous verrons que la réalité la plus pertinente est plus complexe que cela.

4) Toponymie

Il est attesté que certains toponymes mésopotamiens ne sont explicables ni par le sumérien ni par l'akkadien. Parmi eux figurent les noms de l'Euphrate et du Tigre, Buranun et Idigna, ainsi que certains noms de ville comme Kish, Isin et Lagash entre autres. Loin de pouvoir donner une étymologie concrète à ces noms, nous nous proposons dans cette dernière partie de comparer sur une base observable et grâce à un outil moderne de cartographie, ces toponymes avec ceux d'autres régions, tout en restant prudent quant à la véritable signification de ces noms. Il s'agit ici davantage de ressemblances morphologiques sur la base desquelles nous développerons notre argumentation ultime.

Commençons avec les noms de l'Euphrate et du Tigre, Buranun et Idigna. Le développement des technologies informatiques modernes nous a offert un outil formidable en l'espèce d'outil de géolocalisation et de cartographie grâce auquel nous avons pu survoler artificiellement le Soudan (Nord et Sud), le Nigeria, l'Éthiopie, l'Érythrée, le Kenya, la Tanzanie, le nord de l'Inde, le Pakistan notamment. Parmi les pays d'Afrique survolés, seuls deux, le Soudan et le Nigeria, offrent une matière toponymique assez vraisemblable et proche par sa nature des toponymes étrangers des deux fleuves ; Buram, Harun, Fata Burnu, Deribat, Dungunab. Au Soudan du sud, nous trouvons les toponymes suivants : Umm Buram, Furgun, Dudu, Muglad, Burugila, Tuai Bur et Tumbura. Le toponyme Isin, se retrouve exactement sous cette forme au Nigeria et en Serbie, où il est associé au mot Čot (Isin Čot) dans ce dernier pays. Ce sont là les deux seuls pays où ce mot, hors Mésopotamie, se retrouve sous cette même forme. En Turquie, il est écrit avec un ı ou un ş (ou les deux en même temps) et associé à un autre mot (« Sokak », où il désigne strictement un toponyme. Après cette trouvaille, nous avons survolé le Nigeria et découvert certains toponymes intéressants à rapprocher encore d'Idigna et de Buranun : Igbaja, Adegun, Ajegunle, Igbanke, Ugba, Buruku, Maradun. De manière générale, les langues nilo-sahariennes et nigéro-congolaises offrent le plus de parallèles morphologiques et sonores avec les toponymes étrangers de Mésopotamie.

Pour ce qui est d'Adab, hors Mésopotamie, nous trouvons un toponyme « Adab » situé au Kurdistan Iranien à Sanandaj. Il s'agit de la seule occurrence transcrivant ce nom tel qu'il apparaît en Mésopotamie. Autre part, il apparaît sous la forme Adabar (Bangladesh), Adabari (Inde), Adaba (Éthiopie), Adabari Tiniali (Inde), ou Adabağ (Turquie).

Selon certains chercheurs, les Sumériens appelaient leur propre pays Kengi, ou Kalam. Ce dernier toponyme est attesté en Inde au Maharashtra (Kalam), au Gujarat (Kalam), à Odisha (Kalam) et au Pakistan (Kalam). Sous une forme associée, il apparaît à Odisha en Inde (Kalam Chhuin) et dans le Maharashtra (Kalam Amba), également en Inde. Sous une forme plus longue, il apparaît en Inde au Kerala (Kalamassery), au Maharashtra (Kalamboli, Kalamb et Kalamnuri) ainsi que, car si l'on veut agir scientifiquement il faut aussi les citer, en Grèce (Kalamata), aux USA dans le Michigan (Kalamazoo) ainsi qu'en Australie occidentale (Kalamunda), ces trois derniers pays ayant été peuplés par des populations eurasiatiques. Selon Salvatore Gaspa traduit par Nicole Maroger, les sumériens appelaient leur langue eme-ki-en-gi-ra « langue de Kiengir (pays natal) ». Sous cette dernière forme, le toponyme Kiengir n'apparaît qu'en Chine, dans le Zhejiang à Hangzhou. La première forme mentionnée (kengi ou kengir), qui paraît moins fidèle à la translittération correcte, se retrouve sous la forme Kengir au Kazakhstan, d'autres formes altérées ou accolées à d'autres noms apparaissent en Lettonie, en Suède, en Lituanie (Kengiai) ou encore à Johannesburg. Note : comme le lecteur l'aura remarqué, nous avons ici fait abstraction de la traduction conventionnelle de ce terme Kiengir et de son détachement syllabique à cette fin pour se concentrer sur la forme globale du mot. En dépit de leur superficialité, l'étonnement ne manque de saisir lorsque l'on constate que les comparaisons toponymiques les plus fiables se font avec des pays comme l'Inde ou le Soudan, deux contrées ayant un passé historique de contact avec la Mésopotamie sumérienne. Nous n'avons pu considérer dans cette étude les toponymes bahreïnis ou arabes d'Arabie saoudite en raison de leur nature arabe ou arabisée, donc trop récente.

En 1994, Raymond Jestin publie son « Abrégé de grammaire sumérienne » dans lequel il dit (page 29) ; « le sumérien est une langue du type agglutinant auquel appartiennent les langues finno-ougriennes, ouralo-altaïques, diverses langues africaines, les langues dravidiennes, malayo-polynésiennes, etc. il possède certaines caractéristiques qui, cependant, le rapprochent un peu des langues du type isolant comme le sino-tibétain. Comme dans toutes les langues agglutinantes, le sumérien exprime les relations qui affectent les racines par des affixes qui se juxtaposent à la racine sans la modifier en quoi que ce soit... ». Ayant vérifié cette assertion maintes fois au cours de notre présente étude, nous asseyons ici d'une manière sûre certaines conclusions. Dans son ouvrage « Mésopotamie » publié en 1970 chez Nagel, Jean-Claude Margueron déclare (p.71) : « Mais, une fois admise et prouvée, cette origine orientale, on ne connaît pas pour autant le point de départ des Sumériens. La philologie cette fois doit constater son impuissance à rattacher le Sumérien à un groupe précis. Une certitude cependant : il n'appartient pas au groupe sémitique, ni, non plus, au groupe indo-européen. De type agglutinant, cette langue est formée de mots le plus souvent monosyllabiques et possède une grammaire inhabituelle, qui déroute les spécialistes ; on a pu établir des comparaisons avec le chinois, sans qu'il résulte aucune certitude, ainsi qu'avec le zoulou et l'océanien. C'est plutôt en direction de l'Inde ancienne qu'il faudrait chercher des affinités, peut-être vers la vallée de l'Indus et auprès des ancêtres des Dravidiens actuels. »

38 ans plus tôt, Edwin H. Tuttle comparait le dravidien avec l'ancien nubien et trouvait entre les deux de nombreuses correspondances phonétiques, morphologiques et lexicales. Selon une récente étude (2022) publiée dans Harvard Magazine (« Seeking the first speakers of indo-european language » par Jonathan shaw), les langues indo-européennes, parlées du nord de l'Europe au sous-continent indien en passant par le plateau iranien, proviennent des Yamnaya, un peuple qui vivait dans la steppe eurasienne, dans une zone géographique située au nord de la Mer Noire. Mais les auteurs de l'étude pensent que les Yamnaya ne sont pas les inventeurs de la langue indo-européenne mais qu'ils en sont plutôt les diffuseurs. L'analyse du génome entier indique que les anciennes langues indo-européennes parlées en Anatolie et dans la steppe semblent s'être séparées d'une proto-langue commune et que les locuteurs anatoliens et steppiques de ces premières langues indo-européennes partagent une ascendance commune quelque part en Asie occidentale. En Anatolie, les premiers agriculteurs descendent des habitants du Levant.

Les migrants ultérieurs vers la région en provenance d'Asie occidentale se sont mélangés à cette population et ont continué à le faire en Anatolie dans ce que les chercheurs décrivent comme un processus d'homogénéisation. Mais alors, quelle est-elle, quand la migration s'est-elle effectuée et où se situait cette origine commune d'Asie occidentale ? Les chercheurs ont découvert des preuves de deux migrations de ce type dans leurs données, sous la forme de deux flux de gènes dans la steppe provenant de deux groupes différents, tous deux originaires d'Asie occidentale. L'un ou l'autre, écrivent-ils, « peut avoir induit un changement linguistique là-bas ». Les chercheurs ont constaté que de 35 à 50 % de l'ascendance Yamnaya – ce qu'ils qualifient de « contribution substantielle » - provenait du sud, en particulier de la région du Caucase du Sud-Zagros. De manière critique, la découverte relie « le Yamnaya proto-indo-européen avec les locuteurs de langues anatoliennes » ; les deux partagent des ancêtres dans les hautes terres de l'Asie occidentale (le Moyen-Orient, y compris le Caucase et les montagnes Zagros). Ce qu'il faut maintenant, écrivent les généticiens, c'est un « programme de recherche concret d'étude des cultures archéologiques de l'Asie occidentale, du Caucase et de la steppe eurasienne pour identifier une population à l'origine des transformations de la steppe et de l'Anatolie, reliant les deux régions ».

« La découverte d'un tel 'chaînon manquant' (correspondant aux proto-indo-anatoliens (foyer situé à l'est de la Turquie ndR) si notre reconstruction est correcte) », écrivent-ils, « mettrait fin à la quête séculaire d'une source commune liant par la langue et une certaine ascendance de nombreux peuples d'Asie et d'Europe ». L'article complet publié dans la revue Science « The genetic history of the southern arc : a bridge between West Asia and Europe », nous apprend que les pasteurs des steppes de la culture Yamnaya ont initié une chaîne de migrations reliant l'Europe à l'ouest à la Chine et à l'Inde à l'est. Les contributions de l'indo-européen aux langues ouraliennes (parlées dans la zone forestière de l'Europe de l'Est et de la Sibérie) semblent n'avoir impliqué que des locuteurs indo-iraniens il y a environ 4200 ans. Ce détail a son importance car cela limite l'histoire migratoire du proto-indo-iranien, ce qui est cohérent avec les preuves génétiques que cette langue s'est propagée à travers la steppe jusqu'en Asie du Sud et exclut la possibilité qu'elle se soit propagée de l'Asie occidentale à l'Asie du Sud sur le plateau iranien.

Si les habitants antiques de la Vallée de l'Indus étaient vraisemblablement des Dravidiens, il nous reste à remarquer que la chaîne de montagnes du Zagros commence sur la côte sud-iranienne, face à la pointe territoriale formant le goulot d'étranglement du Golfe Persique. Cette chaîne de montagnes laisse une étroite bande de terre côtière et cette particularité géographique a sans doute impacté l'histoire du peuplement de la Basse-Mésopotamie en cela que les plus anciennes populations provenant d'Asie ont certainement dû, soit longer la chaîne de montagnes au sud et/ou se disperser dans ce qui était une vaste plaine asséchée avant 14 000 ans avant notre ère, soit la traverser de part en part avant ce même résultat, en n'excluant pas qu'une partie s'y soit installée. Entre 14 000 et 5000 avant notre ère, ces populations ont dû être chassées par la montée des eaux, phénomène que Howard-Carter (1981 : 211 - 15) et d'autres nomment « transgression flandrienne »[187], avant de s'établir notamment à Eridu. Cette dernière théorie aurait au moins le mérite d'expliquer pour quelle mystérieuse raison la plus ancienne ville sumérienne se situe à l'ouest des deux fleuves. Il est tout-à-fait possible que certaines populations, plus hardies ou déjà installées en ce lieu, soient descendues des montagnes vers la Basse-Mésopotamie et que d'autres populations en provenance d'Arabie se soient mélangées à celles venues d'Asie pour former, dès les premiers temps, une population métissée dont l'élément asiatique a opéré une prépondérance sur les autres éléments ethniques eux-mêmes plus ou moins « purs ».

Seulement, si l'origine eurasiatique est plus ou moins prouvée, il nous reste à déterminer, si cela est possible, de quelle(s) région(s) d'Asie les Sumériens provenaient. Si leur date d'arrivée datée d'entre 4000-3500 concomitante à celle des Subaréens et des Sémites avant notre ère donnée par les chercheurs dans le manuel histoire de l'antiquité Larousse[188] est exacte, cela signifie peut-être qu'une autre population était déjà présente sur les lieux et que les Sumériens se sont détachés d'un rameau asiatique dont ils ont conservé la langue, laquelle langue s'est ensuite progressivement éloignée de celles du rameau par le fait de l'isolement géographique et des potentiels emprunts aux langues des populations déjà présentes *in situ* en Basse-Mésopotamie avant eux. Mais de quel rameau asiatique se sont-ils éventuellement séparés ?

---

187 Salles et al., p.32 (1988)
188 Mossé et al., p.24

151

Théorie finale

Il demeure encore d'innombrables inconnues, de questions plus ou moins annexes auxquelles répondre et d'incertitudes, mais tentons dès à présent de répondre le plus précisément et clairement possible, à la lumière de tous les arguments présentés jusqu'ici, à la question-casse-tête « Quelle est l'origine des Sumériens ? ». Nous avons de bonnes raisons de penser que si les Arabes des marais irakiens représentent la population la plus proche des Sumériens, la composante asiatique, bien que minoritaire, pourrait bel et bien représenter une population asiatique ancestrale qui n'aurait plus reçu, après sa première migration, aucun apport de sang frais en provenance de la même région et qui aurait progressivement été diluée dans les premiers apports moyen-orientaux, sud-arabiques et nord-ouest mésopotamien. La tendance polygamique et les unions en système fermé (= consanguin), auraient poursuivi cette dilution au cours du premier millénaire « sumérien », entre 3500 et 2500, jusqu'à l'arrivée des sémites akkadiens. Nous croyons aussi que ces premiers éléments asiatiques se sont superposés à un substrat noir, initialement déjà quelque peu métissé par son trajet dans la péninsule arabique, en provenance d'Afrique de l'Est[189] comme pourrait le démontrer l'histoire génétique des Arabes de marais ; l'étude, bien que superficielle, des toponymes et enfin l'étrange fait du *mudhif* de pierre d'Eridu, lequel, du reste, a pu être construit par n'importe quel autre peuple autre que noir africain.

D'autre part, comment expliquer la langue sumérienne si extérieure à tout système et les similarités trouvées par de nombreux auteurs avec les langues dites touraniennes, les langues dravidiennes, certaines langues finno-ougriennes, du vocabulaire proche des langues tchadiques (Soudan et Nigeria notamment), et surtout comment trancher entre telle ou telle influence ? Eh bien, peut-être tous ces auteurs ont-ils raison et leurs comparaisons sont-elles légitimes. Pour exemple, la langue française est un macérat de grec, de latin, d'arabe, de langues celtes et d'emprunts aux langues romanes et germaniques voisines. Pour quelle bonne raison une langue antique n'aurait-elle pu subir pareil procédé, d'autant plus qu'à cette époque extrêmement reculée, les fixations grammaticales et lexicales étaient sans doute plus sujettes à une fragilité extrême ? Nous croyons que la langue sumérienne est non seulement le résultat de plusieurs influences et stratifications mais aussi que son fond eurasiatique et les superpositions linguistiques ultérieures traduisent assez nettement le diagramme circulaire de la génétique des Arabes des Marais.

La langue akkadienne s'est-elle-même servie dans le fonds sumérien pour écrire et décrire des réalités qui n'existaient pas dans son propre fonds, sans compter l'explication du prestige que la langue sumérienne occupait aux yeux des sémites akkadiens. Dans le tome 11 de la « Revue des deux mondes », paru en 1855, page 1058, nous pouvons lire ceci :

« Lorsqu'une langue est encore dans un état de grande simplicité grammaticale, elle est apte plus qu'aucune autre à subir l'influence d'une grammaire étrangère ; elle peut, je crois, tout en conservant ses mots, accueillir un système de déclinaison ou de conjugaison qu'elle repousserait, si son organisme était plus développé. [...] ».

La langue sumérienne, qui a évolué de conserve avec la population qui la parlait, s'est lentement éloignée de toutes les autres dont elle est issue jusqu'à former une langue frôlant certes l'extrême complexité grammaticale, mais fort primitive, comme en témoigne son système syllabique agglutinatif. C'est sur et grâce à cette base simple que la pensée sumérienne s'est établie et densifiée, grâce à elle encore que la civilisation éponyme s'est édifiée en jetant les bases d'une société centrée sur le divin, et en ayant fait preuve d'un génie intellectuel et pratique épatant que les grandes civilisations ultérieures n'ont fait que reprendre et perfectionner.

---

189 Peut-être est-ce confirmé par le toponyme Eridu retrouvé au Nigeria, peut-être pas mais nous ne devons rien négliger.

On le sait, la plus ancienne ville de Mésopotamie est Eridu, dont les deux premiers souverains Alulim et Alalgar portent des noms vraisemblablement (eur)asiatiques. Pour Mackay, les gens de la phase historique qui s'ouvre en 3300 avant J.-C. n'étaient ni « sumériens » ni sémites mais plutôt une population dont il ne précise pas la race, conquise par les sumériens. G.Rawlinson pensait que la langue suméro-akkadienne était essentiellement Kouschite ou éthiopienne dans son vocabulaire et que parmi les langues modernes dont elle se rapprochait le plus, se trouvait le maha du sud et le Galla d'Abyssinie. Dilmun est selon la description du mythe, un pays « pur », « propre », « brillant » où ne règne ni la maladie ni la mort.

Les dernières informations que nous délivrerons sont les résultats des fouilles en Asie occidentale que Georges Contenau rapporte avec assez de précision dans son article du même nom dans la Revue d'Assyriologie. Le compte-rendu détaillé des fouilles du Tepe-Sialk aux portes de Kashan, à mi-route entre Qoum et Ispahan vient combler une dernière lacune, car il paraît que le site a été occupé à une époque antérieure à ceux de Tepe-Giyan au Nord-Est du Luristan, et de Tepe-Hissar au Sud de la Caspienne, pour lesquels nous possédons des exposés minutieux. Le Tepe-Sialk est en réalité double ; il se compose de deux collines, l'une au Sud, de beaucoup la plus importante ; l'autre au Nord, de faible hauteur, sièges toutes deux de civilisations différentes comme le fait s'est produit pour les kourganes d'Anau. Mais tandis qu'à Anau il y a un hiatus dans la continuation de la civilisation d'un kourgane à l'autre, à Tepe-Sialk la civilisation qui affleure le sommet du monticule Nord, se retrouve au plus profond du monticule Sud. On voit ainsi que sous la civilisation à céramique d'Obeïd (affectant sur le plateau de l'Iran des caractères particuliers tels que prédilection pour le décor animal et la forme en calice), il n'y a pas de céramique de Tell-Halaf, mais une céramique de couleur cuir (rencontrée également sur d'autres sites persans comme Rey) et, sous elle encore, une céramique de pâte grossière, d'un blanc sale, décorée cependant. Ce stade initial s'accompagne d'un outillage de pierre et d'os travaillé et d'abris rudimentaires en forme de huttes.

Après quoi vient le sol vierge ; la nature de cette civilisation donne à penser qu'en même temps qu'elle est la plus ancienne rencontrée jusqu'ici en Iran, c'est aussi une étape parmi les plus anciennes d'un état qualifiable du nom de civilisation. Pour la suite, la correspondance s'établit avec Suse, située en plaine, au pied du plateau iranien, qu'on peut considérer comme un intermédiaire entre l'Iran et la Mésopotamie, point de jonction des deux influences. À la civilisation d'Obeïd, dont un des derniers stades voit apparaître le cuivre, appartiennent à l'étape de Suse qualifiée de Suse I (rencontrée aussi à Tepe-Giyan), et au Tepe-Sialk (Sud) les couches inférieures qui correspondent à la période III. À la fin d'Obeïd on situera, comme le prouve le rapport de M.Erich Schmidt le village préhistorique de Tell-i-Bakun, près de Persépolis, où M.Herzfeld a découvert une céramique apparentée au Suse I et comme elle très développée. Dans ce niveau on a la certitude qu'il existe du cuivre. Puis on rencontre la couche dite d'Uruk en Mésopotamie, dont les vases sans peinture, à anse haute, les cratères à oreillettes, se voient à Suse dans la « couche intermédiaire », à Tepe-Giyan à l'état de fragments, à Tepe-Sialk dans les couches profondes de la colline Sud.

Vient ensuite la période de Jemdet-Nasr où se rencontrent, en Mésopotamie, une céramique polychrome, une généralisation de l'écriture et de la glyptique inventée à la période précédente. À Tepe-Giyan, cette civilisation n'est représentée que par des objets sans doute importés, mais à Suse et à Tepe-Sialk, caractères communs : mêmes tablettes couvertes d'écriture ; ces tablettes, dites proto-élamites à Suse, ne s'étaient pas encore rencontrées jusqu'ici en-dehors de Suse ; décor semblable sur les cylindres-sceaux (personnages assis à l'orientale occupés à un travail manuel), mêmes vases piriformes à long bec en gouttière. Après quoi le site de Tepe-Sialk devient muet ; une invasion très tardive, sur laquelle nous reviendrons ci-dessous, a rasé le sommet de la colline pour y placer ses installations. À Tepe-Hissar III C, la plus récente des installations du site, on retrouve certaines des caractéristiques de Sialk B : cruches à long bec, louches et chaudrons de bronze, mais absence de fer, ce qui date ce niveau de Hissar d'un peu avant Tepe-Sialk B. C'est surtout avec le Kouban (Caucase du Nord), que les rapprochements peuvent le mieux se tenter ; or Tallgren considère que les caractères anciens de la civilisation du Kouban la rattachent aux civilisations eurasiatiques des steppes situées au nord du Caucase.

Si nous quittons le Nord-Est de l'Asie antérieure pour l'Asie Mineure nous trouvons dans la plus ancienne tombe de Gordion des ressemblances entre la civilisation phrygienne et celle de Sialk B ; le mobilier, dans presque toutes ses parties, souffre la comparaison : mais Gordion (IX-VIIIe siècle) paraît, nous le verrons, quelque peu moins ancien. Telles sont les constatations matérielles possibles. Tout ce qui est commun à Rey, à Hissar et à Giyan I avec Sialk, constitue un apport nouveau concernant ces sites ; ce n'est point de l'un à l'autre qu'il faut chercher la réponse. Notons seulement qu'on a l'impression d'un complexe de civilisation qui a pu s'étendre à l'Asie Mineure, l'Arménie, la Transcaucasie, la rive Ouest de la Caspienne et le Talyche. Plusieurs hypothèses ont pu être avancées ; les Hurri, ou du moins le groupe indo-européen qui s'est mêlé à eux, venu du Caucase qu'il aurait traversé, n'est-il pas à l'origine de cette civilisation ? N'est-ce pas plutôt à un déplacement du groupe kassito-hurri qu'il faut l'attribuer ? Il semble quant à présent difficile de conclure. Pour la nécropole B, s'appuyant sur les témoignages historiques concernant la région, M.Ghirshman serait assez enclin à y voir les Mèdes dont la civilisation n'est guère connue jusqu'ici par des témoignages concrets. S'il est malaisé de prendre parti, M.Contenau déclare qu'il trouve du moins dans le compte-rendu méthodique de ces fouilles et dans l'exposé de toutes les données du problème, les éléments propres à faire avancer sa solution.

Ces conclusions de M.R.Ghirshman pour le plateau iranien sont à rapprocher de celles de M.R. Heine-Geldern, plus générales, sur les migrations des Indo-Aryens. Celles-ci appartiennent aux derniers siècles du IIe millénaire (au moins pour une phase particulièrement active, car toute époque a connu ces migrations) ; leurs prodromes sont constitués par ces invasions à aristocraties aryennes dominantes comme celles des Kassites et des Hurri. À la mort d'un chef, les Scythes opèrent de grands sacrifices funéraires, où l'on étrangle concubines, serviteurs, chevaux, pour lui constituer une « maison » dans l'au-delà. Lorsque le mort était dans la fosse, on enfonçait dans le sol près de lui des javelines. M.Contenau signale qu'il a fait remarquer que toutes ces pratiques des Scythes se rencontraient déjà dans les tombes d'Ur de près de 2500 ans plus anciennes. Un critique, dont il a oublié le nom, a trouvé ce rapprochement un peu osé. Nous le saurons, poursuit M.Contenau, lorsque nous connaîtrons les modes d'inhumation des chefs dans la région du Caucase et de la Russie du Sud vers 3000 avant notre ère ; d'ici là, il ne se dédit pas de voir entre ces deux modes d'inhumation des coïncidences frappantes, sans plus, comme il l'avait fait alors, et de remarquer alors que, dans les tombes du Kouban archaïques à qui, par certains points, ressemblaient les inhumations scythes, on trouve des rapprochements à faire avec les tombes d'Ur. Si nous analysons le décor de tous ces objets, des réminiscences de la Mésopotamie, mieux même des emprunts, sont indéniables, par exemple sur une plaque de Kélermès (Kouban VIe siècle), où se voient de part et d'autre de l'arbre sacré deux bouquetins dressés ; cette influence d'ailleurs a été mise en lumière dans deux travaux récents[190].

Mais si nous examinons ces bouquetins, c'est avec ceux de l'art du Luristan dressés et réunis deux par deux pour former l'ornement joint à ces épingles fichées sur bases en forme de bouteille, que l'on considère comme des idoles, que nous les comparerons. Le problème s'élargit donc et nous devons voir si dans tout l'art de l'Asie occidentale, nous ne retrouvons pas ces tendances qui se sont épanouies dans l'art des Scythes. Cette double tendance qu'affectent l'art du Luristan et l'art scythe, est-elle quelque chose d'absolument nouveau dans l'art de l'Asie Occidentale ancienne ? Sans pouvoir remonter, de façon continue, aux plus hautes époques, nous pouvons poser de sûrs jalons, du Ier millénaire avant notre ère jusqu'à la plus haute antiquité, qui prouvent que nous sommes en possession de maillons d'une chaîne continue. Les fouilles exécutées à Fara, en Basse-Mésopotamie,

---

190 Victor Christian, « Vorderasiatische Vorlaufer des eurasiatischen Tierstiles » dans « Wiener Beiträge zur Kulturgeschichte Asiens, XII, 1937. - A.Roes, dans Ipek (Leipzig), (1936-37), p.85

l'ancienne Shuruppak que la tradition donne comme patrie d'un seul homme qui échappa au déluge raconté par les textes babyloniens, ont fait découvrir des tablettes inscrites très archaïques, portant des empreintes de sceau-cylindres, et des cylindres, antiquités contemporaines environ du début de ce qu'on a nommé le Cimetière des tombes royales à Ur, (soit à peu près 3000 avant notre ère).

Sur ces cylindres, l'école des artistes de Fara, car il s'agit bien d'un genre particulier au site, ont semé à profusion les animaux fantastiques proches de ceux du Luristan, les stylisations d'une partie quelconque du corps d'un animal, des attitudes contournées que l'on remarque aussi sur d'autres sites quelques siècles plus tard[191]. Certaines combinaisons utilisant le corps d'un animal, comme le blason du royaume des Deux-Siciles portait la « trinacrie » composée de trois jambes rayonnant autour d'un point central, ne sont point particulières à Fara. Elles se retrouvent dans la glyptique des tombes d'Ur. Vers la fin du IIIe millénaire et au début du IIe, une colonie sémitique est installée dans la région de Césarée de Cappadoce. Les Sémites, en ce lieu éloigné de la capitale, sont restés fidèles à l'art réaliste sumérien, aux compositions exubérantes et touffues, les autochtones ont leur art personnel et, sur leurs cachets, ils traiteront l'animal avec un réalisme aigu en même temps qu'ils dissocient certains éléments de son corps pour obtenir un motif de premier aspect décoratif. Je ne fais que rappeler, signale M.Contenau, tant la chose paraît maintenant évidente, les affinités que l'on peut constater entre l'art des tablettes dites de Kerkouk du XVe siècle avant notre ère, l'art du Luristan et l'art de Tell-el-Halaf, mais il y a intérêt à insister sur l'art de Tell-el-Halaf en Haute-Syrie, pour y noter ces qualités de mouvement, d'exubérance, de joie à peindre l'effort et la violence, qui se dégagent de tous ses bas-reliefs. Ce côte vigoureux de l'art scythe, nous le retrouvons dans l'art animalier assyrien et parfois même avec cet aspect tourmenté qu'exagéreront les artistes des steppes. C'est ainsi que dans une chasse au lion d'Assurnazirpal qui est au British Museum, le lion se présente ramassé, rampant, comme sur les plaques scythes, avec cette musculature cernée, exagérée, qu'elles reproduisent.

Il y a donc une tradition constante d'une telle forme d'art, depuis la plus haute antiquité ; les réalisations diffèrent selon les ateliers, mais l'esprit qui les a inspirées reste le même ; répandue chez des peuples qui font partie du grand bloc qu'on a nommé les Asianiques (indépendamment des aristocraties indo-européennes qui les ont si souvent régis), cette forme d'art apparaît comme l'art autochtone, l'art national de l'Asie occidentale ; en Iran il est davantage chez lui que l'art achéménide, importé, qui n'a point poussé de vraies racines et qui a pu prospérer à côté de lui sans lui faire d'importants emprunts. Le fait que l'art achéménide ait emprunté si peu à un art de telle vitalité, et de telle dispersion, et de traditions si profondes, a quelque chose de déconcertant. Ce qu'avait de factice l'art achéménide, du moins pour la région où il a brillé d'un si vif éclat, s'aperçoit bien dans la suite de l'évolution artistique de l'Iran. Après la chute des Achéménides, l'art revient aux formules nationales. Les Parthes s'y essaient, et les Sassanides sans se débarrasser complètement de l'apport grec massif qui avait suivi l'expédition d'Alexandre, s'inspirent des principes que l'on retrouve dans l'art du Luristan et dans l'art scythe, lorsqu'il s'agit de la représentation des animaux. La vieille tradition reparaît dans les coupes ornées de chasses des Sassanides ; le mouvement, la force débordent de ces représentations. Et la dynastie iranienne actuelle avec un sens très sûr des réalités, a bien senti qu'en s'efforçant de continuer l'œuvre des Sassanides, elle se rattachait à l'Iran national, tandis que les Achéménides n'étaient pas dans la lignée traditionnelle du véritable Iran.

Les mensurations effectuées sur les crânes de Tepe Sialk ramènent l'attention sur le problème du peuplement de l'Asie Occidentale et sur les théories que l'on a émises à ce sujet. Trente-neuf têtes osseuses ont été ramenées de Sialk ; elles se répartissent inégalement selon les périodes envisagées : pour la période I, 6 têtes ; II, 5 têtes ; III, 5 têtes ; IV, 3 têtes ; V, 2 têtes ; VI, 18 têtes. Comme il était à prévoir, leur conservation est en raison inverse de leur âge et trente-huit têtes seulement ont pu

---

191 G.Contenau, Manuel d'archéologie orientale, II (1931), fig 414

être étudiées. Il est possible de les répartir en quatre grands groupes anthropologiques d'après leur indice céphalique et ces quatre groupes répondent exactement à leur classement chronologique.

Le groupe I se compose d'hyperdolichocéphales
Le groupe II se compose de dolichocéphales
Le groupe III est le groupe brachycéphale ancien
Le groupe IV, le groupe brachycéphale récent.

On remarque que les hyperdolichocéphales sont la majorité à la période I (4 sur 6 têtes), la minorité à la période II (2 sur 5) ; ils disparaissent ensuite. Ce sont des têtes vigoureuses, à os épais, à crâne long et étroit, mais haut ; front à direction oblique, à menton prognathe, sans doute à nez fin et très aquilin. Les dents très usées indiquent une nourriture dans laquelle les particules minérales abondaient (écrasement des grains par des meules de pierre tendre vraisemblablement), elles articulent bout à bout. Les dolichocéphales (groupe II) sont représentés du début à la fin de l'occupation du site ; le crâne est moins allongé et plus large par rapport à la hauteur, la tête reste volumineuse, les os épais, le front moins oblique, pas de prognathisme inférieur ; les dents, usées, demeurent articulées bout à bout. Ce groupe, qui se rencontre de la Ière à la VIe période de Sialk, offre en somme des caractères constants, à quelque période qu'il appartienne, soit pour une durée d'environ 3000 ans. Du groupe III ou brachycéphale ancien, l'étude a pu être poussée moins à fond, en raison du peu de têtes dont on disposait (quatre), réparties dans les périodes II, III, IV et de leur dégradation ; on peut cependant lui attribuer les caractères suivants : brachycéphalie moyenne, voûte de hauteur moyenne, front droit et occiput légèrement incurvé ; tête petite à saillies peu marquées. Le dernier groupe IV est constitué par les brachycéphales récents appartenant à la nécropole B, au nombre de quinze et bien conservés. Les têtes sont volumineuses, à saillies marquées, très brachycéphales (six même sont hyperbrachycéphales), à occiput vertical sans présenter cependant la déformation dite en coup de hache que l'on remarque chez les Dinariques et les Arménoïdes ; le nez devait être long, mince et saillant et sans doute busqué, le front est oblique ; le prognathisme est nul ; les dents sont articulées en biseau, indiquant des glissements des deux mâchoires l'une sur l'autre, résultant sans doute de l'action de ronger. On observe cette particularité chez les Esquimaux qui mâchonnent les peaux de bêtes qu'ils veulent assouplir. Autre particularité, la coloration bleuâtre des dents qui ne peut être due qu'à la mastication prolongée d'une substance. De quelles autres mensurations disposons-nous pour l'ancien Iran ?
1) D'une série provenant des fouilles de E.Schmidt à Tepe-Hissar en 1931 et comprenant 177 têtes à répartir en trois périodes : I (4000 – 3500), II (3500 – 3000), III (3000 – 2000 environ). De quelques aperçus déjà publiés, il résulte qu'il ne s'agit que de dolichocéphales ;
2) Série provenant des fouilles de Arne, en 1933, à Shah-Tepe, dans la région de Tepe-Hissar, où se distinguent deux périodes préhistoriques, l'une de 3000 à 2500 ; l'autre de 2500 à 1800. D'une communication de Arne, on sait qu'il s'agit de dolichocéphales proches de ceux de Tepe-Hissar ; au contraire, au VIIIe siècle où le site abandonné après 2500 a été réoccupé, nous sommes en présence de brachycéphales ou d'hyperbrachycéphales
3) Groupe de 7 têtes provenant de sondages de Sir Aurel Stein en 1936 – 1937 sur deux sites de l'âge du cuivre dans le voisinage du lac d'Urmiah, à Hasanlu et Dinkha. Leur étude effectuée par Morant, donne des dolichocéphales ou mésocéphales (sauf une tête d'enfant de trois ans, brachycéphale)
4) Deux têtes et trois calottes crâniennes provenant des fouilles de Contenau et Ghirshman à Tepe-Giyan et Tepe-Djamashidi et Bad-Hora et étudiées par H.Vallois. Elles vont de la mésocéphalie à l'hyperdolichocéphalie. Comme le remarque M.Vallois dans l'étude que nous résumons ici sur les crânes de Sialk, la série de Sialk a l'avantage d'apporter des résultats valables pour un même site au cours de trois millénaires. Si on en rapproche les autres séries précitées on y remarque :

a) prédominance des dolichocéphales aux époques anciennes
b) apparition des dolichocéphales antérieure à celle des brachycéphales
c) continuité des dolichocéphales au cours des périodes.

Si nous élargissons notre enquête et si nous la portons sur le reste de l'Asie Occidentale, nous disposons de peu de documents ; mais ils ont été soigneusement étudiés et donnent les résultats suivants :

Le type proto-méditerranéen existe en majorité en Égypte avant l'époque dynastique (env.4000 à 3200) ; en Syrie, il se retrouve chez les énéolithiques de Byblos (v.3500), provenant des fouilles de M.Dunand ; en Palestine, dans les populations les plus anciennes de l'âge du Cuivre et du Bronze I et II (4000 – 2000) ; en Mésopotamie dans les tombes les plus anciennes d'El-Obeïd (Ière dynastie d'Ur vers 3000) et de Kish ; le crâne de Jemdet-Nasr se range dans cette catégorie.

Nous devons aussi mentionner l'étude de T.K.Penniman sur les ossements trouvés dans le cimetière Y de Kish, que l'on situe à la période Dynastique archaïque, après la période de Jemdet-Nasr. Sur 6 crânes examinés, il rencontre le type eurafricain 2 fois, le type eurafricain mâtiné d'arménoïde 2 fois, le type arménoïde 2 fois. Il conclut cependant que les brachycéphales sont venus après les Eurafricains dolichocéphales ; il estime que la population des hautes époques était comparable à celle d'aujourd'hui et que le manque des Méditerranéens parmi les 6 crânes examinés, peut n'être qu'accidentel.

M.R.W. Ehrich a examiné les ossements recueillis à Yorgan-Tepe et le résultat de son étude est que la population, de race hurri à cette époque, et que l'on s'attendrait à trouver brachycéphale, est du type dolichocéphale, à musculature crânienne accusée, à voûte hypsicéphale, que Buxton et Rice appellent l'Eurafricain et Deniker l'Atlanto-Méditerranéen. M.Ehrich conclut de façon formelle que les Eurafricains sont à la base de la civilisation mésopotamienne, et que celle-ci ne s'est pas modifiée depuis l'époque d'Obeïd (IVe millénaire), jusqu'à l'époque parthe.

En Anatolie, les fouilles pratiquées à Alishar ont montré que les habitants de l'âge du Cuivre (3000 – 2400) appartenaient au type proto-méditerranéen. Au nord-est de l'Iran, on le retrouve dans les Kourganes énéolithiques à Anau ; à Nâl au sud du Baloutchistan (un crâne de la fin du IVe millénaire) ; enfin, c'est un élément de la population de Mohenjo-daro (vallée de l'Indus), au début du IIIe millénaire (âge du Bronze). Le groupe hyperdolichocéphale I de Sialk ne semble pas avoir été signalé jusqu'ici en Europe, ni dans le Proche-Orient. Il y existe cependant, nous dit M.Vallois ; dans leur travail sur les crânes de Kish, Buxton et Rice ont noté deux sortes de dolichocéphales, les uns hypsicéphales à front oblique, les autres de caractères beaucoup moins accentués. Les premiers constitueraient la race eurafricaine de Sergi ; on les rencontre dans l'Égypte primitive et en Europe dans le Paléolithique supérieur ; le groupe I de Sialk en ferait partie, tandis que les seconds dolichocéphales seraient la « race brune » d'Elliot Smith.

Le groupe I de Sialk est encore retrouvé par M.Vallois à Ur dans 3 crânes, à Tepe-Hissar, à Mohenjo-Daro. Dans ce dernier point leur appellation change selon ceux qui les ont étudiés ; MM.Sewell et Guha les nomment proto-australoïdes, Friederichs et Müller : Weddoïdes. Si donc il est impossible de faire de ce groupe une race spéciale, c'est du moins une différenciation dans le groupe méditerranéen ; y voir des proto-méditerranéens lui convient parfaitement et M.Vallois, tenant compte de l'habitat où on l'a trouvé non mélangé à d'autres, propose de le nommer hyperdolichocéphale proto-iranien. On rattache à la race méditerranéenne le type dolichocéphale à face allongée constitué par le groupe II de Sialk ; en raison des différences qu'on constate dans ce groupe, M.Vallois le compare au type proto-méditerranéen des Anglais. Ces différences consistent en une structure plus grossière, des saillies plus accusées, un aspect plus primitif. A.Kappers avait été aussi frappé de ces caractères et il avait donné à ces dolichocéphales d'Asie le nom de Caspiens emprunté à Dixon, supposant que cette race avait son habitat dans la région de la Caspienne d'où elle aurait essaimé vers l'Inde, la Mésopotamie, l'Asie Mineure, la mer Noire.

Kappers voyait en elle le propagateur, de 2000 à 1000, de la civilisation aryenne et la nommait aussi race aryenne ou race indo-persane. Les groupes III et IV de Sialk, brachycéphales, présentent les mêmes différences que celles qui ont été constatées entre le groupe I et le groupe II ; II et IV sont bien connus, I et III en constituent des variétés. On constate dans le groupe III au font vertical, un occiput arrondi qui le soustrait aux Arménoïdes et aussi aux Touraniens ou Mongols. On ne peut le comparer qu'aux brachycéphales de l'Europe centrale et méridionale, les Alpins et les Dinariques qui sont sans doute d'origine asiatique et apparaissent, les Alpins au Mésolithique et au Néolithique, les Dinariques à l'âge du Bronze. Les Dinariques ont la tête haute et l'occiput aplati comme les Arménoïdes ; les Alpins ont un occiput arrondi ; c'est d'eux qu'il est possible de rapprocher le IIIe groupe de Sialk.

Au contraire, le IVe a été bien étudié ; il appartient à la race arménoïde dite aussi tauride, anatolienne, hittite, caractérisée par une tête courte, large, demi-haute, brachy et hypsicéphale, front incliné, occiput aplati : on remarque sur les crânes arménoïdes une certaine asymétrie qui a été constatée aussi sur les crânes du groupe IV de Sialk. Quelles ont été jusqu'ici les diverses hypothèses émises sur le peuplement de l'Iran ? Nous avons en premier lieu celle de Dieulafoy reprise par Hüsing, que le sud-ouest de la Perse était autrefois habité par une population négroïde. Cette hypothèse était fondée sur la représentation des Lullubi (habitants du Zagros), de la stèle de Narâm-Sîn, dont le nez semble épaté, et les archers en briques émaillées de Suse dont le visage est brun. Disons de suite que cette couleur des briques émaillées peut simplement indiquer le teint basané des Orientaux ou être conventionnelle (comme en Égypte où les artistes ont adopté deux teintes très différentes selon qu'il s'agit d'hommes ou de femmes), ou même avoir foncé par semi-décomposition pendant son long séjour dans la terre. Puis viennent les travaux de Von Luschan qui, d'après les types remarqués en Perse à l'époque moderne (bruns à tête élevée, brachycéphale, à nez saillant), types figurés aussi sur les monuments hittites, conclut au peuplement de toute l'Asie Occidentale par une race ayant ces caractères : la race arménoïde.

L'américain R.Dixon rattache les premiers habitants de l'Iran aux Alpins brachycéphales parlant une langue non aryenne ce qui ne s'écarte guère de la précédente hypothèse, puisqu'il fait des Arméniens un dérivé d'Alpins et de dolichocéphales. Il admet, en outre, le long du Golfe Persique, la présence d'individus noirs à cheveux crépus, voisins, peut-être, des Proto-négroïdes d'Arabie et d'Afrique et des Proto-Australoïdes du Sud-Est asiatique. Au IIe millénaire on constate l'arrivée de dolichocéphales méditerranéens venus du Nord et mélangés de Caspiens (Nordiques et Sud-Russiens) qui seraient les Kassites, les Mèdes et les Perses. Plus tard, nouvelle vague avec les Parthes (Alpins mélangés de Mongols). Haddon part aussi des brachycéphales (à retrouver dans les Tadjik et les Parsi émigrés en Inde). Puis, arrivée de dolichocéphales du Nord (Mèdes et Perses). Pour lui, les Kassites seraient des brachycéphales conduits par une aristocratie nordique dolichocéphale. Il accepte aussi l'hypothèse de pré-dravidiens en Susiane. H.Günther ne s'écarte pas des théories de Haddon. Bien qu'écrit après les découvertes d'ossements en Mésopotamie, l'ouvrage de Von Eickstedt admet le rôle prépondérant des Arménoïdes à qui serait due la vague sumérienne apportant le cuivre en Mésopotamie, puis la venue de Proto-nordiques et Touranides (composante principale des Turcs). En résumé, on s'accordait à supposer une couche primitive de brachycéphales en Iran, avant l'arrivée de Nordiques Caspiens qui introduisent les langues aryennes, et de Méditerranéens venus de Mésopotamie ; la nuance est que ces Nordiques pour Dixon sont mêlés à des dolichocéphales méditerranéens, tandis que pour Haddon et Eickstedt, ils le sont à des brachycéphales touranides.

La population noire primitive du Sud de la Perse est acceptée par tous. Or tout ceci ne repose que sur des données historiques ou sur des comparaisons avec ce qu'on sait avoir eu lieu dans d'autres contrées et n'a pu tenir compte des données craniologiques que l'on possède maintenant, comme le

158

fait remarquer M.Vallois. Disons de suite que dans aucun site ancien du plateau iranien on n'a trouvé de crânes négroïdes et que le prognathisme du groupe I de Sialk, en raison des autres caractères du groupe, n'a rien à voir avec celui des Noirs (sic). L'argument de Dixon que l'existence des Noirs de l'Inde, de l'Océanie et d'Afrique postule une bande de population noire au Sud de l'Iran, si elle est valable, ne vaut que pour une période antérieure à la période glaciaire où le plateau iranien n'était plus habitable. Lorsque la vie recommença dans ces régions, le phénomène, s'il eut lieu, était depuis longtemps du passé. Du fait que le groupe le plus ancien représenté est celui des dolichocéphales méditerranéens, qui se retrouvent dans les gisements également les plus anciens de l'Ouest de l'Asie Antérieure, à l'exclusion des brachycéphales, il est normal de penser que le peuplement de l'Iran s'est fait d'ouest en est au moyen de ces Méditerranéens.

Lorsque viennent, bien plus tard, les brachycéphales, ce ne sont pas des Arménoïdes, mais des Alpins dont on place d'ailleurs le berceau en Asie Centrale d'où ils seraient venus en Europe au néolithique et surtout à l'âge du Bronze. C'est de là qu'un rameau serait entré en Iran. La seconde race brachycéphale, celle des Arménoïdes n'arrive qu'au début du Ier millénaire et prend le pas sur les Alpins, mais sans supprimer les Proto-méditerranéens. Cependant il est permis de supposer qu'ils étaient là depuis longtemps dans la région du Caucase qui a été leur centre de dispersion d'où sont sorties plusieurs vagues : les Sumériens, les Proto-hittites, par exemple. Mais il faut bien reconnaître qu'on en trouve nulle part en Asie Orientale de série anthropologique d'Arménoïdes avant le Ier millénaire ; ni à Mégiddo, ni à Obeïd, ni à Ur, ni en Susiane (voir Mecquenem, qui à l'époque de rédaction de cet article n'avait pas encore publié l'étude de têtes osseuses rapportées de Susiane et datant de 2500 à 500). A Kish (IIIe millénaire), Buxton et Rice en mentionnent 4 sur 36 individus.

On n'en trouve pas non plus dans la région de Van ni en Anatolie, région d'Alishar, pour la période ancienne, et la thèse généralement soutenue d'une population primitive de brachycéphales arménoïdes en Asie Mineure s'effondre comme pour le reste de l'Asie Occidentale. L'hypothèse de leur berceau dans le Caucase paraît donc bien difficile à soutenir. Aussi Krogman le place-t-il, comme celui des Alpins, en Asie centrale ; or, on y trouve encore des Alpins, mais pas d'Arménoïdes.

Reste le problème de l'introduction de la civilisation indo-européenne en Iran. M.Vallois l'aborde à son tour et constate que la plupart des auteurs l'attribuent à l'arrivée de Nordiques plus ou moins mélangés. Ces Nordiques que sont-ils au juste ? Pour Kappers, un groupe mésocéphale, celui des Scytho-iraniens, est à séparer dans le gisement de Tepe-Hissar ; il y voit ceux qui au IIe millénaire auraient envahi l'Europe en envoyant des rameaux dans l'Inde, l'Iran, et l'Asie Mineure en franchissant le Bosphore ; mais, pour Kappers, ces envahisseurs ne sont pas porteurs de la civilisation indo-européenne ; ce sont les Proto-Méditerranéens qui en sont les auteurs. Comme le remarque M.Vallois, tous les documents anthropologiques exhumés restreignent la part des Nordiques dans le peuplement de l'Asie antérieure et de l'Iran et, de ce côté-là encore, la question reste entière[192]

Or, nous croyons avoir démontré grâce aux études génétiques récentes exposées au chapitre dédié de la présente étude quelles sont les composantes de la population iranienne. Tous les arguments présentés au cours de notre étude jusqu'aux lignes précédant le présent paragraphe nous orientent vers une origine eurafricaine autochtone et une origine eurasiatique de l'ouest proximal (terrestre) des Sumériens, composantes principales auxquelles s'ajoutent les composantes tamoules qui ont atterri dans la moyenne vallée des deux fleuves à partir de 2500 avant notre ère. Peut-être y a-t-il quelques précisions à ajouter à ces origines les plus anciennes et les plus significatives à tous points de vue mais à notre sens, les nombreuses études citées prouvent que par essence, les Sumériens étaient une population métisse lentement homogénéisée par isolement géographique et génétique avant l'arrivée du sang sémite le plus abondant en l'espèce des Akkadiens. Il est vraisemblable que

---

192 Contenau, 1938-1939

les Sumériens étaient une population basanée ou en tous cas plus foncée par la couleur de la peau que les Sémites plutôt blancs originaires du nord-ouest. Nous ne pouvons cependant nous baser sur les couleurs des pierres employées dans la statuaire pour soutenir cette théorie qui serait dans ce cas caduque mais sur la distinction opérée par le vocable de « têtes noires » entre les Sémites et les Asianiques et la formule « roi de sumer et d'Akkad » qui paraît faire en plus d'une distinction politique et territoriale une distinction ethnique et par conséquent morphologico-phénotypique. Nous pouvons également prendre en compte la zone géographique ; une région tempérée/chaude, comme la tradition du port du kaunakès, qui suggère un torse dénudé, le démontre dans une certaine mesure, et comme la localisation de la Basse-Mésopotamie, située selon les auteurs actuels soit dans une zone climatique chaude (= intertropicale) soit dans une zone climatique tempérée - située quelques kilomètres au nord du Tropique du Cancer - le soutient.

Remerciements

Je remercie et félicite chaleureusement les auteurs antérieurs pour leurs travaux infiniment rigoureux formant la base fondamentale sur laquelle j'ai pu établir mes réflexions et conclusions. Si ces dernières sont par la suite démontrées incorrectes, je m'estimerais au moins heureux d'avoir pu contribuer un tant soit peu à ce complexe édifice qu'est la question de l'origine des sumériens.

De l'Origine des Sumériens – L-J.ANTHONY HALLEY

<u>Bibliographie</u>

- Le recensement des langues (université de Laval)
<u>Le recensement des langues (ulaval.ca)</u>

- « Porunai civilization is 3 200 years old, says M.K.Stalin ». 2021
<u>Tamil Nadu's Porunai [Thamirabarani] civilisation is 3,200 years old, says M.K. Stalin - The Hindu</u>

- Narasimhan et al., « The formation of human populations in South and Central Asia ». 2019. National Library of Medicine, PubMed Central
<u>The Formation of Human Populations in South and Central Asia - PMC (nih.gov)</u>

- Robert Blust « The austronesian langages ». 2013. Australian National University
<u>Open Research: The Austronesian languages (anu.edu.au)</u>

- Cho et Whitman « Korean : A Linguistic Introduction ». 2019. p.13

- Noriko Seguchi « Variation in body and limb proportions between Early and Archaic Americans and the prehistoric Jomon of Japan ». 2015
<u>(PDF) Variation in body and limb proportions between Early and Archaic Americans and the prehistoric Jomon of Japan (coauthored). The 84th Annual Meeting, American Association of Physical Anthropologists, St. Louis, Missouri, 156, Suppl. 58, p. 283. (researchgate.net)</u>

- Noriko Seguchi « Health inequality as seen in human skeletal remains in early modern period in Japan ». 2019
<u>(PDF) Health inequality as seen in human skeletal remains in early modern period Japan (researchgate.net)</u>

- Isabella Jude « The untold story of Japan's first people ».2017. Sapiens.org
<u>The Untold Story of Japan's First People – SAPIENS</u>

- Japon : Histoire
<u>Japon : histoire - LAROUSSE</u>

- John F.Hoffecker, Scott A.Elias, Dennis H.O'Rourke et al. « Beringia and the global dispersal of modern humans ». 2016. Wiley Online Library
<u>Beringia and the global dispersal of modern humans - Hoffecker - 2016 - Evolutionary Anthropology: Issues, News, and Reviews - Wiley Online Library</u>

- Vascons et Caristes. Wikipédia
<u>Vascons — Wikipédia (wikipedia.org)</u>
<u>Caristes — Wikipédia (wikipedia.org)</u>

- Elisabeth Hamel & Theo Vennemann « Le Vascon, première langue d'Europe ». 2002. Pour La Science
<u>Le vascon, première langue d'Europe | Pour la Science</u>

- Michael Balter « The Ethical Battle Over Ancient DNA ». 2017. Sapiens.org

The Ethical Battle Over Ancient DNA – SAPIENS

- Brian Fagan « Searching for the Origins of the First Americans ». 2016. Sapiens.org
Searching for the Origins of the First Americans – SAPIENS

- Nahuatl (langue) – Wikipédia
Nahuatl — Wikipédia (wikipedia.org)

- Jennifer Raff « Qui étaient les premiers américains ? ». 2021. Pour la science
Qui étaient les premiers Américains ? | Pour la Science

- Warlaam Tcherkésoff « Géorgie ». Institut Français de l'éducation
Géorgie (inrp.fr)

- Encyclopédie britannique 15ᵉ édition (1986)

- La langue Swahilie
Swahili | Inalco

- Jean-Claude Penrad « Swahili » Encyclopedia Universalis
SWAHILI - Encyclopædia Universalis

- Eloi ficquet, Alain Gascon et Francis Simonis « Somalie ». Encyclopedia Universalis
SOMALIE - Encyclopædia Universalis

- La langue Zouloue
Le zoulou (a4traduction.com)

- Evelyne Heyer « L'odyssée des gènes ». 2020

- Victor Christian « Untersuchungen zur Paläoethnologie des Orients » 1924 – dans « Bulletin de l'École Française d'Extrême-Orient ». Persée
Bibliographie - Persée (persee.fr)

- Hodgson et al., « Early back-to-Africa Migration into the Horn of Africa » 2014. PLOS Genetics,
Early Back-to-Africa Migration into the Horn of Africa | PLOS Genetics

- Amélie Faucheux « La théorie hamitique : élément fondateur de l'imaginaire racial du génocide ». 2019. Hypotheses.org
La théorie hamitique : Elément fondateur de l'imaginaire racial du génocide. | Altérité & Violence (hypotheses.org)

- Gallego Llorente et al., « Ancient Ethiopian genome reveals extensive Eurasian admixture in Eastern Africa ». 2015
Ancient Ethiopian genome reveals extensive Eurasian admixture in Eastern Africa | Science

- Lazaridis et al., « Genomic insights into the origins of farming in the ancient Near East ». 2016. Nature Journal
Genomic insights into the origin of farming in the ancient Near East | Nature

- Skoglund et al., « Reconstructing Prehistoric African Population Structure ». 2017. PubMed Central
Reconstructing Prehistoric African Population Structure - PubMed (nih.gov)

- E.H.Hunt « Hyderabad Cairns ». 1916
Bibliographie - Persée (persee.fr)

- Gilbert Slater « The Dravidian element in Hindu Culture ». 1924
Bibliographie - Persée (persee.fr)

- A.H. Sayce « Professor Sayce on the remarkable discoveries in India ». 1924
Bibliographie - Persée (persee.fr)

- C.J.Gadd et Sydney Smith dans « New Links between India and Babylonian civilisation ». 1924
Bibliographie - Persée (persee.fr)

- Sir John Marshall « Influence of race on early indian art ». 1924
Bibliographie - Persée (persee.fr)

- Ernest Mackay « Sumerian Connexions with Ancient India ». 1925
Bibliographie - Persée (persee.fr)

- Sylvain Lévi « Communication à la Société Asiatique » du 13 novembre 1925
Bibliographie - Persée (persee.fr)

- Marc Collons « On the Octaval system of Reckoning in India ». 1919 – 1926
Bibliographie - Persée (persee.fr)

- Victor Christian « Die beziehungen der altmesopotamischen Kunst zum Ostan ». 1926
Bibliographie - Persée (persee.fr)

- J.Scheftelowitz « Indische Kulturinflüsse ». 1926
Bibliographie - Persée (persee.fr)

- Paul Rivet « Le rôle des Océaniens dans l'histoire du peuplement du monde et de la civilisation ».
1926
Bibliographie - Persée (persee.fr)

- Duxley Buxton « Ethnic relations in India and the Near East », Nature, vol CXVII, 1926 p.639
Bibliographie - Persée (persee.fr)

- Edward Stücken « Polynesisches Sprachgut in Amerika und Sumer ». 1927
Bibliographie - Persée (persee.fr)

- F.W. von Bissing « Ein vor etwa 15 Jahren erworbenes « Harappa Siegel ». 1927
Bibliographie - Persée (persee.fr)

- Walter Wüst « Über die neuesten Ausgrabungen im nordwestlichen Indian ». 1927
Bibliographie - Persée (persee.fr)

- Jean Przyluski « Le Concile de Rajagrha. Introduction à l'histoire des Canons et des Sectes Bouddhiques ». 1928
Bibliographie - Persée (persee.fr)

- F.Otto Schrader « Ein syntaktisches Problem des indischen Sprach-familien ». 1928
Bibliographie - Persée (persee.fr)

- Sir John Marshall « A new chapter in Archaeology : the prehistoric civilisation of the Indus ». 1928
Bibliographie - Persée (persee.fr)

- George A. Barton « On the so-called Sumero-indian seals ». 1928
Bibliographie - Persée (persee.fr)

- Jainath Pati « Is Indo-Aryan invasion a myth ? ». 1928
Bibliographie - Persée (persee.fr)

- Robert Heine Geldern « Ein Beitrag zur Chronologie des Neolithikums in Südostasien ». 1928
Bibliographie - Persée (persee.fr)

- Robert Heine Geldern « Orissa und die Mundavolker im Periplus des Erthräischen Meeres ». 1929
Bibliographie - Persée (persee.fr)

- Paul Rivet « Sumérien et océanien ». 1929 + ouvrage physique de 1929
Bibliographie - Persée (persee.fr)

- Sumiti Kumar Chatterji « The foundation of civilisation in India ». 1929
Bibliographie - Persée (persee.fr)

- Vaidyanatha Ayyar « The dravidian civilisation in Palestine ». 1929
Bibliographie - Persée (persee.fr)

- L.V.Ramaswani Aiyar « World-Parallels between Dravidian and other Language-families ». 1930
Bibliographie - Persée (persee.fr)

- F.J.Richards « Bowls from Ur and the Nilgiris ». 1931
Bibliographie - Persée (persee.fr)

- S.Langdon « A new factor in the problem of sumerian origins ». 1931
Bibliographie - Persée (persee.fr)

- J.Gonda « Austrich en Arisch. Het belang van de kennis der austrische talen, voornamelik voor de Indische Philologie ». 1932
Bibliographie - Persée (persee.fr)

- J.Gonda « Etymologica ». 1932
Bibliographie - Persée (persee.fr)

- Wilhelm von Hevesy « Finnisch-Ugrisches aus Indien. Es gibt keine austrische. Sprachfamilie – das vorarische Indien teilweise - finnisch-ugrisch ». 1932
Bibliographie - Persée (persee.fr)

- Edwin.H.Tuttle « Dravidian and nubian ». 1932
Bibliographie - Persée (persee.fr)

- A.S.Thyagaraju « Sumero-dravidian affinities ». 1932
Bibliographie - Persée (persee.fr)

- H.F.Friederichs et Heinrich W.Müller « Die Rassenelemente im Indus-Tal während des 4 und 3 vorchristlichen Jahrtausend une ihre Verbeitung ». 1933
Bibliographie - Persée (persee.fr)

- Stefan Przeworski « Zagadnienia etniczne Luristanuw ». 1934
Bibliographie - Persée (persee.fr)

- André Parrot « Archéologie mésopotamienne ». 1946

- Roger Caratini « Les Mathématiciens de Babylone ». 2002

- Adolphe Bloch « De la race qui précéda les sémites en Chaldée et en Susiane ». 1902
De la race qui précéda les Sémites en Chaldée et en Susiane - Persée (persee.fr)

- Laure Mistral « Et Dieu créa les femmes : la religion et les femmes ». 2004

- Benjamin Braude « Cham et Noé. Race esclavage et exégèse entre Islam, judaïsme et christianisme » dans « Annales ». 2002. p.93 à 115
Cham et Noé | Cairn.info

- Bottéro & Kramer « Lorsque les dieux faisaient l'homme ». 1989

- Uehlinger « 'Powerful persianisms' in Glyptic iconography of Persian period Palestine (?) ». 1999

- E.Lipinski « La royauté de Yahwé dans la poésie et le culte de l'ancien Israël ». 1966
E. Lipinski. La royauté de Yahwé dans la poésie el le culte de l'ancien Israël - Persée (persee.fr)

- Alain Billaut dans « Origines gentium » : « Remarques sur l'origine des éthiopiens dans la littérature antique », p.347-355, 2001. Ausonius éditions
Origines gentium - Remarques sur l'origine des éthiopiens dans la littérature antique - Ausonius Éditions (openedition.org)

- Louis Lapicque « Les Noirs d'Asie et la race Noir en général ». 1906
Les Noirs d'Asie et la race Noir en général - Persée (persee.fr)

- expertADN.fr : « Pourquoi ma sœur est-elle frisée alors que nous avons les cheveux raides ? »
Pourquoi ma soeur est-elle frisée alors que nous avons les cheveux raides? - ExpertADN.fr

- El Hadji Gorgui Wade Ndoye « L'image de l'Afrique en Occident : une histoire des préjugés ». 2014
(99+) Image de l'Afrique en Occident: Une histoire des préjugés par El Hadji Gorgui Wade Ndoye | Gorgui Wade Ndoye - Academia.edu

- Dr. Runoko Rashidi « The black presence in early China ». 2014
Article: The Black Presence in Early China – Dr. Runoko Rashidi (drrunoko.com)

- Histoire du Yémen
Histoire du Yémen. (cosmovisions.com)

- Vase récipient à vin, au Sen-Oku Hakukokan Museum, collection Sumitomo
SEN-OKU HAKUKOKAN MUSEUM "Sumitomo Collection" | Exploring Museums in Kyoto (kyoto-museums.jp)

- Jean-François Salles et al., « L'Arabie et ses mers bordières ». 1988

- J.Perrot et Y.Madjidzadeh « L'iconographie des vases et objets en chlorite de Jiroft ». 2005
L'iconographie des vases et objets en chlorite de Jiroft (Iran) - Persée (persee.fr)

- Laura Battini « La Civilisation de Jiroft ». 2023
La civilisation de Jiroft – Sociétés humaines du Proche-Orient ancien (hypotheses.org)

- Cleuziou & Tosi « Hommes, climats et environnements de la péninsule arabique à l'Holocène » dans « Paléoenvironnement et sociétés humaines eu Moyen-Orient de 20 000 BP à 6000 BP ». 1997
Hommes, climats et environnements de la Péninsule arabique à l'Holocène. - Persée (persee.fr)

- Pierre Lombard « Archéologie du royaume de Bahreïn aujourd'hui entre avancées et inquiétudes » dans « Actualités des recherches archéologiques en Arabie ». 2016
(PDF) L'archéologie du royaume de Bahreïn aujourd'hui, entre avancées et inquiétudes (researchgate.net)
(99+) Actualités des recherches archéologiques en Arabie : Routes de l'Orient Hors-Série 2 | Routes de L'Orient, Hervé Monchot, Pierre Lombard, and Sterenn Le Maguer-Gillon - Academia.edu

- « Bahreïn, la civilisation des Deux mers » Institut du monde arabe (website). 1999
Bahreïn, la civilisation des Deux Mers | Institut du monde arabe (imarabe.org)

- Durand (De gros) « Aryas et Tourans » dans « Bulletins et Mémoires de la Société d'anthropologie de Paris. 1869
Aryas et Tourans - Persée (persee.fr)

- Léon Rodet « Le Touran et les Touraniens suivant la tradition persane ». 1877

- François Lenormant : « La langue primitive de la Chaldée et les idiomes touraniens, étude de philologie et d'histoire, suivie d'un glossaire [...] ». 1875

- Attinger « Lexique sumérien-français »

- Chicago Assyrian Dictionary. 1964

- Lucien-Jean Bord « Grammaire du sumérien à l'usage des débutants ». 2014

- Joseph Vendryes « Sur le nombre duel », dans « Comptes-rendus des séances de l'Académie des inscriptions et Belles Lettres ». 1937
Sur le nombre duel - Persée (persee.fr)

- Abrahami Philippe « Sumérien ou rien ? ». 2009
(99+) Sumérien ou rien ? | Abrahami Philippe - Academia.edu

- Ch.E de Ujfalvy « Les migrations des peuples et particulièrement celle des Touraniens ». 1873

- Munda (groupe de langues)
munda - LAROUSSE

- Johann Tischler traduit par Sylvie Vanséveren « Vocabulaire hittite y compris louvite, palaïte, akkadien et sumérien ». 2016

- Audrey Heckel « Émergence de la médecine en Mésopotamie ». 2003
Emergence de la médecine en Mésopotamie - Université de Lorraine (univ-lorraine.fr)

- Dictionnaire de l'Académie de médecine
Dictionnaire de l'Académie Nationale de Médecine (academie-medecine.fr)

- Adolphe Bloch « De la transformation d'une race dolichocéphale en une race brachycéphale et vice-versa » dans « Bulletins et Mémoires de la Société d'anthropologie de Paris ».1901
De la transformation d'une race dolichocéphale en une race bracliycéphale et vice versa - Persée (persee.fr)

- M.Régnault « Variations de l'indice céphalique sous l'influence du milieu » dans « Bulletins et Mémoires de la Société d'anthropologie de Paris ». 1901
Variations de l'indice céphalique sous l'influence du milieu - Persée (persee.fr)

- Céline Trautmann-Waller et al., « Rudolf Virchow et la ''Race Prussienne'' : anthropologie et idéologie » dans « Quand Berlin pensait les peuples ». 2004
Quand Berlin pensait les peuples - Rudolf Virchow et la « race prussienne » : anthropologie et idéologie - CNRS Éditions (openedition.org)

- Baptiste Fauvel « Comment notre métier façonne notre cerveau ». 2013. Sciences et vie.
Comment notre métier façonne notre cerveau - Science et vie (science-et-vie.com)

- Cloudhospital « Forme du nez dans différentes races ». 2023
Formes du nez dans différentes races (icloudhospital.com)

- Georges Roux « Les Sumériens sortaient-ils de la mer ? » 1982. Magazine L'Histoire
Les Sumériens sortaient-ils de la mer ? | lhistoire.fr

- Julian Reade « Sumerian origins » dans « Sumerian gods and their representations ». 1997
Les Sumériens sortaient-ils de la mer ? | lhistoire.fr

- Jean-louis Huot « Les premiers villages de Mésopotamie ». 1994, p.116

- Marc Azéma & Laurent Brasier « La fabuleuse histoire de nos origines ». 2020

- Jean Bottéro « L'érotisme sacré ». 2011

- Mbarek et al., « Qatar genome : Insights on genomics from the Middle East ». 2022
Qatar genome: Insights on genomics from the Middle East - Mbarek - 2022 - Human Mutation - Wiley Online Library

- Thareja et al. « Sequence and analysis of a whole genome from kuwaiti population subgroupe of Persian subgroup of Persian ancestry ». 2015
Sequence and analysis of a whole genome from Kuwaiti population subgroup of Persian ancestry - PubMed (nih.gov)

- Al-Snan et al., « Geographical structuring and low diversity of paternal lineages in Bahrain shown by analysis of 27 Y-STRs ». 2020
Geographical structuring and low diversity of paternal lineages in Bahrain shown by analysis of 27 Y-STRs - PMC (nih.gov)

- Almarri et al., « The genomic history of the Middle East ». 2021
The genomic history of the Middle East: Cell

- Banihashemi et al., « Iranian human genome project : Overview of a research process among Iranian ethnicities ». 2009
Iranian human genome project: Overview of a research process among Iranian ethnicities - PMC (nih.gov)

- Pathak et al., « The genetic ancestry of Modern Indus Valley Populations from Northwest India ». 2018
The Genetic Ancestry of Modern Indus Valley Populations from Northwest India: The American Journal of Human Genetics (cell.com)

- Chuan-Cho Wang et al., « The genomic formation of Human populations in East Asia ». 2020
The Genomic Formation of Human Populations in East Asia | bioRxiv

- Shinde et al., « Archeological and anthropological studies on the Harappan cemetery of Rakhigarhi, India ». 2021
Archaeological and anthropological studies on the Harappan cemetery of Rakhigarhi, India - PMC (nih.gov)

- Palanichamy et al., « Tamil merchant in Ancient Mesopotamia ». 2014
Tamil Merchant in Ancient Mesopotamia - PMC (nih.gov)

- Witas.H et al., « mtDNA from the early Bronze age to the Roman period suggests a genetic link between the indian subcontinent and Mesopotamian cradle of civilisation ». 2013 mtDNA from the early Bronze Age to the Roman period suggests a genetic link between the Indian subcontinent and Mesopotamian cradle of civilization - PubMed (nih.gov)

- Mossé et al., Manuel d'histoire de l'Antiquité. 2020. Larousse.

- Pagani & Colonna et al., « An ethnolinguistic and genetic perspective on the origins of the dravidian-speaking Brahui in Pakistan ». 2017
An Ethnolinguistic and Genetic Perspective on the Origins of the Dravidian-Speaking Brahui in Pakistan - PMC (nih.gov)

- Nadia Al-Zahery et al., « In search of the genetic footprints of Sumerians : a survey of Y-chromosome and mtDNA variation in the Marsh Arabs of Iraq ». 2011
In search of the genetic footprints of Sumerians: a survey of Y-chromosome and mtDNA variation in the Marsh Arabs of Iraq - PMC (nih.gov)

- FamilytreeDNA.com

FamilyTreeDNA Discover - Y-DNA Haplogroup L-M76

FamilyTreeDNA Discover - Y-DNA Haplogroup L-M2357

FamilyTreeDNA Discover - Y-DNA Haplogroup L-M22

FamilyTreeDNA Discover - Y-DNA Haplogroup L-M20

FamilyTreeDNA Discover - Y-DNA Haplogroup LT-L298

FamilyTreeDNA Discover - Y-DNA Haplogroup L-M27

FamilyTreeDNA Discover - Y-DNA Haplogroup R-M124

FamilyTreeDNA Discover - Y-DNA Haplogroup Q-M378

FamilyTreeDNA Discover - Y-DNA Haplogroup Q-NGQ1

FamilyTreeDNA Discover - Y-DNA Haplogroup Q-L275

FamilyTreeDNA Discover - Y-DNA Haplogroup R-M479

FamilyTreeDNA Discover - Y-DNA Haplogroup R-M207

FamilyTreeDNA Discover - Y-DNA Haplogroup P-P226

FamilyTreeDNA Discover - Y-DNA Haplogroup P-P284

- Yfull.com : Arbre phylogénétique Q-M378
Q-M378 YTree (yfull.com)

- Gurianov et al., « Phylogenetic Structure of Q-M378 Subclade based on full Y-Chromosome Sequencing ». 2014. ResearchGate
(PDF) Phylogenetic Structure of Q-M378 Subclade Based On Full Y-Chromosome Sequencing (researchgate.net)

- Fabpedigree.com : haplogroupes (Y) R2-M124, M9, M168, R-Y482 et M45

Pedigree: R2-M124 y-Haplogroup (fabpedigree.com)

Pedigree: K y-Haplogroup (M9) (fabpedigree.com)

Pedigree: CT y-Haplogroup (M168) (fabpedigree.com)

Pedigree: R-Y482 y-Haplogroup (fabpedigree.com)
Pedigree: P y-Haplogroup (M45) (fabpedigree.com)

- Phylogeographer/theoretical computed paths + heatmap

hras.yseq.net/?dna_type=y&map_type=classic

Theoretical Computed Paths – Mygrations (phylogeographer.com)

Theoretical Computed Paths – Mygrations (phylogeographer.com)

- CT-M168 (haplogroupe)
haplotree.info - ancientdna.info. Map based on All Ancient DNA v. 2.07.26.

- Orientale.fr « Qu'est-ce que l'haplogoupe J ? ». 2021
Qu'est-ce que l'haplogroupe J ? - Orientale.fr

- Fidji Berio « L'évolution humaine au Moyen-orient racontée par l'ADN ». 2021
L'évolution humaine au Moyen-Orient racontée par l'ADN (futura-sciences.com)

- Elisée Reclus « L'Homme et la Terre. Livre 2 : histoire ancienne ». 2015
L'Homme et la Terre. Livre 2 : Histoire ancienne - Iranie - ENS Éditions (openedition.org)

- Amiet et al., « Les cités oubliées de l'Indus » Musée Guimet. 1988

- G.Contenau « Une statuette sumérienne archaïque du Musée du Louvre ». 1940
Une statuette sumérienne archaïque du Musée du Louvre - Persée (persee.fr)

- Francis Louis Le Garrec « Portage de charges céphalique ». 2020
Portage de charges céphalique – Geneawiki

- Chevalier & Gheerbrant « Dictionnaire des symboles... ». 2021

- M.C Chamla « Variation mondiale des dimensions de l'oreille ». 1984

Variation mondiale des dimensions de l'oreille - Persée (persee.fr)

- J.Ducros « Aplatissement de la face et saillie des pommettes : relations ». 1967
Aplatissement de la face et saillies des pommettes : relations. - Persée (persee.fr)

- Eva Strommenger & Max Hirmer « Cinq millénaires d'art mésopotamien ». 1964. Flammarion

- Kneeling Bull holding a spouted vessel
Kneeling bull holding a spouted vessel | Proto-Elamite | Proto-Elamite | The Metropolitan Museum of Art (metmuseum.org)

- Hugo Naccaro « Le phénomène proto-élamite et la construction archéologique de la révolution proto-urbaine en Iran du sud-ouest » dans « Révolutions : l'archéologie face aux renouvellements des sociétés » Filet et al. 2015
Révolutions - Le phénomène Proto-Élamite et la construction archéologique de la révolution proto-urbaine en Iran du Sud-Ouest - Éditions de la Sorbonne (openedition.org)

- Paul Topinard « Sur le prognathisme maxillaire supérieur » dans « Bulletins et Mémoires de la Société d'anthropologie de Paris ». 1873
Sur le prognathisme maxillaire supérieur. - Persée (persee.fr)

- « Devata assis en délassement ». Musée Guimet
Devata assis en délassement – Guimet

- Laurent Brasier « Pourquoi les asiatiques ont-il les yeux bridés ? ». 2019
Pourquoi certains Asiatiques ont-ils les yeux bridés ? - Sciences et Avenir

- « La reine Maya donnant naissance au futur Bouddha ». Musée Guimet
La reine Maya donnant naissance au futur Bouddha – Guimet

- Oeuvres d'Asie du sud-est au Musée Guimet
Asie du sud est – Guimet

- Salvatore Gaspa « Sumérien »
Sumérien (sns.it)

- Raymond Jestin « Abrégé de grammaire sumérienne ». 1994

- Jean-Claude Margueron « Mésopotamie ». 1970

- Jonathan Shaw « Seeking the first speakers of Indo-european language » dans « The genetic history of the southern arc : a bridge between West Asia and Europe ». 2022

Seeking the First Speakers of Indo-European Language | Harvard Magazine

The genetic history of the Southern Arc: A bridge between West Asia and Europe | Science

- M.A.Maury « Revue des deux mondes » tome 11. 1955. p.1058

Page:Revue des Deux Mondes - 1855 - tome 11.djvu/1064 - Wikisource

- G.Contenau « Fouilles en Asie occidentale ».1938 - 39
LES FOUILLES EN ASIE OCCIDENTALE (1938-1939) on JSTOR

Ouvrage édité par
L-J.Anthony Halley – 971 Guadeloupe